유니티 게임 개발을 위한
절차적 콘텐트 생성

유니티 게임 개발을 위한
절차적 콘텐트 생성

PCG 기술을 사용한
유니티 RPG 게임 개발

라이언 왓킨스 지음

이승준 옮김

[PACKT]
PUBLISHING

에이콘

나의 애지중지 두 딸인 케이라와 에일라 로즈에게

| 지은이 소개 |

라이언 왓킨스^{Ryan Watkins}

어릴 때부터 컴퓨터에 빠져 지냈다. 디지털 세계 속에서 비디오 게임의 중요성과 그 게임이 컴퓨팅 생태계에 몰고 온 균형을 일찌감치 배웠다. 비디오 게임은 이미 삶에 재미를 주는 강력한 원천이긴 하지만 우리가 진실이라고 알고 있는 것의 경계를 항상 더 넓히고자 노력했다. 그는 디지털 여행 속에서 만난 많은 비디오 게임과 우정을 쌓았고, 비디오 게임은 그와 게임 제작의 비밀을 나눴다. 이후 그는 현실 세계로 되돌아와 그 비밀을 우리와 공유하고 있다.

기술 감수자 소개

조슈아 바이럼^{Joshua Byrom}

20년 이상 프로그래밍과 게임을 해왔고 게임 프로그래밍과 인공지능을 주제로 많은 글을 썼다. 8살 무렵 아버지 덕분에 컴퓨터를 알게 됐고 전산 과학, 특히 컴퓨터 프로그래밍에 깊이 흥미를 느끼게 됐다.

그 이후로 BMC Solutions Inc., AutoTrader.com과 Elite Property Services LLC 같은 회사에서 프로그램을 제작했다. 또한 군에서도 복무했는데, 이 때 미 군대용 유전자 알고리즘^{genetic algorithms}을 제작했다. 현재 소프트웨어 설계자로 일하며 지역 변호사, 부동산 중개업자, 판매업자를 위한 웹 애플리케이션 개발과 유지보수 업무를 맡고 있다.

또한 그는 프로그래밍과 관련해 온라인 출판물을 작성하기도 하고, 독립적인 모바일과 웹 애플리케이션을 만들어 출시하는 소규모 사업을 하며, 창업 컨설팅을 해준다.

현재 조지아주 뉴넌^{Newnan}에 살고 있으며, 코딩에 전념하지 않을 때는 산문과 시를 읽거나 비디오 게임을 하길 좋아한다.

미쉘 피로바노^{Michele Pirovano}

이탈리아 베르가모에서 게임 개발 프리랜서와 게임 연구가로 지내고 있다. 그는 밀라노 국립건축대학에서 전산 과학 박사 학위를 받았으며, 이 대학에서 운동용 게임 시스템의 설계라는 논문으로 졸업했다.

주 관심사는 인공지능 애플리케이션, 절차적 콘텐트 생성, 비디오 게임에 대한 복잡한 수학 시스템이다. 그는 게임에서의 컴퓨터 지능에 대한 많은 글을 썼으며, 기능성 게임과 응용 AI 쪽을 계속 연구하고 있다.

독립 1인 게임 개발 스튜디오인 Curiosity Killed the Cat의 설립자기도 하다. 그는 현재 로그라이트rogue-lite 빌리지 시뮬레이션 게임인 〈Age〉에 공을 들이고 있다. 또한 고양이를 매우 사랑한다.

틸 리머Till Riemer

독일 출신의 게임 개발자다. 현재 코펜하겐에 살고 있으며 독립 개발업체 로직 아티스트Logic Artists에서 출시 예정 RPG인 〈Expeditions: Viking〉을 제작하고 있다.

10대 시절에 프로그래밍을 시작해 비디오 게임의 적응형 AI 미래를 항상 꿈꿔왔다. 2013년에 데이달릭Daedalic 사의 RPG 게임인 〈Blackguards〉 프로그래머로 참여하면서 게임 업계에 발을 디뎠고, 최근에는 코펜하겐 IT 대학의 게임 기술 분야에서 이학 석사 학위를 받았는데, 이 대학에서 그는 롤플레잉 게임에 대한 절차적 사이드 퀘스트 생성에 관한 학위 논문을 수행했다.

여가 시간엔 태블릿용 배 경주 게임인 〈Drakk Navis〉라는 사이드 프로젝트에서 일하며 가끔 앉아서 기타 치는 것을 좋아한다. 또한 그는 코펜하겐 인디신Indie scene[1]을 위한 팀 조직 이벤트의 팀원이며 2015년에 GCD에서 덴마크 글로벌 게임 잼Danish Global Game Jam[2] 주최자를 대표했다. 트위터(@TillRiemer)를 통해 그를 만나볼 수 있다.

제나로 베시오Gennaro Vessio

이탈리아 바리대학 정보과학과에서 정보과학 석사 학위를 받았다. 현재 동 학과에서 박사 과정 중에 있다. 그의 연구는 현재 모바일 ad hoc 네트워크용 라우팅 프로토콜의 설계와 분석에 대한 정형 기법 적용에 초점을 두고 있다.

절차적 콘텐트 생성에 관심을 갖고 다른 동료와 함께 끝없는 게임의 환경에 대한 문법 중심의 절차적 생성 방법을 연구했다.

---

1 기존의 상업적인 대중 음악과는 달리, 독립된 자본으로 음악을 꾸려나가는 인디밴드들이 공연하는 장소. – 옮긴이
2 인디 게임 페스티벌 – 옮긴이

| 옮긴이 소개 |

이승준(violakr0@gmail.com)

한아시스템에서 소프트웨어 엔지니어로 근무했으며, 현재 프리랜서로 일하고 있다.

『Boogazine JFC PROGRAMMING』, 『Boogazine Visual J++ 6.0』, 『Java Workshop 2.0 21일 완성』을 집필했고, 『JAVA 서블릿 & JSP 프로그래밍 한꺼번에 끝내기』, 『XML 기본+활용 마스터하기』를 편저했다. 또한 에이콘출판사에서 출간한 『(개정판) C & C++ 시큐어 코딩』(2015), 『닷넷 개발자를 위한 AngularJS』(2016), 『파이썬 분산 컴퓨팅』(2016), 『Angular 2 컴포넌트 마스터』(2017)를 번역했다.

| 옮긴이의 말 |

게임 제작에서 많은 중복 코드를 줄이는 것은 개발자들의 수고를 덜 뿐만 아니라 자질 구레한 일에서 해방시켜 더 많은 시간을 창조적인 작업에 힘쓰게 해준다. 맵의 자동 생성, NPC 동작, 아이템 랜덤 발생과 조합 등이 좋은 예라고 할 수 있다. 이러한 자동 화 기법은 최근에 인공지능과 결합되면서 엄청난 잠재력을 보여준다. 그런 자동화 기 법 중에서 절차적 콘텐트 생성(PCG) 기술은 과거 RPG 게임에서부터 게임 개발자들이 널리 애용해온 것이다.

하지만 PCG 기술에 대해 변변한 서적이 없고 문서로는 C/C++에 편중돼 있는 데다가 인터넷에서는 단편적인 정보들이 여기저기 흩어져 있어 전반적인 PCG 지식을 얻기까 지 언어 장벽과 함께 시간과 노력이 크게 들 수밖에 없었다. 이제 이렇게 한 권의 책으 로 유니티 개발자들에게 전할 수 있어 기쁘게 생각한다.

독자가 생소하게 느낄 만한 전문 용어에 대해서는 주석을 달아 놓아 손쉽게 관련 용어 를 접하게 했다. 이 책으로 PCG 기술을 습득해 자신의 게임에 멋진 기능을 구현하길 바란다. 아울러 게임 제작에 대한 사고의 틀이 더욱 넓어질 것을 기대한다.

이 책을 번역하는 동안 물심양면으로 신경 써준 대우증권 IT센터 이수현 팀장, 보험개 발원 정보서비스부문 IT 개발 팀 김기홍 팀장, CVP KOREA 강영천 대표, 강일기업 최 원순 대표, 한아시스템의 옛 동료이자 현재 ㈜수가미디어컴의 대표인 김영기 씨에게 도 감사의 말을 전한다. 끝으로 이 번역서가 나오게 불철주야 수고해준 에이콘 출판사 의 권성준 대표님을 비롯한 직원들께 감사를 표한다.

| 차례 |

| 들어가며 |

절차적 콘텐트 생성^{PCG}과 이것을 인기 있는 게임 엔진인 유니티3D^{Unity3D}에 적용하는 방법을 다룬 입문서다. PCG는 현대 비디오 게임에서 유행하는 강력한 프로그래밍 기법이다. PCG는 새로운 기법은 아니지만 기술이 발달함에 따라 더 강력해져 미래 비디오 게임의 걸출한 요소가 될 것으로 보인다.

이 책의 과정을 따라 하면 이론과 실습을 포함한 절차적 콘텐트 생성의 기본을 배울 수 있을 것이다. 먼저 PCG의 개념과 그 사용에 대해 배우게 된다. 그리고 나서 의사 난수와 이것이 PCG와 함께 동작하면서 어떻게 고유한 게임플레이를 만들어내는지에 관해 학습할 것이다.

PCG에 대한 소개를 마친 후 2D 로그라이크 게임의 핵심 기능을 알아보고 본격적으로 제작해본다. 이 게임은 PCG 기법에 크게 기반을 두기 때문에 PCG 알고리즘 설계와 구현에 대한 경험을 쌓을 수 있을 것이다. 레벨 생성, 아이템 생성, 적응형 난이도, 음악 생성 등을 알아볼 것이며, 마지막으로 3D 객체 생성으로 이동해 3D 행성을 만들어볼 것이다.

이 책의 목적은 몇 가지 단순화한 실습 예제를 통해 PCG 이론을 학습하는 것이다. 이 책을 마치면 PCG 자체를 이해하고 유니티3D를 사용한 PCG 적용법에 대한 기본 지식을 얻게 된다. 이것으로 비디오 게임 개발에서 PCG 기법을 더 학습, 연구하고 연습함으로써 추진력을 얻게 될 것이다.

이 책의 구성

1장, 의사 난수   절차적 콘텐츠 생성^{PCG} 이론에 관해 배운다. PCG가 무엇이고 비디오 게임에서 어떻게 사용되는지 살펴본다. 그런 다음 의사 난수^{PRN}라는 유용한 무작위 컴포넌트에 관해 학습한다. PRN이 무엇이고 어떻게 사용되고 어떻게 PCG 알고리즘 구현에 도움이 되는지 알아본다.

2장, 로그라이크 게임   절차적 콘텐츠 생성의 우수한 예제인 로그라이크 게임에 관해 배운다. PCG의 기원과 로그라이크 게임의 역사를 다룬 후, 우리가 만들 로그라이크 게임의 유니티 프로젝트 토대를 마련한다.

3장, 끝없는 세계의 생성   2D 로그라이크 게임 구현을 시작한다. 플레이어가 돌아다니는 동안 실시간으로 생성되는 레벨을 만든다. PCG 알고리즘 디자인과 유용한 데이터 하부구조^{substructures}를 다룬다. 그런 다음 그것을 합쳐서 게임 세계를 구현해본다.

4장, 무작위 던전 생성   로그라이크 게임의 서브 레벨을 구현힌다. 실시간으로 전체 레벨 레이아웃을 생성할 때, 다른 방법으로 레벨 생성에 접근할 것이다. 이 기술에 대해 몇 가지 일반 접근법에 관해 배우고 직접 하나를 구현해본다.

5장, 무작위 아이템   아이템 무작위 생성에 관해 배운다. 여러분이 생성한 아이템에는 각기 다른 특성이 있어서 몇 가지 기술을 사용해 플레이어에게 이런 특성을 알게 한다. 아이템 생성, 상호작용, 인벤토리 저장을 다룬다.

6장, 모듈식 무기의 생성   무작위 모듈식 무기 시스템 지식과 구현 방법에 관해 배운다. 이전 장에서 배운 것에다가 아이템 생성에 대한 더 많은 복잡도를 부여한다.

7장, 적응형 난이도   인공지능^{AI} 분야로 넘어가서 AI와 PCG가 얼마나 비슷하고 관련되는지 배운다. 적응형 난이도에 대한 PCG 아이디어를 배우는데, 한 부분씩 AI와 PCG를 알아본다. 그러고 나서 여러분의 로그라이크 게임에 대해 적응형 난이도 시스템을 구현해본다.

8장, 음악 생성 PCG가 어떻게 게임의 음악과 사운드 콘텐츠에 기여할 수 있는지 보여준다. 음악 이론도 약간 배우게 되는데, 다만 음악 생성에 대한 PCG 알고리즘을 디자인할 정도다. 그러고 나서 실시간으로 음악을 생성할 수 있는, 여러분의 로그라이크 게임용 음악 생성기를 구현해본다.

9장, 3D 행성의 생성 2D 기반 PCG에서 3D 기반 PCG로 주제를 전환한다. 우리의 핵심 2D 로그라이크 기능을 끝내고 새 프로젝트로 작업할 것이다. 이 장에서는 3D 객체 생성의 기본을 소개한다. 그러고 나서 3D 행성 생성기를 구현해본다. 보너스로 최초 인간 제어기를 구현해 여러분이 생성한 세계를 가까이서 살펴본다.

10장, 미래의 생성 오늘날 사용되는 PCG의 가장 일반적인 방법과 이 주제에서 향후 학습에 대한 몇 가지 길을 논의한다. 또한 이 책을 통해 배운 것과 이것이 이 PCG 방법과 어떻게 관련이 있는지에 대해 핵심 몇 가지를 정리해본다. 마지막으로 미래를 위해 이런 PCG 방법을 향상시킬 수 있는 몇 가지 길을 알아본다.

▌ 준비 사항

이 책의 모든 프로그래밍 예제 구현에는 인기 있는 게임 엔진인 유니티3D를 사용한다. 이 책을 집필할 당시에 유니티 5가 최신 버전이었으므로 모든 코드 예제는 유니티 5.2.2 버전으로 작성됐다. 또한 모든 코드 예제는 C# 언어용이다.

이 책의 예제를 따라 하려면 자신의 컴퓨터에 유니티3D를 다운로드해 설치해야 한다. 필요한 것은 유니티뿐인데, 이것으로 여러분의 코드를 컴파일하고 실행할 것이다. 유니티에는 MonoDevelop이라는 코드 편집기도 포함돼 있으므로 코드 작성에 사용할 수 있다. 다른 코드 편집기를 사용하고 싶다면, 그렇게 해도 된다.

이 책의 대상 독자

이 책은 유니티 개발 초보자를 염두에 두고 쓰긴 했지만 중급 유니티 개발자에게 가장 알맞다. 유니티 개발과 C# 언어에 익숙하다면 이 책을 최대로 활용할 수 있다. 하지만 초보 사용자에게도 도움이 되는 많은 이론과 프로그래밍 기법 정보가 들어 있다. 이 책 도처에 참조 링크와 정보 팁을 뒀으므로 지식이 부족한 사용자는 참고 자료를 통해 학습 진행에 도움을 받을 수 있다.

편집 규약

이 책에서는 독자의 이해를 돕고자 다루는 정보에 따라 글꼴 스타일을 다르게 적용했다. 이러한 스타일의 예제와 의미는 다음과 같다.

텍스트에서 코드 단어와 데이터베이스 테이블 이름, 폴더 이름, 파일 이름, 파일 확장자, 경로, 더미 URL, 사용자 입력, 트위터 핸들은 다음과 같이 표시한다.

"include 디렉티브를 사용해 다른 컨텍스트를 포함할 수 있다."

코드 블록은 다음과 같이 표기한다.

```
1 int integerVariable = 42;
2
3 int interger function (int inInteger) {
4    return inInteger + 42;
5 }
```

코드 블록에서 유의해야 할 부분이 있다면 다음과 같이 굵은 글꼴로 표기한다.

```
1 int integerVariable = 42;
2
3 int interger function (int inInteger) {
4     return inInteger + 42;
5 }
```

화면상에 표시되는 새로운 단어와 중요한 단어는 볼드체로 표시한다. 예를 들어 메뉴나 다이얼로그 박스의 화면에 보이는 단어는 텍스트 내에서 다음과 같이 표시한다.

"**Add component** 버튼을 클릭해 **2D Collider**와 **Sprite Renderer** 컴포넌트를 추가한다."

 경고와 중요한 노트는 이와 같이 나타낸다.

 팁과 요령은 이와 같이 나타낸다.

▌ 독자 의견

독자로부터의 피드백은 항상 환영한다. 이 책에 대해 무엇이 좋았는지 또는 좋지 않았는지 소감을 알려주길 바란다. 독자 피드백은 독자에게 필요한 주제를 개발하는 데 매우 중요하다.

일반적인 피드백을 우리에게 보낼 때는 간단하게 feedback@packtpub.com으로 이메일을 보내면 되고, 메시지의 제목에 책 이름을 적으면 된다.

여러분이 전문 지식을 가진 주제가 있고, 책을 내거나 책을 만드는 데 기여하고 싶다면 www.packtpub.com/authors에서 저자 가이드를 참고하길 바란다.

▌ 고객 지원

팩트출판사의 구매자가 된 독자에게 도움이 되는 몇 가지를 제공하고자 한다.

예제 코드 다운로드

이 책에 사용된 예제 코드는 http://www.packtpub.com의 계정을 통해 다운로드할 수 있다. 다른 곳에서 구매한 경우에는 http://www.packtpub.com/support를 방문해 등록하면 파일을 이메일로 직접 받을 수 있다.

컬러 이미지 다운로드

이 책에 사용된 그림과 다이어그램의 컬러 이미지를 PDF 파일로 제공한다. 컬러 이미지는 책 내용을 이해하는 데 도움이 될 것이다. https://www.packtpub.com/sites/default/files/downloads/B04808_ColoredImages.pdf에서 이 파일을 다운로드할 수 있다. 또한 에이콘출판사의 도서정보 페이지인 http://www.acornpub.co.kr/book/pcg-for-unity에서도 컬러 이미지를 다운로드할 수 있다.

오탈자

내용을 정확히 전달하기 위해 최선을 다했지만, 실수가 있을 수 있다. 팩트출판사의 책에서 문장이든 코드든 간에 문제를 발견해서 알려준다면 매우 감사하게 생각할 것이다. 그런 참여를 통해 그 밖의 독자에게 도움을 주고, 다음 버전에서 책을 더 완성도 높게 만들 수 있다. 오탈자를 발견한다면 http://www.packtpub.com/submit-errata 를 방문해 이 책을 선택하고 구체적인 내용을 입력해주길 바란다. 보내준 오류 내용이 확인되면 웹사이트에 그 내용이 올라가거나 해당 서적의 정오표 부분에 그 내용이 추가될 것이다. https://www.packtpub.com/support에서 해당 타이틀을 선택하면 기존 정오표를 확인할 수 있다. 한국어판은 에이콘출판사 도서정보 페이지 http://www.acornpub.co.kr/book/pcg-for-unity에서 찾아볼 수 있다.

저작권 침해

저작권 침해는 모든 인터넷 매체에서 벌어지고 있는 심각한 문제다. 팩트출판사에서는 저작권과 라이선스 문제를 아주 심각하게 인식하고 있다. 어떤 형태로든 팩트출판사 서적의 불법 복제물을 인터넷에서 발견했다면 적절한 조치를 취할 수 있게 해당 주소나 사이트 명을 즉시 알려주길 부탁한다.

의심되는 불법 복제물의 링크를 copyright@packtpub.com으로 보내주기 바란다.

저자와 더 좋은 책을 위한 팩트출판사의 노력을 배려하는 마음에 깊은 감사의 뜻을 전한다.

질문

이 책과 관련해 질문이 있다면 questions@packtpub.com으로 문의하길 바란다. 최선을 다해 질문에 답하겠다. 한국어판에 관한 질문은 이 책의 옮긴이나 에이콘출판사 편집 팀(editor@acornpub.co.kr)으로 문의해주길 바란다.

1

의사 난수

이 장에서 다루는 내용

- PCG 소개
- PCG 사용법
- PCG의 적용
- 의사 난수
- 무작위 대 의사 난수
- 도전
- 요약

이 장에서는 절차적 콘텐트 생성procedural content generation의 개념과 아주 유용한 컴포넌트인 의사 난수pseudo random numbers를 소개할 것이다. 이 장의 후반부에서는 의사 난수를 사용해 고전적인 Hello World 프로그램을 만들어볼 것이다. 편의상, **절차적 콘텐트 생성**을 PCG로 줄여서 언급할 것이며, 또한 **의사 난수**도 PRN으로 줄일 것이므로 유의하기 바란다.

다음은 1장에서 다루고 배울 내용이다.

- PCG 정의: PCG의 개념과 PCG로 할 수 있는 일
- PRN 생성 지식
- PRN이 PCG와 어떻게 관련이 있는지에 대한 학습
- 첫 번째 프로그램에서의 PRN 사용
- Hello World 프로그램 같은 새로운 무작위 PCG 개발

1장에서는 아주 간단한 단계별 예제를 만들어볼 것이다. 1장에 있는 예제는 아주 단순해서 초보자에게 유니티를 소개하는 데 도움을 줄 뿐 아니라 얼마간 손 놓고 있던 이들에게는 충전기 역할을 할 것이다. 하지만 이어지는 예제에는 훨씬 많은 내용이 포함돼 있다는 것을 알아야 한다. 기본적으로 유니티와 유니티에서의 C# 스크립팅에 익숙한 것이 좋다.

 유니티 테크놀러지는 https://unity3d.com/learn/tutorials를 통해 다양한 초보자용 튜토리얼을 제공한다.
유니티의 어느 특정 부분에 대한 사용법을 알아야 한다면 http://docs.unity3d.com/Manual/index.html의 유니티 문서에서 필요한 부분을 참조하면 된다.

이제 학습을 시작해보자.

PCG 소개

PCG에 대한 폭넓은 개념을 살펴보면서 학습 모험을 시작한다. 여기서 핵심은 **절차적**procedural이라는 단어다. 프로그래밍에서의 **절차** 또는 **프로시저**procedure란 말은 간단히 말해 실행되는 명령들이다. 프로시저는 컴퓨터 프로그래밍에서의 주요 패러다임이다. 유니티에서 작성하는 스크립트는 유니티가 수행할 명령 프로시저의 한 집합일 뿐이다.

여러분은 컴퓨터가 처리할 명령을 통신하는 수단으로 프로시저, 메서드, 함수를 사용한다. 컴퓨터에게 여러 다른 방법으로 콘텐츠를 생성하라고 명령하는 데 이 같은 프로시저를 사용할 수 있다. 이 개념을 데이터 시각화data visualization1, 동적 광고dynamic advertising2 등과 같이 폭넓은 프로그래밍 분야에 적용할 수 있지만, 이 책에서는 비디오 게임으로 한정해 사용할 것이다.

절차적이란 말이 '어떻게'라면, **콘텐트**content는 '무엇'에 해당한다. 콘텐트는 사용자에게 나타낼 내용인 셈이다. 1장 후반부의 Hello World 예제에서 콘텐트는 단순히 텍스트다. 하지만 비디오 게임에는 플레이어에게 전달할 콘텐트를 구성하는 광범위한 애셋assets3이 있다.

대개 비디오 게임에서 콘텐트를 생각할 때 레벨, 캐릭터 모델, 기타 아트art 애셋을 떠올린다. 하지만 텍스처, 음악, 사운드, 스토리, 인공지능 등이 함께 어우러진 기타 게임 콘텐트도 있다. PCG란 이런 콘텐트 부분 모두를 잘 짜인 코드로 만들 수 있는 개념이나 패러다임이다. 스크립팅을 통해 게임의 전반에 걸쳐 PCG를 적용할 수 있으므로, 이 책을 통해 이런 작업을 하는 주요 방법을 배우게 될 것이다.

---

1 데이터 분석 결과를 쉽게 이해할 수 있게 시각적으로 표현하고 전달하는 과정을 말한다. – 옮긴이
2 벽면 등에 인터넷을 통해 수시로 내용을 교체할 수 있는 광고를 전달하는 서비스. – 옮긴이
3 자원을 의미한다. – 옮긴이

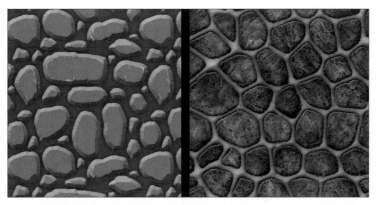

왼쪽은 손으로 그린 텍스처고, 오른쪽은 절차적으로 생성된 텍스처다.

PCG에 관한 멋진 점은 컴퓨터에게 스스로 게임 세계를 생성하게 명령을 내려 컴퓨터가 디자이너를 담당하게 만들 수 있다는 것이다. 심지어 그 결과에 놀랄지도 모른다. 개발자로서 우리는 스크립트의 행동에 놀랄 것이 아니라, 이 경우엔 계획대로 됐다고 여겨야 한다.

PCG는 실제 사용할 때엔 약간 다른 형태가 될 수도 있다. 앞서 봤던 텍스처와 같이 처음부터 콘텐트를 생성할 수 있고, 또는 탁자, 의자, 술통, 나무 상자와 같이 미리 준비돼 있는 소품으로부터 선술집 장면을 만드는 상황처럼, 미리 준비된 집합으로부터 애셋을 생성할 수도 있다. 그러나 또 다른 선택으로는 플레이어에게 도구를 제공해 콘텐트를 생성하게 만들 수 있다. 콘텐트를 생성하는 구동기가 PCG인 것이 아니라, 여러분이 사용자의 입력을 매개변수로 받는 PCG 시스템을 만드는 것이다. 이것에 대한 멋진 예제는 모장^{Mojang} 사에서 개발한 인기 게임인 마인크래프트^{Minecraft}다.

인기 게임 마인크래프트에서 플레이어가 만든 건물.

마인크래프트는 PCG의 가장 인기 있는 사용 중 하나인 무작위화randomization의 좋은 예도 된다. 마인크래프트에서 플레이어는 구조물을 만들고 그 주위의 땅을 개간할 수 있다. 하지만 게임의 전체 풍경은 무작위화에 기반을 둔다. 무작위화는 가상과 현실 모두의 다양한 게임에 사용된다. 무작위성에는 예측 불허의 재미를 주는 기회 요소가 들어 있다.

하지만 비디오 게임에서 무작위성의 가장 중요한 것은 컴퓨터 시스템에서 진정한 무작위성을 달성하기란 거의 불가능하다는 점이다. 그 이유는 의사 난수로 무작위성을 만들기 때문에 이렇게 하면 기술적으로 무작위가 아니게 된다. 나중에 PRN을 다루는 장에서 무작위성 또는 의사 무작위성pseudo randomness의 이런 측면을 살펴볼 것이다.

▌ PCG 사용법

PCG 사용을 고려하는 이유로는 고유, 강력, 적응성, 크기 등이 있다. 우리는 플레이어가 자신의 고유한 방법으로 끝까지 게임을 경험하게 해야 한다. 구석구석 탐험하는데 많은 시간이 걸릴, 아주 강력한 게임을 디자인하고 만들 콘텐트를 얻기 위해 PCG를 사용할 수 있다. 플레이어 행동에 따라 난이도를 쉽거나 어렵게 조정하듯이 흥미로운 방법으로 게임을 사용자에게 적합하게 만들 수 있다.

크기는 PCG의 흥미로운 수혜자다. 초당 60프레임의 놀라운 HD 그래픽으로 플레이하는 게임 이전에는 거의 텍스트로 된 게임뿐이었다. 초기 컴퓨터 시스템은 처리 능력과 저장 메모리 부분에서 아주 열악했다. 초창기 PCG로 만든 것 중 하나는 ASCII 문자를 사용해 레벨을 절차적으로 생성한 게임이었다. 1980년대 개발된 로그^{Rogue}라는 게임에서 이 예를 볼 수 있다. 뒤쪽 장에서 로그와 이후의 서브장르 게임인 로그라이크^{Roguelike}에 대해 알아볼 것이다.

이렇게 PCG는 컴퓨터 초기 시절에 플레이어에게 그래픽을 표현할 수단이 없었던 사실에 대한 일종의 해결책이었다. 그래픽은 그래픽이 갖는 처리 능력과 차지하는 메모리의 크기로 볼 때 게임의 전체를 구성한다. 로그에서 절차적으로 생성된 ASCII 레벨은 파일에서 로드되지 않고 계산된 것이다. 이렇게 해서 미리 정의된 게임 레벨을 로드하기 위해 많은 메모리를 사용하는 것이 아니라 초기 컴퓨터 시스템의 처리 능력만큼만 메모리를 사용할 수 있었다.

팀에 관한 크기 절약도 고려할 수 있다. 디자이너/아티스트는 대개 사람 손으로 게임 콘텐트의 모든 부분을 만들어야 할 것이다. 게임 크기가 커질수록 한 게임 내에 고유한 콘텐트를 충분히 생성하는 것이 더 어려워진다. 플레이어가 게임 내에서 계속 반복되는 콘텐트를 보게 되면 게임은 보상 요소가 큰 흥미를 끌지 못하게 돼 플레이어는 쉽게 지루해지게 된다. 그러면 더 많은 콘텐트를 만들어야 하는데, 더 많은 디자이너, 아티스트, 개별 애셋이 필요하다. PCG는 고유 콘텐트 생성 부담의 일부를 떠 맡아 이러한 필요성을 줄인다.

따라서 PCG는 디자이너를 위한 도구로 볼 수 있다. PCG의 개념에는 아주 창의적인 면이 있다. 우리는 하나의 레벨이나 아이템과 같이 전체를 부분이나 모듈로 디자인하고, PCG를 사용해 이것들을 고유하고 흥미로운 방식으로 조립할 수 있다. 3D 모듈 또한 만들 수 있다. 하지만, 이때는 해당 모듈을 위한 텍스처를 생성해야 한다. 그렇지 않으면 처음부터 전체 레벨을 생성하고 디자인된 소품을 추가하면 된다. 상황이나 팀의 요구에 맞는 많은 경우가 있을 수 있다.

기어박스 소프트웨어 사의 보더랜드 게임에서 절차적으로 생성된 무기들. 각 무기는 애셋 모듈로부터 생성됐다.

무한으로(혹은 무한에 가깝게) 확장할 수 있는 게임을 만들 기회도 있다. 이 책의 뒷부분에서 결코 끝이 없는 게임 레벨을 생성하는 데 PCG를 어떻게 사용할 수 있는지 배울 때 살펴볼 것이다. 이제 PCG가 놀라운 게임 개발 컴포넌트라는 것을 납득하겠는가?

▌PCG의 적용

'PCG를 어디에 적용할 수 있을까?'라는 질문은 매우 흥미로운데, 그 이유는 이론적으로 게임의 모든 측면에 적용할 수 있기 때문이다. 다음은 이미 사용된 곳을 간략하게 목록으로 정리한 것이다.

- 레벨 레이아웃 – 블리자드 엔터테인먼트 사의 디아블로 시리즈
- 고유 아이템 생성 – 기어박스 소프트웨어 사의 보더랜드 시리즈
- AI 행위 – 히사노리 히라오카, 다이스케 와타나베, 쿄헤이 후지타가 만든 드립스dreeps
- 텍스처 생성 – 파브로쉬 사의 크리거kkrieger
- 모델 생성 – 스피드 트리Speed Tree(유니티에서 사용할 수 있다)
- 스토리라인 – 베데스다 사의 엘더스크롤 V: 스카이림 게임에서 사용된 레이디언트 퀘스트(Radiant Quests) 시스템
- 음악 – 에드 키Ed Key와 데이비드 카나가David Kanaga가 제작한 프로테우스Proteus

이 목록은 PCG의 인기 있는 사용 중 몇 가지를 보여준 것이다. 이 게임들이 PCG의 훌륭한 예제기 때문에 게임을 사랑하는 사람으로서 여러분은 이들 게임을 하나씩 연구해보는 것이 좋다. 이 책에서는 대부분 이런 주제를 다룰 것이지만, 이 목록이 PCG가 어떻게 게임 개발에 사용될 수 있는지에 대한 전부는 아니다.

이제 PCG가 무엇인지는 알겠는데 그 구현은 어떻게 할까? 더 알기 쉽게 말하자면, PCG는 게임 콘텐츠를 자동으로 생성할 수 있는 개념일 뿐이다. 우리는 다른 알고리

즘을 개발하고 특정 프로그래밍 관행을 사용해 우리의 비디오 게임에 PCG 개념을 적용할 것이다.

PCG 구현에서 더 인기 있는 방법 중 하나는 무작위성과 무작위 이벤트를 활용해 콘텐트를 만드는 것이다. 이것이 인기 있는 이유는 모든 과정을 스크립트로 작성하는 것보다 무작위로 특정 이벤트가 나오게 하는 것이 더 쉽기 때문이다. 예를 들어 앞서 봤던 기어박스 사의 보더랜드에서 어느 부분이 무기를 만드는 데 사용되는지를 무작위로 정할 수 있다. 의사 난수 발생기를 사용해 무기의 각 부분을 무작위로 나온 수에 연결한다. 물론 곧 배우게 되겠지만 이것은 진정한 무작위가 아니라는 것을 알아둔다.

▌의사 난수

난수Random numbers는 전통적인 카드 게임에서부터 테이블탑table-top4 게임의 주사위 굴리기까지 오랫동안 쓰였다. 난수는 게임에 재미를 부여하는 동시에 전혀 예측할 수 없는 기회 요소를 부여한다. 게임의 예측불가성은 항상 고유한 경험을 제공하기 때문에 손에 땀을 쥐게 한다. PRN 발생기의 형태로 약간의 전산 과학을 동원해 이러한 무작위 요소를 여러분 게임에 도입할 수 있다.

PRN과 PRN 발생기는 전산 과학에서 크게 연구되는 주제인데, 이것들이 암호 기법과 사이버 보안의 중심에 있기 때문이다. 암호 기법을 살펴보면 복잡한 수학에 깊이 빠져들 것이다. 다행스럽게도 유니티에는 난수 발생에 아주 쉬운 메서드가 있다. 확실히 복잡한 보안 숫자 발생은 비디오 게임에는 필요하지 않다. 그럼에도 불구하고 마술 같아 보이는 이 이론을 이해하는 것은 중요하다.

---

4 탁자 위에서 즐기는 게임이라는 의미며 보통 보드 게임(board game)이라고 부른다. – 옮긴이

▌ 무작위 대 의사 난수

여기서 가장 중요한 차이는 PRN이 난수가 아니라는 점이다. 진정한 무작위 이벤트는 주사위 굴리기와 같은 것이다. 물리학 공식을 사용하면 난수를 만드는 주사위 굴리기를 시뮬레이션할 수 있다. 또한 TV 화면을 정지시키고 XY 평면에 한 점을 찍어 난수를 얻을 수도 있다. 하지만 PRN은 발생하기 더 쉽기 때문에 게임 프로그래밍에서 선호한다. 앞의 예제들은 아주 복잡한 개념이라서 너무 많은 처리 능력이 필요하다. 하지만 PRN 발생기는 문자열 수를 계산하는 방정식이다. 이것은 발생된 결과를 또 만들어낼 수 있는 추가적인 이점도 있다.

TV의 정지 그래픽에서 여러 점을 잡아내어 더 많은 난수 시퀀스를 발생할 수 있지만 하나의 결과를 다시 발생하게 하려면 어떻게 할까? 특정 난수 시퀀스를 사용해 하나의 행성을 만들었다고 하자. 처음 행성을 생성할 때 사용한 난수 시퀀스를 기록해 놓지 않으면 결코 처음과 같은 행성을 다시 만들어낼 수 없다.

이제 수억 개의 행성을 생성했다고 하자. 첫 실행 시에 각 행성 생성에 쓰인 모든 난수 발생 결과를 저장하는 시스템을 생각해내야 할 것이다. 이것은 정말 비현실적인 소리다. 하지만 PRN 발생기는 시드 넘버^seed number를 사용해 시퀀스를 발생시키는데, 이렇게 하면 동일한 결과를 반복할 수 있다. 그래서 행성 발생에 필요한 모든 정보를 저장하는 대신에 그저 PRN 발생기 방정식과 실시간으로 모든 행성을 다시 생성해내는 시드 넘버만 있으면 된다.

난수로 만든 잡음 신호 – 왼쪽은 반복하지 않은 난수 패턴이고 오른쪽은 반복하는 PRN 패턴이다.

PRN과 관련한 **시드**seed란 여러분 또는 다른 의사 난수 수단에 의해 표시되는 하나의 숫자일 뿐이다. 유니티의 Random 메서드는 여러분이 시드를 제공하지 않으면 시스템에서 시드를 얻는다. 이 점은 우리가 시퀀스를 다시 발생해야 할 때 유용하다. 우리는 단지 숫자 발생기에다가 시드를 넣고 동일한 시퀀스를 다시 얻으면 된다.

예를 들어, PRN 시퀀스를 사용해 하나의 레벨을 만든다고 하자. 그 숫자들이 방, 복도, 함정이 어떤 지역에 놓이는지를 나타낸다고 하자. 플레이어는 그 레벨을 막 끝내서 우리는 그 레벨을 제거해 메모리 공간을 확보하기로 했다. 그러나 그 이후에 플레이어는 퀘스트를 수행하게 됐는데 그 레벨로 되돌아가 무언가를 가져와야 한다는 것을 깨달았다. 우리가 그 레벨을 생성하는 데 사용했던 시드 넘버를 보유하고 있다면 숫자 발생기에 그 시드를 다시 넣어서 원래 시퀀스를 얻어 처음 상태로 그 레벨을 나타낼 수 있다.

앞서 언급했듯이 PRN 생성의 부작용 중 하나는 숫자들이 돌고 돈다는 점이다. PRN 생성기가 시드를 다시 생성하는 시점에 와서 그 과정을 다시 시작하게 된다. 절차적으로 생성된 콘텐트를 반복하기 때문에 이 점은 고려할 중요한 사안이다.

짧게 말하면, PRN이 난수가 아니라 난수에 가깝다는 것이다. 요점은 다음과 같다.

- PRN 생성기는 시드 값을 필요로 한다.
- 시드 값을 저장해서 쉽게 PRN 시퀀스를 다시 발생시킬 수 있다.

- PRN 생성기는 결국 반복하게 된다.
- 반복이 문제가 되면, 더 긴 시드 범위로 만들기 위해 더 복잡한 방정식 작성을 알아본다.

PRN은 멋지고 대단하지만 어떻게 사용할까?

PCG에서의 PRN

PCG에 대한 결정 구동기^{decision driver}로 PRN을 사용할 수 있다. 개발자로서 여러분은 부차적인 세부 결정 사항들을 최소화하는 데 신경 쓸 것이다. 장면이 현실감 있게 보이면 좋겠지만 세세히 모두 표현하려면 아주 많은 시간을 잡아먹을 것이다. 이런 몇 가지 의사 결정에 PCG를 사용할 수 있다. 유도된 무작위성을 사용해 숲을 만들면 많은 시간을 절약할 수 있다.

PRN을 사용하는 유니티 테란 엔진으로 생성된 숲 장면

이제 직접 해볼 시간이다! 앞서 말했던 대로 PRN 생성은 복잡한 수학 문제가 될 수 있지만 유니티에는 Random이라는 내장 클래스가 있다. 첫 번째 PCG 예제에서 PRN을 사용해보자.

무작위 Hello World 프로그램

우리는 아주 오래된 고전 프로그래밍 예제인 Hello World 프로그램으로 시작할 것이다. 여러분이 어느 정도 프로그래밍 경험이 있다면 이미 이런 프로그램을 한두 개 만들어봤을 것이다. 여기서는 약간 변형한다. PRN을 사용해 Hello World를 나타내는 방식을 무작위화할 것이다.

 이 책에서는 유니티 5.2.2 버전을 사용할 것이란 점을 알아두기 바란다. 어떤 예제는 이전 버전과 호환되지 않을 수도 있다.

고전 Hello World 프로그램

프로젝트를 설정하는 것으로 시작해서 고전 Hello World 프로그램을 완성하자. 유니티를 실행해 새 프로젝트를 생성한다. 프로젝트 이름은 Hello World로 한다. 또한 이 책에서 우리가 하는 것의 대부분이 2D이므로 시점을 2D로 설정한다.

유니티 실행 화면

프로젝트가 나타나면 화면에 Hello World를 나타내기 위해 새 Text GameObject를 생성해야 한다. 맨 위의 메뉴에서 **GameObject ❯ UI ❯ Text**를 선택한다. 그러면 신^{scene}에 텍스트 객체를 가진 새 캔버스 객체를 놓을 것이다. **Hierarchy** 패널에는 EventSystem 도 놓이지만 이것은 신경 쓰지 않아도 된다.

 유니티의 UI 기능에 익숙하지 않거나 더 알고 싶다면, 유니티 테크놀러지 사에서 제공하는 주제별 비디오 강좌를 참고하자. http://unity3d.com/learn/tutorials/topics/user-interface-ui에서 해당 강좌를 찾을 수 있다.

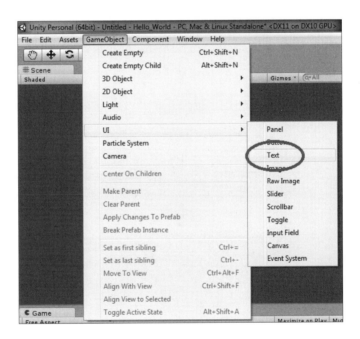

캔버스는 거의 화면에 다 안 나와서 전체 뷰를 보려면 줌 아웃^{zoom out}을 아주 많이 해야 한다. 줌 아웃 대신 다음과 같이 캔버스를 조정해 메인 카메라 뷰 공간을 만들자.

1. Hierarchy 패널에서 **Canvas**를 선택한다.
2. **Canvas** 컴포넌트 영역에서 **Render Mode** 드롭다운 목록을 선택한다.

3. Screen Space ‣ Camera을 선택한다.

4. 그러면 Render Camera라는 새 필드가 나타날 것이다.

5. Hierarchy 패널에서 Main Camera 객체를 Render Camera로 드래그해 놓는다.

이렇게 하면 캔버스 객체가 조정돼 메인 카메라 뷰에 딱 맞게 된다. 캔버스 가장자리까지 완전히 보이게 하려면 약간 줌 아웃해야 할지도 모른다.

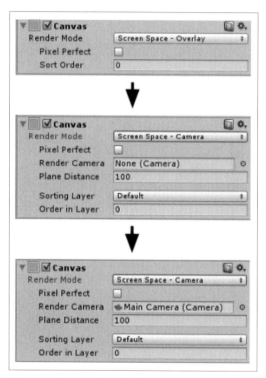

캔버스를 메인 카메라 뷰로 본 작업흐름

이때 화면에는 어떤 텍스트가 있다는 것을 알아챌 수 있다. 캔버스의 왼쪽 아래 모서리에는 알아보기 힘든 회색의 **New Text**가 있다. 이 글자를 바꿔보자.

Hierarchy 패널에서 **Canvas** 객체의 자식인 **Text**를 선택한다. 먼저 텍스트의 위치를 변경할 것이다. **Rect Transform** 컴포넌트 영역에서 다음과 같이 한다.

1. **Pos X** 필드의 값을 선택하고 0으로 변경한다.
2. **Pos Y** 필드에 대해서도 반복한다.

앵커^{anchors}를 중앙으로 잡아서 **Rect**가 캔버스의 중앙에 오게 해야 한다. 그다음으로 텍스트를 더 크게 하기 위해 다음과 같이 **Rect** 크기를 변경한다.

1. **Width** 필드를 선택하고 500으로 변경한다.
2. **Height** 필드를 선택하고 65로 변경한다.

이렇게 하면 훨씬 더 큰 텍스트가 된다. **Rect** 크기를 변경하지 않고 글꼴 크기를 변경하면 텍스트는 가려지거나 완전히 사라질 수도 있다는 점에 주의한다. **Text** (Script) 컴포넌트 영역으로 가서 다음과 같이 텍스트를 멋지게 만들자.

1. **Character** 아래의 **Font Size** 필드를 선택하고 55로 변경한다.
2. **Paragraph** 아래의 중앙 정렬 버튼을 선택한다.
3. **Color** 필드를 선택하고 흰색으로 변경한다.

중앙 정렬 버튼 은 유니티 편집기에서와 같은 모양으로 보인다.

이제 텍스트가 좀 멋지고 크게 보일 것이다. 이때, **Text** 필드에 있는 텍스트를 선택해 지운다. 스크립트를 통해 텍스트를 나타낼 것이다.

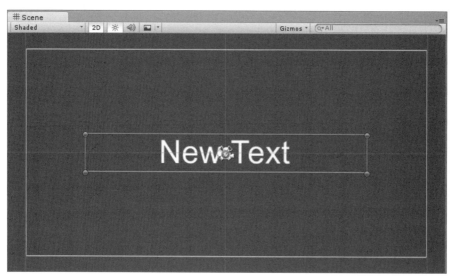

완료된 캔버스와 텍스트 배치

새 C# 스크립트를 생성해 스크립트를 작성해보자. 맨 위의 메뉴에서 Assets ➤ Create ➤ C# Script을 선택한다. 스크립트 이름은 HelloWorld.cs로 한다.

모노디벨롭MonoDevelop이나 여러분이 선호하는 IDE에서 해당 스크립트를 연다. 다음과 같은 코드 1.1을 사용할 것이다.

```
1 using UnityEngine;
2 using UnityEngine.UI;
3 using System.Collections;
4
5 public class HelloWorld : MonoBehaviour {
6
7     public Text textString;
8
9     void Start () {
10        textString.text = "Hello World";
11    }
12 }
```

코드 1.1이 어떻게 동작하는지 알아보자.

- 2행: UnityEngine.UI를 포함시키지 않으면 Text 컴포넌트를 사용할 수 없다.
- 7행: 퍼블릭 Text 객체인데 유니티 편집기에서 정의할 것이다.
- 10행: 신의 시작에서 텍스트 객체를 가지며 그 객체에 Hello World 문자열을 할당한다.

이것이 전부다. 이제 신에 스크립트를 추가해야 한다. 이 스크립트가 행동할 특정 Text 객체를 선언할 것이기 때문에 어느 객체에 HelloWorld.cs 스크립트를 붙일지는 문제가 되지 않는다. 조직화하기 위해, 다음과 같이 한다.

1. Assets 폴더에 있는 HelloWorld.cs 스크립트를 드래그해 신에 있는 Text 객체에 놓는다.
2. Hierarchy 패널에서 Text 객체를 드래그해 Text 객체의 Hello World (Script) 컴포넌트에 있는 Text String 필드에 놓는다.

이제 플레이 버튼을 누르면 다음과 같이 큰 글꼴의 **Hello World**가 나타날 것이다.

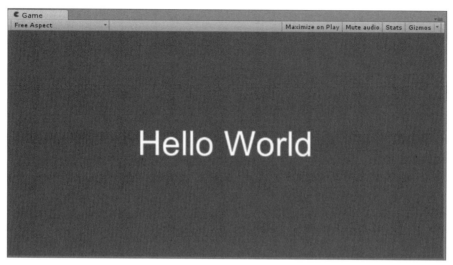

Hello World 프로그램의 결과.

이렇게 **Hello World** 프로그램을 완료했다. 하지만 이것은 전혀 흥미롭지 않다. 이 고전 프로그래밍 예제에 뭔가 새로운 느낌을 주기 위해 무작위성을 추가하자.

PCG Hello World

`Hello World` 예제에 PRN을 추가해 절차적으로 생성된 텍스트를 프로그램에 나타낼 것이다. 이제 `HelloWorld.cs` 스크립트를 편집할 것이다. 여기서 목표는 무작위로 바뀐 모습의 Hello World 텍스트를 보여주는 것이다.

다른 문자열 배열을 만들고 유니티의 Random 메서드를 통해 0에서 배열 길이까지의 숫자를 선택하게 해 이 동작을 만들 수 있다. PRN을 문자열 배열의 인덱스로 사용할 것이다. 여기서는 배열에 Hello World 문자열 외에 몇 가지 다른 문자열도 저장한다. 그래서 Text 객체에 **Hello World**뿐만 아니라 PRN 인덱스 값에 따라 다른 배열 콘텐트도 지정될 것이다.

유니티의 Random.Range의 사용법은 (이상, 미만)이다. 여기 코드에서는 Random. Range (0, 4)를 사용하는데, 이것은 0에서 시작해 3에서 끝난다는 뜻이다. C# 리스트에 서는 (0, ListCount − 1)가 아닌 (0, List.Count)로 범위를 써야 한다.

http://docs.unity3d.com/ScriptReference/Random.html에서 유니티의 Random 에 대한 더 많은 정보를 볼 수 있다.

HelloWorld.cs 스크립트를 열어서 다음과 같이 코드 1.2의 변경 사항을 적용한다.

```
 5 public class PCGHelloWorld : MonoBehaviour {
 6
 7     public string[] hellos = new string[4] {
         "Hello World", "Hola Mundo",
         "Bonjour Le Monde", "Hallo Welt"};
 8
 9     public Text textString;
10
11     void Start () {
12         Random.seed = (int)System.DateTime.Now.Ticks;
13         int randomIndex = Random.Range (0, 4);
14         textString.text = hellos [randomIndex];
15     }
16 }
```

코드 1.2의 변경 내용은 다음과 같다.

- 7행: hellos라는 문자열 배열을 선언하며 Hello World 프로그램의 모든 문 자열을 저장한다.

- 12행: 앞에서 언급했던 PRN 발생기 시드다. 무작위 수를 하나 뽑아 발생기 에 넣는다. 시드는 컴퓨터 프로세서 틱(1/1000 초 정도)으로 나타낸 현재 시간 으로부터 구한다.

- 13행: Random.Range를 호출해 0~3의 PRN을 선택하는데, hellos의 인덱스가 된다.
- 15행: 이전 예제를 수정한 블록의 끝이다. 여기서 텍스트 표시를 무작위로 선택된 Hello World 문자열로 지정한다.

유니티 편집기로 되돌아가서 변화를 알아본다. 새로운 Hellos 필드를 볼 수 있을 것이다. 아래로 확장시키면 배열에 포함된 모든 문자열이 나타난다. 스크립트가 Text 객체와의 연결이 끊어질 수도 있다. 다시 연결하려면 Text 객체를 드래그해 Text String 필드에 놓으면 된다.

PRN이 들어간 Hello World 프로그램 결과.

이제 끝났다. 여러분의 첫 번째 PCG 가능 프로그램을 완성했다. 플레이 버튼을 눌러 테스트해본다. 무작위로 4개의 Hello World 문자열 중 하나가 게임 화면에 나타날 것이다. 네 가지 선택만 있으므로 몇 번 실행해보면 변화를 금방 알 수 있다.

▌도전

추가 도전으로써, 여러분은 이 프로그램을 주사위 시뮬레이터로 바꿀 수 있다. 스크립트에서 1~6의 무작위 수를 나타나게 해본다. 텍스트 대신에 주사위 면의 이미지를 나타낼 수 있다. 이미지를 나타내면서 참조를 위해 주사위 면에 해당하는 무작위 수를 저장할 수 있는지도 알아보아라.

또한 시드를 여러분이 선택한 수로 바꿀 수 있다. 신을 일정한 수로 플레이한다면 매번 동일한 결과를 얻을 것이다. 다른 결과가 나오게 다른 숫자로 시도해보라. 이것은 시드 값의 이점이기도 한데, 우리 게임에 무작위성을 도입할 것이지만 그것을 제어할 길이 있다. 뒤쪽 장에서 시드 값에 대해 더 알아볼 것이다.

▌요약

이 장에서는 간단한 이론을 배웠고 유니티에서 그 이론을 게임에 어떻게 적용하는지 맛을 봤다. PCG 소개와 이것을 어떻게 왜 사용하는지를 살펴봤다. 또한 PRN과 이것을 어떻게 생성하는지를 알아봤다. 일반적인 난수와는 다르게 PRN을 만들어보고 시드가 제공하는 이점을 논의했다. 또한 PRN의 사용 방법과 이유를 배우고 나서 고전 Hello World 프로그램을 확장하는 예제를 완성해봤다.

그래서 남은 것은 뭘까? 우리는 이 책을 통해 완전한 기능을 갖춘 게임을 만들어볼 것이다. 비디오 게임에서 널리 쓰이는 PCG 애플리케이션을 알아볼 것이다. 2장에서는 인기 있는 게임 서브 장르인 로그라이크 게임을 간략히 살펴본다. 로그라이크 게임은 절차적으로 생성된 콘텐트로 알려져 있으므로 우리의 학습 모험에 딱 들어맞는다.

2

로그라이크 게임

이 장에서 다루는 내용

- 로그라이크 게임 소개
- 왜 로그라이크인가?
- 직접 만들어보는 로그라이크 프로젝트
- 프로젝트 셋업
- 요약

이 장에서는 PCG를 사용한 로그라이크^{Roguelike}라는 인기 있는 비디오 게임 서브장르를 소개할 것이다. 이 장의 절반은 이 책의 나머지 장에서 사용할 로그라이크 프로젝트를 셋업하는 데 할애할 것이다. 다음은 이 장에서 다룰 내용이다.

- 로그라이크 게임 파악
- 로그라이크가 우리 PCG 프로젝트에 딱 맞는 이유
- 프로젝트 셋업

이 장에서는 유니티 중급 수준으로 작업을 시작할 것이다. 그러므로 유니티 편집기와 C# 스크립팅에 대해 기본적인 지식을 갖추고 있는 것이 좋다. 노파심에서 말하자면, 이 프로젝트에서는 저술 당시에 널리 사용된 유니티 버전(5.2.2)을 사용했으므로 이전 버전과 호환 문제가 있을 수 있다. 프로젝트 셋업에 사용된 파일들은 다운로드 예제 파일의 Chapter 2 폴더에 있다.

우리는 아트^{art}와 코드 애셋 모두 들어 있는 기존의 프로젝트로 작업할 것이다. 포함된 아트 파일에는 설정해야 할 몇 가지 종속성이 있다. 임포트 가능한 유니티 패키지가 있어서 여기에 미리 만들어진 아트 종속성 모두가 포함돼 있다. 아트 파일 모두를 설명해 프로젝트 구조의 전체 이해를 도울 것이다. 2D 스프라이트 애니메이션에 익숙하다면 여러분 자신의 아트를 사용해도 좋다.

이제 로그라이크 게임에서의 PCG를 알아보자.

▌ 로그라이크 게임 소개

로그라이크는 **롤플레잉 게임**[RPG: Role-playing Game]의 서브장르다. 이 명칭은 마이클 토이[Michael Toy]와 글렌 위치맨[Glenn Wichman]이 1980년에 만들어낸 로그[Rogue]라는 게임에서 유래한다. 로그는 PCG를 사용했는데, 특히 레벨 생성 부분에서였다. 이 게임은 타일 기반 레벨 생성 시스템을 사용했으며, 특히 타일을 표현하는 데 ASCII 문자를 사용했다.

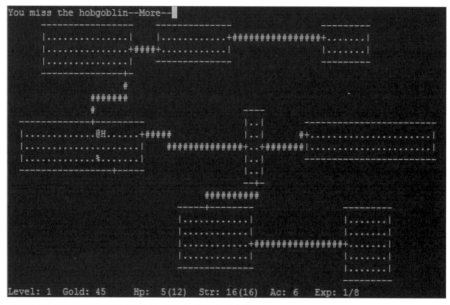

마이클 토이와 글렌 위치맨이 만든 로그(1980) 게임의 이미지

타일이란 아트의 작은 조각이며, 대개 게임 보드와 같이 바탕으로 깔 수 있는 육지나 땅을 나타낸다. 체스나 체커 보드를 연상할 수 있지만 각 정사각형은 조그만 사각형 그림으로 대체되기도 한다. 타일 기반 게임에서는 일반적으로 플레이어 캐릭터가 한 번에 하나의 타일 공간만 차지할 수 있다. 우리의 로그라이크 게임도 타일 기반 레벨 생성기를 사용할 것이다.

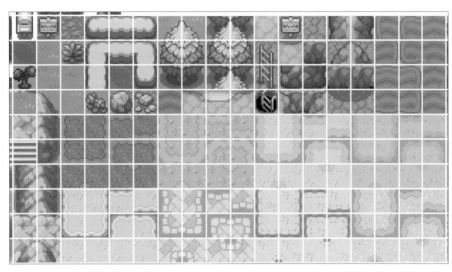

게임 프릭(Game Freak) 사에서 개발한 인기 게임 포켓몬에서의 타일 스프라이트 시트

로그라이크 게임의 기타 전형적인 특색과 게임 플레이 메커니즘에는 2D 그래픽, 무작위 플레이어 아이템, 턴 기반 게임플레이, 플레이어 캐릭터가 죽으면 게임 끝 등이 있다. 1980년작 로그를 모방한 게임들은 인디 게임 마켓에서 인기를 끌었다. 로그라이크 게임에 PCG를 사용하면 아트 애셋을 쉽게 제작하고 개발 비용을 줄일 수 있다.

▌왜 로그라이크인가?

로그라이크 게임이 PCG에 의존한다는 것은 이 절을 배우는 데 로그라이크 게임이 가장 적합하다는 된 것을 의미한다. 또한 2D로 작업할 것이므로 알고리즘이 단순화돼 PCG 이론에 집중할 수 있다. 추가적인 보너스로 로그라이크 게임이 아주 대중적이어서 학습에 도움이 되는 아주 유용한 자원을 더러 구할 수 있다. 심지어 우리는 그런 자원 하나를 사용할 것인데, 유니티 테크놀러지 사에서 제공하는 튜토리얼이 바로 그것이다.

▌직접 만들어보는 로그라이크 프로젝트

로그라이크 게임에 관해 살짝 알아봤고 왜 PCG 학습을 위해 이런 게임을 사용하는지 알아봤으므로 이제 우리의 메인 프로젝트를 알아볼 시간이다. 이 프로젝트에서는 미리 만들어진 아트 애셋 그룹과 코드 기반을 사용할 것이다. 유니티 테크놀러지의 2D 로그라이크 튜토리얼에서 이들 애셋을 가져올 것이다. 이 튜토리얼은 실제로 이 책에 영감을 준 것이므로 이 튜토리얼 중 몇 가지를 알아보는 것이 좋을 것이다.

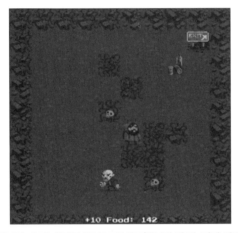

유니티 테크놀러지의 2D 로그라이크(유니티 테크놀러지 제공)

 유니티 2D 로그라이크 전체 튜토리얼은 https://unity3d.com/learn/tutorials/projects/2d-roguelike-tutorial에 있다.

이 튜토리얼에 사용된 모든 애셋은 https://www.assetstore.unity3d.com/en/#!/content/29825의 유니티 애셋 스토어에서 이용 가능하다.

유니티 2D 로그라이크의 애셋을 사용할 것이지만, 튜토리얼을 그대로 따라하지는 않을 것이다. PCG로 무엇을 할 수 있는지 더 알아보는 것이 목적이므로 유니티의 원본 튜토리얼의 일부만 사용할 것이다. 또한 이렇게 미리 만들어진 아트 애셋을 사용하면 PCG 개발에 곧장 뛰어드는 데 도움이 된다.

▌프로젝트 셋업

우리의 기반 프로젝트를 셋업하자. 이 프로젝트 셋업에서 다룰 방법은 두 가지다. 제공된 유니티 패키지를 임포트하거나 아니면 '파일 개요' 절의 코드 설명을 따라 직접 코드를 작성할 수 있다. 어느 방법이든 프로젝트의 운영 방식 구조를 이해하려면 코드 설명을 읽는 것이 아주 좋다.

기반 프로젝트 임포트

먼저 다음과 같이 더 많은 애셋이 들어 있는 패키지를 임포트해 즉시 사용할 것이다. 하지만 결국 애셋 모두를 사용할 것이란 점을 알아둔다. 파일 모두는 이 장의 '파일 개요' 절에 설명돼 있다.

1. 유니티를 실행해 새 프로젝트를 만든다. 2D를 선택하고 나서 **Create Project**를 선택한다. 이 프로젝트에서 쓸 표준 애셋 패키지를 임포트해야 한다.

2. 유니티 편집기가 나타나면 맨 위 메뉴에서 **Assets ❯ Import Packages ❯ Custom Package...**를 선택한다. 다운로드한 코드 파일을 저장한 디렉토리로 이동한다. Chapter 2 폴더에서 Chapter2Assets.unitypackage를 선택해 연다. 해당 패키지에 있는 모든 애셋이 나타날 것이다. **Import**를 클릭하면 유니티는 패키지를 임포트할 것이다.

3. 패키지가 임포트된 후에 경고 메시지가 나타날 수 있는데 지금은 무시해도 된다. 이제 여러분의 Assets 폴더에는 여러 폴더가 나타난다. Scenes 폴더로 들어가서 Main 신scene을 연다.

4. Hierarchy 패널에 몇 개의 게임 객체와 Game 뷰 패널의 화면에 텍스트가 보일 것이다. 지금 플레이 버튼을 클릭해보면 작은 캐릭터가 애니메이션될 것이다. W, A, S, D 키 또는 방향키를 사용하면 캐릭터가 이동한다.

캐릭터의 움직임을 눈여겨보자. 캐릭터는 타일의 폭만큼 이동하고 턴 기반 타이밍 시스템을 따른다. 키를 누르면 플레이어 캐릭터는 그 방향을 따라 인접한 타일로 이동할 것이다. 그러고 나서 적이 움직이길 기다릴 것이다. 아무 적이 없으므로 플레이어는 계속 캐릭터를 움직이게 된다.

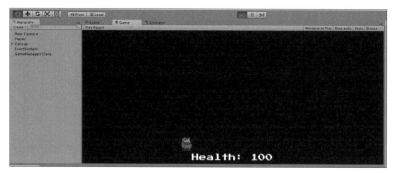

패키지를 임포트해 플레이를 클릭한 결과

파일 개요

파일을 살펴 프로젝트가 어떻게 조직돼 있는지 알아보자. 먼저 폴더 구조는 다음 형태로 돼 있을 것이다.

루그라이크 프로젝트이 폴더 구조

애니메이션

Animation 폴더에는 Animations와 AnimatorControllers라는 두 개의 서브폴더가 있다. Animations 폴더에는 플레이어 캐릭터가 사용하는 세 개의 스프라이트 애니메이션이 들어 있다. AnimatorControllers 폴더에는 플레이어 캐릭터가 애니메이션을 실행하는 데 사용하는 애니메이터 제어기가 들어 있다. 이들 파일은 Chapter 2 임포트 패키지에서 Player 프리팹으로 미리 통합된다.

글꼴

Fonts 폴더에는 PressStart2P-Regular.ttf 글꼴 파일과 공개용 글꼴 라이선스가 들어 있다. 라이선스는 무시해도 된다. 이 글꼴은 우리 게임의 프리뷰에서 텍스트에 미리 적용돼 나타난다.

프리팹

Prefabs 폴더에는 3장에서 게임 보드를 만드는 데 사용할 타일 세트가 들어 있다. GameManager와 Player도 있는데 이것들은 우리의 기반 프로젝트를 실행하는 데 사용될 것이다. Player는 Hierarchy 패널에서 직접 참조되고 GameManager은 메인 카메라에 있는 스크립트를 통해 참조된다.

- Player 프리팹에는 BoxCollider2D, RigidBody2D, SpriteRenderer 컴포넌트와 Player.cs 스크립트가 필요하다.
- GameManager 프리팹에는 GameManager.cs 스크립트가 필요하다.
- Wall 프리팹에는 BoxCollider2D, SpriteRenderer 컴포넌트와 Wall.cs 스크립트가 필요하다.
- OuterWall 프리팹에는 BoxCollider2D와 SpriteRenderer 컴포넌트가 필요하다.
- Floor 프리팹에는 SpriteRenderer 컴포넌트가 필요하다.

신

Scenes 폴더에는 메인 신이 들어 있다. 이 폴더는 우리의 기반 게임이 셋업되고 모든 기능이 추가되는 장소다. Hierarchy 패널에는 신에 무엇이 들어있는지 나타나 있다.

모든 유니티 신에는 메인 카메라가 포함된다. 이 카메라에는 GameManager 프리팹이 들어간다. Player 프리팹에는 플레이어 캐릭터 애니메이션과 기능이 들어간다. Canvas 객체에는 현재 게임 내에 보이는 텍스트의 소스인 HealthText라는 텍스트 객체가 들어간다. EventSystem 객체는 기본적으로 Canvas 객체와 함께 나온다.

스크립트

Scripts 폴더에는 기반 게임을 실행하는 데 필요한 모든 스크립트가 들어 있다. 어떤 스크립트는 나중에 추가할 기능을 위한 것이다. 이 유니티 패키지에 있는 모든 스크립트 파일을 살펴보고 관련 부분들을 알아볼 것이다.

첫 번째 스크립트는 BoardManager.cs며 다음의 코드 2.1에 나타나 있다.

```
1 using UnityEngine;
2 using System;
3 using System.Collections.Generic;
4 using Random = UnityEngine.Random;
5
6 public class BoardManager : MonoBehaviour
7 {
  [Serializable]
8     public class Count
9     {
10         public int minimum;
11         public int maximum;
12
13         public Count (int min, int max)
14         {
```

```
15        minimum = min;
16        maximum = max;
17      }
18    }
19 }
```

여기 BoardManager 스크립트에는 Count라는 Serializable 퍼블릭 클래스만 들어 있는데, 게임 보드 타일 무작위 붙이기에 이 클래스를 사용할 것이다. 또한 게임 보드에서 아이템과 적을 놓는 것과 같이 어느 종류의 리스트 무작위화에도 이 클래스를 사용할 것이다. 게임 시작 시에 레벨 셋업을 위해 GameManager 스크립트가 BoardManager 스크립트를 호출한다.

코드 자체를 살펴보자.

- 3행: System.Collections.Generic은 C# 리스트를 사용할 수 있게 하는데, 이 리스트는 나중에 쓸모가 있다.
- 4행: 유니티 내에는 실제로 두 개의 랜덤 클래스가 있다. 하나는 유니티 클래스고 다른 하나는 닷넷 클래스다. 이 행은 유니티 고유의 Random 메서드를 사용할 것을 나타낸다. 이렇게 한 이유는 유니티의 Random 메서드가 게임 개발에 최적화돼 있기 때문이다.
- 8행: 유니티 편집기에서 Count 클래스의 프로퍼티가 나타나게 Serializable로 선언했다.
- 11~12행: Count에 계속 기록해둘 프로퍼티다. minimum와 maximum을 무작위 범위로 사용할 것이다.
- 14~18행: 클래스 생성자다.

Loader.cs 스크립트는 게임의 필수 부분을 실행하는 GameManager 클래스의 인스턴스 화를 담당한다. 다음의 코드 2.2에 이 스크립트가 나타나 있다.

```
1 using UnityEngine;
2 using System.Collections;
3
4 public class Loader : MonoBehaviour
5 {
6     public GameObject gameManager;
7
8     void Awake ()
9     {
10         if (GameManager.instance == null)
11             Instantiate(gameManager);
12     }
13 }
```

8~12행은 이 스크립트에서 중요한 부분이다. Awake 함수는 GameManager가 존재 하지 않을 경우 새 GameManager를 생성한다. 이제 다른 모든 스크립트를 연결하는 GameManager.cs를 알아보자.

GameManager.cs 스크립트는 아주 길기 때문에 본문 중에 모두 보여줄 수 없어 코드 2.3 으로써 다운로드한 Chapter 2 폴더의 소스 파일을 참조하기 바란다. 여기서는 이 스크 립트를 구성하는 함수들을 대략적으로 알아볼 것이다.

- Awake( ): Awake 함수는 GameManager를 싱글턴singleton으로 만들며 적 리스트(나중에 사용할 것임)를 셋업하고 게임을 초기화한다.

싱글턴은 프로그램 런타임 동안 단 하나의 인스턴스만 존재할 수 있는 프로그래밍 패러다임이다. 이 말은 게임 내에서 모든 신/레벨에 대해 단 하나의 GameManager 인스턴스만 존재한다는 뜻이다.

유니티에서의 싱글턴에 대해 더 자세히 알려면 http://wiki.unity3d.com/index.php/Singleton을 방문해본다.

- OnLevelWasLoaded (int index): 이 함수는 신이 로드될 때마다 호출된다.
- InitGame( ): InitGame은 적 리스트를 깨끗이 비우는데, 이 리스트는 실제로 적을 만들 때 더 유용하다. 이 함수는 메인 레벨을 초기화하기 위해 호출하는 함수다.
- Update( ): Update 함수는 플레이어가 움직일 차례인지 적이 움직일 차례인지를 점검한다. 적이 존재하지 않으면 항상 플레이어 차례가 된다.
- GameOver( ): 이 함수를 호출하면 GameManager 클래스를 불능 상태로 만든다.
- MoveEnemies( ): 적이 움직일 차례가 되면 이 함수가 호출된다. 현재 적이 없으므로 플레이어 캐릭터가 움직임을 완료하고 다음 움직임을 할 수 있게 이 함수는 그냥 쉰다. 이 구조를 미리 정의해 놓으면 나중에 적을 추가하기가 쉽다.

그다음으로 Wall.cs 스크립트를 살펴볼 텐데, 이 스크립트는 플레이어의 움직임을 차단할 수 있는 타일에 프로퍼티를 부여한다. 다음의 코드 2.4에 Wall.cs 스크립트가 나타나 있다.

```
1 using UnityEngine;
2 using System.Collections;
3
4 public class Wall : MonoBehaviour
5 {
6     public Sprite dmgSprite;
7     public int hp = 3;
8
```

```
9        private SpriteRenderer spriteRenderer;
10
11       void Awake ()
12       {
13           spriteRenderer = GetComponent<SpriteRenderer> ();
14       }
15
16       public void DamageWall (int loss)
17       {
18           spriteRenderer.sprite = dmgSprite;
19
20           hp -= loss;
21
22           if(hp <= 0)
23               gameObject.SetActive (false);
24       }
25 }
```

이 스크립트는 게임 보드를 셋업할 코드를 작성하기 전까지 그렇게 쓸모 있어 보이지 않을 것이다. 현재 이 스크립트는 벽이 존재할 때 플레이어를 차단하고 어떤 벽은 부서질 수 있게 지정한다. 다음과 같이 코드 2.4를 살펴보자.

- 6행: 손상된 벽을 보여줄 스프라이트에 대한 참조를 저장한다.
- 7행: 벽이 몇 번 타격을 받아야 부숴지는지에 대한 숫자를 저장한다.
- 9~14행: Awake 함수는 Wall 프리팹의 SpriteRenderer 컴포넌트에 대한 참조를 저장한다.
- 16~24행: DamageWall 함수는 벽이 타격받을 때 횟수를 세어, 벽이 손상되는 것을 보여주며 충분히 타격받은 후에는 벽이 파괴된 스프라이트로 전환한다.

그 외의 몇 개 스크립트는 신과 관련이 있다. MovingObject.cs 스크립트는 추상화 클래스인데, 우리 게임에 바로 적용할 수 없다. 그 대신에 Player.cs와 Enemy.cs 스크립트는 MovingObject 클래스로부터 상속한다. 이렇게 하는 이유는 Player와 Enemy 프리팹이 비슷한 방식으로 움직이기 때문이며, 따라서 움직임 로직을 두 번 작성하지 않고 한 번만 작성함으로써 두 프래팹 모두를 사용하게 할 수 있다.

MovingObject.cs 스크립트에 움직임 로직 대부분이 들어 있기 때문에 더 긴 파일이 됐다. 따라서 여기에 코드를 모두 나타내는 대신에 코드 2.5로써 다운로드한 Chapter 2 폴더의 소스 파일을 참조하기 바란다. 이제 GameManager.cs 스크립트에서 했던 것처럼 이 코드를 살펴보자.

- Start(): Start 함수는 Wall 프리팹에 부착되는 BoxCollider2D와 RigidBody2D 컴포넌트를 저장한다. 또한 나중에 움직이는 시간으로 나누는 대신에 곱할 수 있게 moveTime라는 변수의 역수를 저장한다. 대부분의 경우에 나누기보다 곱셈이 계산에 더 효율적이다.

- Move(int xDir, int yDir, out RaycastHit2D hit): Move는 플레이어가 입력한 방향으로 이동할 수 있는지 점검한다. 이 함수는 방향 입력에 대해 플레이어 캐릭터를 라인캐스트^linecast해 무언가에 부딪혔을 때 false를 반환하게 한다. RaycastHit2D 매개변수인 hit에는 키워드가 있어서 이 함수에서 수정돼 함수 외부로 그 효과를 전한다.

- SmoothMovement (Vector3 end): 이 함수는 한 타일 공간에서 다음 타일 공간으로 유닛 이동을 시키기 위한 코루틴이다. Vector3 매개변수인 end를 받아 이동 목적지를 지정한다.

 코루틴에 대해 더 자세히 알고 싶다면 http://docs.unity3d.com/Manual/Coroutines. html을 방문해보자.

- AttemptMove<T>(int xDir, int yDir): AttemptMove는 Move에 의해 호출돼 플레이어/적의 이동이 막히는지 점검한다. 제네릭^generic 변수인 T를 받아, 막혔을 때 유닛이 상호작용할 컴포넌트 종류를 지정한다. 이렇게 하면 막힌

행위의 경우에 이 함수가 유용해진다. 벽은 플레이어의 이동을 막지만, 적도 막는다. virtual 키워드는 override 키워드를 사용해 클래스를 상속함으로써 AttemptMove를 오버라이드할 수 있다는 것을 의미한다.

- OnCantMove<T>(T component): 플레이어/적 캐릭터의 이동이 막힐 때 OnCantMove가 호출된다. 이 함수에다가 차단 이벤트 처리 방식에 대한 로직을 넣을 것이다. 이 함수는 추상화된 것이라서 MovingObjects에는 직접적인 의미가 없다. 하지만 자식 클래스에서 이 함수의 고유 행위를 구현할 것이다.

캐릭터에 대한 기반 클래스를 알아봤으므로, 이제 가장 중요한 캐릭터 클래스를 알아보자. 이 스크립트도 여기에 나타내기에는 너무 길기 때문에 코드 2.6으로써 다운로드한 Chapter 2 폴더의 소스 파일을 참조하기 바란다. 다음은 Player.cs 스크립트의 개요다.

- 먼저 이 클래스는 MonoBehaviour가 아닌 MovingObject 클래스로부터 상속한다.
- Start(): 이곳에서는 애니메이터를 저장하고, 헬스 포인트에 대한 참조를 얻고, 다음 헬스 포인트를 셋업하고, MovingObeject 기반 클래스의 Start 함수를 호출한다.
- Update(): Update 함수는 플레이어 입력과 이동에 대한 호출을 알아본다.
- AttemptMove<T>(int xDir, int yDir): 이것은 MovingObject 클래스 기반의 오버라이드 함수다. 현재는 AttemptMove 기반 함수를 호출하고 플레이어 차례를 업데이트한다. 나중에 이 함수에 더 추가할 것이다.
- OnCantMove<T>(T component): 이것은 또 다른 오버라이드 함수다. 벽에 부딪혔는지를 점검하며, 부숴질 수 있는 벽에 부딪히면 그 벽을 공격한다.
- LoseHealth(int loss): 적을 추가할 때, 플레이어 캐릭터의 체력 소모를 처리한다.

- CheckIfGameOver(): 마지막으로 이 함수는 플레이어가 체력을 다 소모해 게임 종료를 해야 하는지를 점검한다. 이것 또한 적을 추가할 때 관련지어 다룰 것이다.

맨 마지막은 Enemy 스크립트다. Player 클래스와 마찬가지로 이 클래스도 MovingObject 클래스로부터 상속한다. 다음의 코드 2.7에 나타나 있다.

```
1 using UnityEngine;
2 using System.Collections;
3
4 public class Enemy : MovingObject
5 {
6     protected override bool AttemptMove <T> (int xDir, int yDir)
7     {
8         return true;
9     }
10
11     protected override void OnCantMove <T> (T component)
12     {
13     }
14 }
```

지금은 이 클래스에 어떠한 로직도 없다. 이 클래스에 필요한 두 개의 오버라이드 함수가 있지만 비어 있는 상태다. 현재 이 스크립트를 사용해 플레이어 이동의 지연을 추가할 것이다. 턴 기반 시스템을 구현해 적 이동을 점검할 것이며, 현재 적이 없기 때문에 다시 플레이어 차례가 된다. 이 스크립트를 미리 정의해 놓으면 나중에 시간을 아낄 수 있다. 하지만 이 스크립트가 MoveingObject 클래스로부터 상속하므로 시스템에는 최소한으로 자리라도 잡아놓을 오버라이드 함수가 필요하다.

이것이 기반 프로젝트 전부다. 여러분이 원한다면 자신만의 아트 애셋을 사용해도 된다. 하지만 책을 읽어가는 동안에는 최소한으로 아트 애셋을 여러분의 애셋으로 교체해야 한다. 이렇게 하는 것이 일반적인 유니티 학습에 좋다. 이때 '프리팹' 절에서 설명한 대로 셋업 요구 사항을 확실히 충족시키게 한다.

▌ 요약

기반 프로젝트 셋업을 이제 끝냈다. 이렇게 해 놓으면 공통적인 게임 기법 개발에는 신경을 덜 쓰면서 PCG 개발에 더 집중할 수 있다. 로그라이크 게임과 함께 타일 기반의 레벨 생성에서 이 게임이 어떻게 PCG를 사용하는지도 알아봤다.

이 장에서 1980년대 게임의 대세이며 RPG 서브장르인 로그라이크에 관해 배웠다. 우리가 개발하는 이유인 로그라이크 게임에서의 PCG 사용에 관해 설명했다. 그리고 게임 개발의 토대가 될 기반 프로젝트를 구축했다. 이제 PCG 로직 제작 방법을 배울 차례다.

3장에서는 난수와 로그라이크 게임에 관해 배운 것을 적용할 것이다. 바닥과 벽 타일을 사용해 끝없는 게임 세계를 만들어보자.

3

끝없는 세계의
생성

이 장에서 다루는 내용

- 데이터 구조 선택
- PCG 알고리즘 개요
- 신 셋업
- 초기 게임 보드
- 요약

기반 프로젝트를 셋업했으니 이제 확장할 준비가 됐다. 또한 간단한 Hello World 프로그램을 만들어 PRN과 PCG에 대한 이해도 갖췄다. 하지만 로그라이크 게임에 바로 적용할 수 있는 완전한 기능의 PCG 알고리즘을 개발해야 한다.

우리 게임에서는 플레이어 입력에 따라 이동할 수 있는 플레이어 캐릭터의 기본 기능을 갖추게 할 것이다. 이 장에서는 플레이어가 탐험할 타일 기반의 게임 보드를 만들 것인데, 이 게임 보드는 플레이어가 이동할 때 저절로 확장될 것이며, 경계를 정해 놓지 않았으므로 보드는 계속해서 커진다. 이 장에서는 다음과 같은 내용을 다룬다.

- 동적 데이터 구조 학습
- 최초의 PCG 알고리즘 디자인
- 끝없는 게임 세계가 되는 신의 셋업
- PCG 게임 보드 개발

이 장을 마치면, 여러분은 모든 플레이에 고유한 PCG 게임 세계를 개발하게 될 것이다. 게다가 상대적으로 적은 양의 애셋으로도 가능할 것이다. 먼저 몇 가지 배우며 계획을 짜야 한다. 그럼, 끝없는 PCG 게임 보드로 출발해보자.

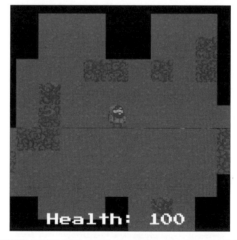

이것은 우리의 끝없는 PCG 로그라이크 게임 보드 모습이다

데이터 구조 선택

개발할 첫 번째 PCG 알고리즘으로 플레이어가 탐험할 게임 환경을 생성할 것이다. 끝없는 게임 세계를 만들 것인데, 메모리가 허용하는 한 말이다. 플레이어가 그 세계를 탐험할 때, 우리의 알고리즘은 게임 보드 조각을 계속 생성해 놓을 것이다.

게임 보드란 플레이어가 걸어갈 지면 영역이라는 점을 기억해두자. 게임 보드는 **타일**이라 부르는 작은 직사각형의 2D 스프라이트로 구성된다. 이 장에서는 플레이어가 걸어갈 바닥 타일을 추가하는 것으로 시작할 것이다. 그다음으로 플레이어에게 장애물이 될 벽 타일을 무작위로 추가할 것이다.

2D 게임 보드 개념은 그리드grid로 나타낼 수 있다. 그리드는 게임 보드용 레이아웃 타일을 처리하기 위해 배열이나 리스트 데이터 구조로 쉽게 구현될 수 있다. 플레이어가 탐험할 때, 리스트에다가 새로 생성된 타일에 대한 참조를 추가할 것이다. 그러면 이 리스트를 게임 보드에 있는 타일을 검색할 때 사용할 수 있게 된다. 이 타일 리스트의 가장 중요한 역할은 게임 보드에 이미 존재하는 타일은 재생성을 하지 않아도 된다는 것이다. 이런 프로세스를 보통 **오브젝트 풀링**object pooling이라고 한다.

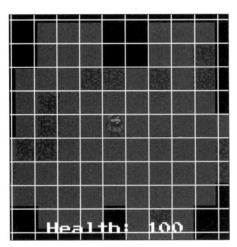

그리드 내의 게임 보드를 상상해보라.

배열

플레이어가 게임을 계속하게 할 거대한 게임 보드를 생성할 것이기 때문에, 동적으로 타일을 추가할 수 있는 데이터 구조가 필요하다. 2차원 배열은 그리드를 표현하기에 알맞으며, 그리드는 타일 좌표 추가를 더 자연스럽게 만든다.

 동적(dynamic)이란 말은 또 하나의 전산과학 용어다. 우리는 곧잘 정적(static) 또는 동적이라는 표현을 사용한다. 정적이란 const int num = 2;와 같이 고정 값을 갖는 것을 말한다. 동적이란 런타임으로 지정돼 int num = someFunction();.과 같이 프로그램 실행 중에 변경될 수 있는 값을 말한다.

X	0	1	2	3	4
Y	0	0	0	0	0
	1	1	1	1	1
	2	2	2	2	2
	3	3	3	3	3
	4	4	4	4	4

2D 배열의 표현

배열은 게임 보드가 확장될 때 중요한 빠른 검색에 아주 알맞다. 배열은 메모리 일부를 예약해 놓고 메모리 블록 인덱스라는 호출 번호를 배열 속에 지정한다. 이렇게 해놓으면 게임 세계를 생성할 때 배열은 메모리 문제에 곤란을 겪지 않는 고정된 크기로 된다. 또한 인덱스 검색은 거의 순식간에 이루어진다.

2차원 배열을 사용하는 데 주요 문제는 크기를 미리 정의해야 한다는 점이다. 이 말은 게임을 시작하자마자 다 사용하지 않을 수도 있는 큰 양의 메모리를 확보한다는 것을 의미한다. 심지어 더 안 좋은 상황은 게임이 끝나기도 전에 배열이 가득 차서, 더 큰 배열을 새로 만들어 모든 정보를 새 배열로 옮기고서 이전 배열의 메모리를 제거해야 하는 경우다.

그러면 더 큰 배열은 앞서 설명한 것과 같은 두 가지 문제에 직면한다. 게다가 배열을 다시 만드는 작업을 수행할 로직을 작성하기 위해 개발 시간을 더 들여야 한다. 그다음으로, 새 배열을 만들고 이전 배열을 삭제하느라 메모리가 확장했다가 축소하면서 게임 속도가 느려질 것이다. 따라서 이 방법은 실용적인 옵션이긴 하지만 좀 더 주의를 요하는 개발 작업이 될 것이다.

링크트 리스트

2D 배열에는 빠른 검색과 관련해 중요한 기능이 있지만 구현이 불충분하고 오버헤드가 많이 발생하는 위험을 무릅써야 한다. 따라서 또 다른 옵션이 링크트 리스트^{linked list}[1] 형태인 리스트다. 리스트는 메모리 청크를 예약할 필요가 없는데, 그 이유는 리스트 내의 각 엔트리에서 그 앞과 뒤 엔트리에 대한 링크 참조를 저장하기 때문이다. 즉 리스트 엔트리가 메모리의 아무 곳에 저장될 수 있다는 뜻이며, 이렇게 되면 시작 시에 메모리를 예약해둘 필요가 없어진다.

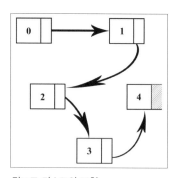

링크트 리스트의 표현

---

1 항간에는 링크드 리스트라고 하는데 잘못된 발음 표기다. – 옮긴이

리스트는 공간을 다 소비하면 새 배열을 만들어야 하는 문제를 해결해준다. 얼마든지 동적으로 리스트에 쉽게 계속 추가할 수 있다. 하지만 빠른 검색은 리스트에서는 좀 떨어지므로 게임 성능이 낮아질 수 있다. 배열이 생성될 때, 배열 구조는 각 엔트리가 그 옆 엔트리와 연결돼 있어 시스템은 특정 인덱스를 재빨리 검색할 수 있는 반면, 리스트에서의 엔트리는 메모리 여기저기에 흩어져 있으므로 시스템은 첫 번째 엔트리에서 시작해 특정 인덱스까지 각 엔트리를 찾아가야 한다.

리스트의 또 다른 문제는 아직 타일로 채워지지 않은 인덱스는 참조할 수 없다는 점이다. 우리의 2D 배열 예제에서는 배열의 모든 인덱스가 미리 정의돼 있어 배열이 비어 있더라도 참조할 수 있다. 리스트 엔트리에는 이와 같이 자리 잡아둔 것place holders이 없다. 존재하지 않는 리스트 엔트리를 참조하면, 시스템은 예외를 발생시키는데 이때 예외를 처리할 준비를 해 놓지 않으면 게임이 먹통이 될 것이다. 이 문제를 피하려면 리스트의 모든 엔트리를 미리 정의해야 하는데, 이렇게 하면 리스트가 배열보다 나을 게 없어진다.

이제 우리는 두 가지 안 좋은 것 중에 덜 안 좋은 것을 선택해야 하는 갈림길에 와 있다. 한쪽은 동적으로 타일을 추가할 때 오버헤드가 발생하는 배열이다. 다른 쪽은 동적으로 추가할 수 있지만 자유롭게 흐르는 그리드 구조를 유지하기 위해 비슷한 오버헤드가 있을 리스트다. 이상적인 데이터 구조는 빠른 검색이 가능하면서도 동적으로 엔트리를 추가할 수 있는 것인데, 배열과 리스트에는 해당되지 않는다. 이것이 완벽한 실용 옵션이라고는 하지만 우리의 요구에 더 잘 맞는 것이 있을 것이다.

딕셔네리

절충안은 C#에서 연관 배열associative array 형태인 **딕셔네리**Dictionary2라는 것인데, 이것은 음(−)이 아닌 숫자 대신에 문자열과 같은 데이터 타입을 인덱스로 사용하는 수정된 배

---

2 딕셔네리, 딕셔너리 두 가지로 혼용돼 쓰이는데, 딕셔네리가 원어에 더 가까우므로 이 책에서는 딕셔네리로 표기했다. – 옮긴이

열이다. 딕셔네리는 키–값^{key-value} 조합을 사용해 데이터를 저장하므로 동적으로 추가하고 제거할 수 있다. 하지만 딕셔네리는 최대 크기만큼 메모리를 계속 차지해 나간다는 점은 염두에 둬야 한다. 딕셔네리의 키–값 조합은 다음과 같이 보일 것이다.

```
Dictionary myInventory (string key, int value);
myInventory.Add("Gold", 10);
myInventory["Gold"];
```

C# 딕셔네리는 배열을 감싸는 클래스다. 이 클래스는 내부 배열이 꽉 차게 돼 더 큰 배열로 데이터를 재작성하는 작업 수행 시점을 자동으로 인지한다. 또한 딕셔네리는 빠른 검색 속도를 가진다. 연관 배열을 데이터 구조로 가지기 때문에 앞의 예제에서처럼 2차원 배열 대신에 1차원 배열을 만들 수 있는 이점도 있다.

딕셔네리에 키–값 조합이 있기 때문에 각 타일의 X와 Y 좌표를 가진 Vector2로 키를 만들 수 있다. 이렇게 하면 어느 특정 타일이 이미 놓여 있는지를 알고 싶을 때, X와 Y 좌표를 직접 검색할 수 있다. Dictionary 클래스에는 myInventory.Contains("Gold"); 와 같이 검색을 쉽게 하는 Contains()라는 메서드가 있다. 이 메서드는 true/false 값을 반환하므로 if...else 또는 switch 문으로 점검할 수 있다.

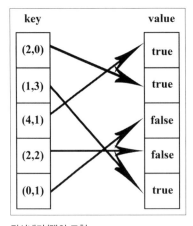

딕셔네리/맵의 표현

다음은 우리의 데이터 구조 선택에 대한 정리다.

- **배열**: 빠른 검색을 가진 단순 데이터 구조지만 동적으로 타일을 추가하기 어렵다.
- **리스트**: 동적으로 타일을 추가할 수 있는 링크트 리스트지만, 리스트가 커질수록 검색은 느려진다.
- **딕셔네리**: 배열 크기 변경이 내장돼 있고 빠른 검색을 갖춘 연관 배열 클래스다.

딕셔네리가 여분의 클래스 메서드를 가지며 좀 더 오버헤드를 발생시키지만, 우리가 사용하기에 가장 효율적인 데이터 구조다. 실제로 사용하기에도 쉽다.

PCG 알고리즘 개요

게임 보드 그리드 관리를 위한 데이터 구조를 정했으므로 타일을 놓기 위한 알고리즘을 설계해야 한다. 이 알고리즘은 두 가지 종류의 PCG를 사용할 것이다. 플레이어가 발견하는 타일만을 생성할 것인데, 플레이어가 발생시키는 PCG 형태가 된다. 또한 난수를 사용해 타일 모양을 지정하고 어느 바닥 타일이 맨 위에 놓이는 벽 타일인지를 선택할 것이다.

알고리즘 설계를 시작하기 위해 시스템의 쓰임새^{use case}를 상상해보고 표현해보자. 플레이어는 이미 나타나 있고 데이터 구조에 추가돼 있는 작은 영역에서 시작해야 한다. 게임을 시작할 때 최초 게임 보드를 위한 5 x 5 그리드 타일을 만들자. 그다음에, 최초 플레이어 캐릭터를 그 그리드의 중앙에 놓는다.

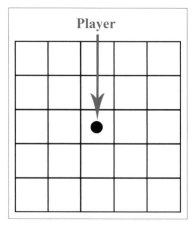

플레이어가 있는 최초의 게임 보드 그리드.

플레이어가 탐험할 때, 알고리즘은 플레이어가 향하는 방향으로 더 많은 타일을 보여 줄 것이다. 이 방향을 플레이어의 시선line of sight이라고 부르자. 무작위 숫자의 타일을 사용해 플레이어가 향하는 곳을 보여주게 된다. 하지만 6개 타일을 적절한 양으로 잡는다. 이렇게 하면 플레이어 캐릭터를 놓을 중앙 점을 잡을 수 있다.

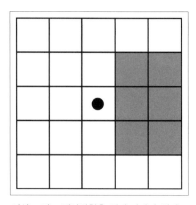

시선 그리드 정사각형은 짙게 나타나 있다.

플레이어가 다른 타일로 이동할 때마다 캐릭터 전방의 6개 타일을 점검할 것이다. 이렇게 하기 위해 X와 Y 좌표를 가진 Vector2로 플레이어 위치를 추적할 필요가 있다.

또한 플레이어가 이동하는 방향도 추적해야 한다. 플레이어 위치와 방향으로 플레이어 전방의 6개 타일의 좌표를 구할 수 있다.

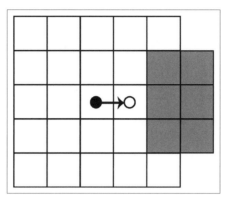

플레이어가 오른쪽으로 이동할 때의 타일 표시.

플레이어가 탐험하다가 특정 영역으로 되돌아간다면, 플레이어의 시선에 있는 6개 타일 공간은 이미 나타나 있고 딕셔네리에도 있을 것이다. 그래서 플레이어가 밟는 모든 걸음에 대해 6개 시선 타일 중 각 타일을 점검해 플레이어가 이미 그 타일을 발견했는지 알아야 한다. 그 타일이 이미 딕셔네리에 있다면, 그 모양이 변경될 수도 있기 때문에 그 타일을 새 타일로 겹쳐 써서는 안 된다.

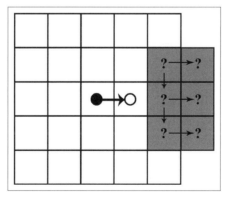

타일이 이미 발견됐는지 점검하기 위해 반복한다.

플레이어의 시선을 점검할 때, 각 타일에 대해 두 행위 중 하나를 수행할 것이다. 타일이 발견되지 않으면, 그냥 무시할 것이다. 당연히 이 알고리즘이 동작하기 위해 플레이어 위치를 확실히 업데이트해야 한다.

다음은 우리의 PCG 알고리즘을 정리한 것이다.

- 플레이어는 어느 방향이든 한 타일씩 움직인다.
- 플레이어가 움직인 방향을 얻는다.
- 플레이어 위치의 좌표를 업데이트한다.
- 플레이어 위치를 사용해 6개 시선 타일을 찾아서 점검한다.
- 발견되지 않은 타일을 딕셔네리에 추가해 게임 보드에 그 타일을 놓는다.
- 새롭게 추가되는 바닥 타일에 대해 무작위로 바닥 타일을 추가한다.
- 이전에 발견된 타일은 무시한다.

▌ 신 셋업

데이터 구조를 선택했고 알고리즘도 설계했으므로 이제 신을 셋업해야 한다. 게임 시작 시에 플레이어 캐릭터는 화면 모서리에 검은 배경으로 보인다. 플레이어는 네 방향으로 움직일 수 있지만 화면을 벗어날 수도 있다. 플레이어는 또한 플레이어의 체력을 표시하는 텍스트 아래로도 이동할 수 있다. 이런 사항을 처리해 우리의 PCG 알고리즘을 더 잘 동작하게 보여야 한다.

플레이어 위치

이전에 최초 게임 보드로 5 x 5 그리드 사용이 괜찮겠다고 말했었다. 이제 5 x 5 게임 보드를 염두에 두고 계속해보자. 5 x 5 그리드가 X-Y 좌표로 왼쪽 맨 아래 구석을 (0,0), 오른쪽 맨 위 구석을 (4,4)로 한다면 (2,2)는 그리드의 중앙이 될 것이다.

Hierarchy 패널의 Player 프리팹을 선택하고 X와 Y 값 모두를 2로 지정한다.

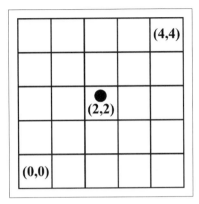

그리드는 x-y 평면에 해당한다.

스프라이트 시트에서 각 스프라이트는 32 x 32 픽셀로 돼 있다. 스프라이트 시트를 임포트했을 때, Pixels to Units 임포트 설정을 32픽셀로 하면 이 픽셀 값이 1 유니티 단위가 된다. 게임 보드는 유니티의 x-y 평면에 정확히 배열될 것이다. 그러면 왼쪽 맨아래 구석인 (0,0)에서 시작하는 플레이어 캐릭터 주위로 게임 보드를 깔 수 있다. 이와 같은 단위가 플레이어 위치를 추적하는 데 사용될 것이다.

우리의 모든 스프라이트는 32×32 크기로 돼 있으며,
이것이 측정에서 1 단위가 된다

플레이어 캐릭터 위치를 변경했지만, 그렇다고 플레이어가 화면 밖으로 나가는 것을 막지는 못한다. 플레이어 캐릭터가 항상 보이게 할 방법이 필요하다. 플레이어가 화면 가장자리를 벗어나지 못하게 스크립트를 작성할 수도 있지만 게임 보드를 무한하게 만들자고 했기 때문에 약간 말이 되지 않는다. 그래서 플레이어와 함께 카메라를 움직이게 해보자.

카메라 이동

유니티에서는 카메라가 플레이어를 따라 움직이게 하기 쉽다. 유니티 표준 애셋Standard Assets에는 Camera2DFollow.cs라는 스크립트가 있다. 유니티를 다운로드할 때 이미 포함돼 있는 이 스크립트를 그냥 임포트할 것이다. 그러면 우리의 입맛에 맞게 설정을 조정할 수 있다.

이 스크립트를 임포트하려면 다음 과정을 따른다.

1. 맨 위의 메뉴에서 Assets ➤ Import Package ➤ 2D로 이동한다.
2. Importing package 팝업에서 None을 선택해 모든 옵션의 체크 표시를 없앤다.
3. 2D ➤ Scripts 디렉토리로 가서 Camera2DFollow.cs 패키지를 찾아 체크 표시를 한다.
4. Import를 클릭한다.

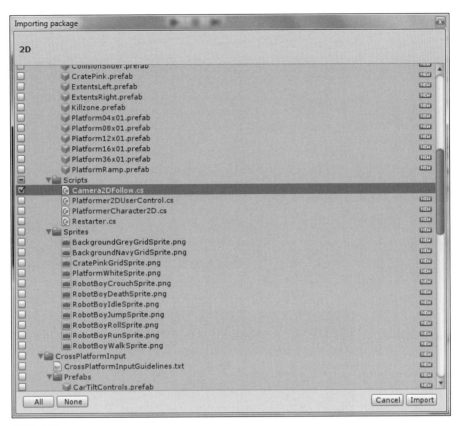

임포트 설정

여러분의 프로젝트에 Standard Assets 폴더가 추가될 것이다. Standard Assets 폴더 안에는 2D ➤ Scripts ➤ Camera2DFollow.cs가 있다. Main Camera 위로 Camera2DFollow 스크립트를 드래그해 놓는다.

또한 다음과 같이 그 외의 설정도 변경한다.

- Damping 필드를 1로 지정한다.

- Look Ahead Factor 필드를 1로 지정한다.

- Look Ahead Return Speed 필드를 0.5로 지정한다.

- Look Ahead Move Threshold 필드를 0.1로 지정한다.

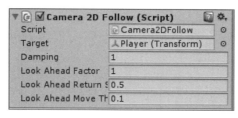

Camera 2D Follow 설정 화면

이런 저런 설정으로 실험해봐도 좋다. 여러분에게 좋아 보이는 설정 값이 따로 있을 수도 있다. 하지만 현재 셋업도 괜찮게 동작한다. 이제 플레이 버튼을 눌러 게임을 시작하면, 메인 카메라가 플레이어 캐릭터를 따라잡을 것이다. 카메라 이동 설정을 테스트하기 위해 이리저리 이동해본다. 카메라가 플레이어를 따라잡는 방식에 만족한 후에는 레이어layers 조정을 해보자.

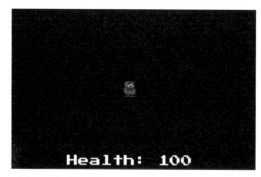

게임 보드가 없는 장면

레이어

우리 게임이 2D고 눈에 보이는 한 평면에서만 진행되지만, 여전히 사물이 상호작용하는 방식을 관리하기 위해 게임 객체를 다른 레이어에 둘 수도 있다. 그래서 다음과 같이 몇 개의 레이어를 추가해 플레이어가 게임 환경과 상호작용하는 방식을 관리할 것이다.

84

- Hierarchy 패널의 Player 프리팹을 선택한다.
- Layer 필드의 드롭다운을 선택한다.
- 그 드롭다운에서 Add Layer...를 선택한다.
- 아무 빈 필드에다가 BlockingLayer, Floor, Units을 레이어 레이블로 추가한다(기존 필드에 겹쳐 쓰지 말아라).
- 그리고 나서 동일한 화면에서 Sorting Layers 드롭다운을 선택한다.
- 순서대로 Sorting Layer 레이블로 Floor와 Units를 추가한다.

 이들 레이어는 2장, '로그라이크 게임'의 임포트 과정에서 추가됐을 수도 있지만 반드시 그런 것만은 아니다.

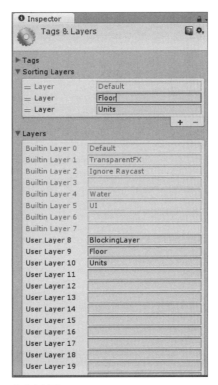

레이어 설정

레이어를 사용하면 관심 있는 특정 영역으로 타일을 세분화할 수 있다. 통과할 수 없거나 플레이어를 움직일 수 없게 하는 게임 객체는 BlockingLayer에 놓을 것이다. 플레이어가 벽 속을 걸어서는 안 되기 때문에, Player 프리팹과 벽 타일은 BlockingLayer에 있게 된다.

레이어 정렬은 어느 스프라이트가 먼저 표시되느냐를 지정하기 때문에 중요하다. 플레이어 캐릭터는 바닥 타일의 위에 나타나야 한다. Sorting Layers 리스트의 맨 위에 있는 레이어는 첫 번째로 나타난다. 그래서 플레이어 캐릭터보다 앞서 나타나도록 Floor 레이어를 리스트에서 제일 높은 곳에 놓는다.

이제 Player 프리팹, 바닥 타일, 벽 타일에 대한 Sprite Renderer 컴포넌트에서의 Layer와 Sorting Layer를 선택해야 한다.

Player 프리팹에 대해서는 다음 단계를 따른다.

1. Hierarchy 패널에서 Player를 선택한다.
2. Layer 드롭다운를 선택한다.
3. BlockingLayer를 선택한다.
4. Sprite Renderer 컴포넌트에서 Sorting Layer 드롭다운을 선택한다.
5. Units를 선택한다.

바닥 타일에 대해서는 다음 단계를 따른다.

1. Project 탭에서 Prefabs 폴더를 선택한다.
2. 시프트 키나 커맨트 키를 사용해 Floor1에서 Floor8까지 동시에 선택한다.
3. Sprite Renderer 컴포넌트에서 Sorting Layer 드롭다운을 선택한다.
4. Floor를 선택한다.

벽 타일에 대해서는 다음 과정을 따른다.

1. Project 탭에서 Prefabs 폴더를 선택한다.
2. Wall1에서 Wall8까지 동시에 선택한다.

3. Layer 드롭다운을 선택한다.

4. BlockingLayer를 선택한다.

5. Sprite Renderer 컴포넌트에서 Sorting Layer 드롭다운을 선택한다.

6. Units를 선택한다.

 아쉽게도 유니티에서의 레이어는 프로젝트에서 패키지를 만들 때 함께 들어가지 않는다. 그 이유는 프로젝트에서 레이어를 만들고 나서 패키지를 임포트할 수도 있기 때문이다. 임포트 패키지에 레이어가 들어 있으면 여러분이 만든 레이어에 겹쳐 쓰게 될 것이다. 레이어에 대해 더 알고 싶으면 http://docs.unity3d.com/Manual/Layers.html에 있는 유니티 문서를 보기 바란다.

▌ 초기 게임 보드

알고리즘을 설계했고 유니티 편집기를 셋업했으므로 이제 코드 구현을 시작해볼 차례다. 조그만 부분 작업으로 접근할 것이다. 먼저 플레이어가 시작할 작은 영역을 놓자. 이전에 언급했듯이 5 x 5 그리드를 만들어 바닥 타일을 깔 것이다. 맨 아래 왼쪽 구석은 (0,0), 맨 위 오른쪽 구석은 (4,4), 플레이어 캐릭터는 (2,2)에 놓는다.

BoardManager 클래스를 만드는 것으로 시작할 것이다. 편집하기 위해 BoardManager.cs를 연다. 현재 Count라는 퍼블릭 클래스만 있지만 이것을 변경하려고 한다. 다음과 같이 코드 3.1은 BoardManager.cs에 추가할 코드를 보여준다.

```
1 using UnityEngine;
2 using System;
3 using System.Collections.Generic;
4 using Random = UnityEngine.Random;
5
```

```
6 public class BoardManager : MonoBehaviour {
7     [Serializable]
8     public class Count {
9         public int minimum;
10        public int maximum;
11
12        public Count (int min, int max) {
13            minimum = min;
14            maximum = max;
15        }
16    }
17
18    public int columns = 5;
19    public int rows = 5;
20    public GameObject[] floorTiles;
21    private Transform boardHolder;
22    private Dictionary<Vector2, Vector2> gridPositions = new
      Dictionary<Vector2, Vector2> ();
23
24    public void BoardSetup () {
25        boardHolder = new GameObject ("Board").transform;
26
27        for(int x = 0; x < columns; x++) {
28            for(int y = 0; y < rows; y++) {
29                gridPositions.Add(new Vector2(x,y), new Vector2(x,y));
30
31                GameObject toInstantiate = floorTiles[Random.Range
                  (0,floorTiles.Length)];
32                GameObject instance = Instantiate (toInstantiate, new
33                Vector3 (x, y, 0f), Quaternion.identity) as GameObject;
34
35                instance.transform.SetParent (boardHolder);
36            }
37        }
38    }
39 }
```

이제 BoardManager 클래스는 두 배 크기로 늘어났다. 추가한 코드를 살펴보자.

- 18~19행: row와 column이라는 두 개의 퍼블릭 정수 변수인데, 시작할 게임 보드 그리드를 나타낸다.
- 20행: floorTiles는 floor 프리팹 모두를 저장할 퍼블릭 GameObject 배열이다.
- 21행: boardHolder는 모든 타일을 저장할 프라이빗 트랜스폼이다.
- 22행: gridPositions는 프라이빗 딕셔너리인데, 게임에 놓을 모든 타일에 대한 참조 리스트를 저장하기 위해 우리가 선택한 데이터 구조체다.
- 24~38행: BoardSetup은 void형을 반환하는 퍼블릭 함수다. 이 함수는 최초 게임 보드를 생성하고 딕셔너리에 타일 참조를 추가한다.
- 27~28행: 중첩 형태의 두 개 for 루프를 통해 최초 5 x 5 그리드에 모든 셀을 반복해 넣는다.
- 31행: toInstantiate는 바닥 타일 배열에서 한 타일을 무작위로 선택한다.
- 33행: instance는 무작위로 선택한 바닥 타일을 인스턴스화해 for 루프에서 제공한 좌표에 놓는다.
- 35행: 마지막으로 바닥 타일의 인스턴스를 게임 보드 변형인 boardHolder의 자식으로 만든다.

이렇게 우리의 게임 보드는 최초 5 x 5 보드로 셋업할 수 있지만, 기능은 아직 완전히 갖춰지지 않았다. GameManager 스크립트에 몇 가지 조정을 해줘야 한다. 코드 3.2에서 필요한 변경 사항들을 볼 수 있다. 다음의 코드 3.2가 파일 전체가 아니라는 것에 주의한다.

```
7 public class GameManager : MonoBehaviour {
8
9     public float turnDelay = 0.1f;
10     public int healthPoints = 100;
```

```
11    public static GameManager instance = null;
12    [HideInInspector] public bool playersTurn = true;
13
14    private BoardManager boardScript;
15    private List<Enemy> enemies;
16    private bool enemiesMoving;
17
18    void Awake() {
19        if (instance == null)
20            instance = this;
21        else if (instance != this)
22            Destroy(gameObject);
23
24        DontDestroyOnLoad(gameObject);
25
26        enemies = new List<Enemy>();
27
28        boardScript = GetComponent<BoardManager>();
29
30        InitGame();
31    }
...
56    void InitGame() {
57        enemies.Clear();
58
59        boardScript.BoardSetup();
60 }
```

여기에는 BoardManager 클래스를 게임의 나머지 부분과 통합하기 위한 핵심 부분만 있다. 변경 사항들이 무엇인지 알아보자.

- 14행: boardScript는 BoardManager 스크립트에 대한 참조를 유지하는 데 사용되는 변수다.

- 28행: 우리의 GameManager 프리팹을 추가할 BoardManager 스크립트에 대한 참조인 boardScript를 Awake 함수 내에 둔다.
- 59행: InitGame 함수 내부에서 BoardManager 스크립트에 있는 BoardSetup 함수를 호출한다.

이제 GameManager 스크립트에서 BoardManager 스크립트의 기능이 호출될 것이다. 하지만 플레이 버튼을 누르면 여전히 게임 보드가 나타나지 않는다. 유니티 편집기에서 셋업해야 하는 몇 가지 연결 고리가 빠져 있기 때문이다.

Project 탭에서 다음 과정을 따른다.

1. Prefabs 폴더를 선택한다.
2. GameManager 프리팹을 선택한다.
3. Inspector 탭에서 Add Component 버튼을 선택한다.
4. Add Component 드롭다운에서 Script ➤ BoardManager로 이동한다.

이렇게 하면 GameManager 프리팹에 BoardManager 스크립트가 추가되지만, 바닥 타일 참조도 추가해야 한다.

GameManager 프리팹의 Board Manager 스크립트 컴포넌트에서 다음 과정을 따른다.

1. Floor Tiles 아래의 Size를 8로 설정하고 엔터 키를 누른다.
2. 그러고 나서 Floor Tiles 아래에 새로 생성된 Element0 ~ Element7 속에 Floor1 ~ Floor8를 드래그해 놓는다.

이제 플레이 버튼을 누르면 최초 5 x 5 게임 보드 위에 서 있는 플레이어 캐릭터를 볼 수 있다. 우리의 최초 게임 보드가 절차적으로 생성되기 때문에 게임을 플레이할 때마다 게임 보드는 각기 다른 조합의 타일로 구성된다. 하지만 이것이 PCG 게임 세계의 끝이 아니다. 플레이어가 탐험을 하면 이 게임 보드는 계속 확장될 것이다.

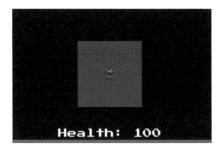

최초 게임 보드

연결 코드

이제 게임 보드가 확장되는 기능을 추가할 것이다. 알고리즘 설계에 따라 플레이어 캐릭터의 위치를 추적해야 한다. 플레이어가 움직이면 플레이어 캐릭터의 위치와 방향을 BoardManager 클래스에 보내야 한다. Player 스크립트에다가 다음의 코드 3.3에 나타나 있는 필요 사항을 추가해보자.

```
7 public class Player : MovingObject {
8     public int wallDamage = 1;
9     public Text healthText;
10    private Animator animator;
11    private int health;
12    public static Vector2 position;
13
14    protected override void Start () {
15
16        animator = GetComponent<Animator>();
17
18        health = GameManager.instance.healthPoints;
19
20        healthText.text = "Health: " + health;
21
22        position.x = position.y = 2;
```

```
23
24          base.Start ();
25      }
26      private void Update () {
27          if(!GameManager.instance.playersTurn) return;
28
29          int horizontal = 0;
30          int vertical = 0;
31
32          bool canMove = false;
33
34          horizontal = (int) (Input.GetAxisRaw ("Horizontal"));
35          vertical = (int) (Input.GetAxisRaw ("Vertical"));
36
37          if(horizontal != 0)
38          {
39              vertical = 0;
40          }
41          if(horizontal != 0 || vertical != 0)
42          {
43              canMove = AttemptMove<Wall> (horizontal, vertical);
44              if(canMove) {
45                  position.x += horizontal;
46                  position.y += vertical;
47                  GameManager.instance.updateBoard(horizontal, vertical);
48              }
49          }
50      }
51
52      protected override bool AttemptMove <T> (int xDir, int yDir) {
53          bool hit = base.AttemptMove <T> (xDir, yDir);
54
55          GameManager.instance.playersTurn = false;
56
57          return hit;
58      }
```

코드 3.3에서는 기반 코드의 구조 몇 가지를 변경했다. 이렇게 변경해 놓으면 기타 기능의 동작 방식을 변경할 수 있다. 새 변경 사항과 함께 이 변경 사항이 우리의 향후 개발에 어떻게 영향을 미치는지 알아보자.

- 12행: position은 플레이어의 현재 위치를 저장할 퍼블릭 스태틱 Vector2형이다. 게임 내의 아무 스크립트에서 이 변수를 사용할 수 있게 static으로 지정했다.

- 22행: 게임 시작 시에 플레이어 캐릭터가 게임 보드의 (2,2)에서 항상 시작할 것이기 때문에 위치의 x와 y 값을 2로 지정한다.

- 32행: canMove라는 불린^{Boolean} 변수를 지정했는데, 이 변수는 플레이어가 이동할 수 있는지 여부를 알려준다. 기본적으로 false로 설정돼 있으며 업데이트할 때마다 이 값을 계산할 것이다.

- 43행: canMove를 AttemptMove 함수 값으로 지정한다. 하지만 AttemptMove는 void를 반환하므로 나중에 이 점을 해결할 것이다.

- 45~46행: horizontal과 vertical에 대해 얻은 값을 추가해 position을 업데이트한다. horizontal과 vertical은 Input.GetAxisRaw에서 나오는데, 이 함수는 플레이어가 양의 방향으로 움직이면 1을 반환하고 음의 방향으로 움직이면 −1을 반환한다.

- 47행: GameManager 클래스의 인스턴스를 호출해 updateBoard 함수를 실행하는데, 이 함수는 아직 만들지 않았다. 지금은 이 함수에 대한 자리만 잡아 놓고 나중에 updateBoard 함수를 작성할 것이다.

- 52행: AttemptMove를 다시 작성해 bool형을 반환하게 해야 한다. 이 함수가 bool형을 반환하게 선언하면 된다.

- 53행: base.AttemptMove가 반환할 bool 값을 저장하기 위해 불린형 변수를 생성한다. base.AttemptMove가 아직 bool을 반환하지 않기 때문에 이것 또한 그냥 써 놓는다. RaycastHit2D hit도 삭제해야 한다.

- 57행: 새롭게 생성된 bool 값을 반환한다.

플레이어 위치에 대해 퍼블릭 스태틱 변수를 사용해 언제든 어느 곳에서든 이 변수를 사용할 수 있게 한다. 하지만 이런 형의 값을 프라이빗으로 지정해 get 함수를 통해 접근하는 것이 가장 바람직하다. 변수를 퍼블릭 스태틱으로 해 놓으면 코드의 아무 곳에서나 변경될 수도 있다.

이런 상황에서 하나의 코드를 바탕으로 여러 사람이 작업하는 중에 어떤 개발자가 여러분이 원치 않는 방법으로 퍼블릭 스태틱 변수를 사용한다면 문제가 발생할 수 있다. 자신의 코드에 대해 아주 신중한 것이 좋다. 변수를 프라이빗으로 설정해 get 함수를 통해서만 접근 가능하게 해 놓으면 원치 않게 변경되는 것을 막을 수 있다.

그럼에도 불구하고 퍼블릭 스태틱이 더 쉽고 코드를 더 간략하게 만들기 때문에 플레이어 위치를 퍼블릭 스태틱으로 사용할 것이다. 물론, 나중에 이 변수를 프라이빗으로 고치도록 권한다.

이 시점에서, 우리가 만든 몇 가지 충돌 때문에 유니티 편집기에 에러가 나타날 것이다. 그래서 에러를 없애기 위한 작업을 하자. 모든 것이 다시 잘 동작하면 새 기능에 집중할 수 있다.

먼저, MovingObject 클래스의 AttemptMove 함수에서 bool 반환 값 충돌을 해결해야 한다. MovingObject는 Player와 Enemy에 대한 기반 클래스다. AttemptMove가 virtual 함수이기 때문에 3개 파일 모두에서 이 함수를 조정해야 한다.

MovingObject의 AttemptMove 함수를 해결해보자. 편집하기 위해 MovingObject.cs를 연다. 다음의 코드 3.4는 이 파일에서 수행할 변경 사항을 보여준다.

```
91 protected virtual bool AttemptMove <T> (int xDir, int yDir)
92    where T : Component
93 {
94    RaycastHit2D hit;
95
96    bool canMove = Move (xDir, yDir, out hit);
97
98    if(hit.transform == null)
```

```
99          return true;
100
101      T hitComponent = hit.transform.GetComponent <T> ();
102
103      if(!canMove && hitComponent != null)
104          OnCantMove (hitComponent);
105
106      return false;
107      }
```

MovingObject 클래스 내에서 한 함수만 조정할 필요가 있다. 코드 3.4에서 어떻게 변경했는지 살펴보자.

- 91행: void 반환형을 bool로 변경해야 한다.
- 99행: 플레이어가 어떤 객체에 부딪히면 bool 값을 true로 반환한다.
- 106행: 함수의 끝에 도달하면 false를 반한하는데, 이것은 플레이어가 아무것에도 부딪히지 않았다는 뜻이다.

유니티 편집기로 되돌아가보면 몇 가지 새 에러가 보일 것이다. Enemy 클래스가 AttemptMove를 잘못 구현한 것으로 나타날 것이다. 다음으로 이것을 처리해보자.

여기서 Enemy 클래스는 그냥 써 놓기만 한 상태다. 2장, '로그라이크 게임'을 기억한다면, 이동할 차례를 알아내는 방식으로 쓰기 위해 Enemy 클래스를 사용한다. 우리의 게임이 턴 기반이기 때문에 플레이어는 눈에 보이는 적이 움직이길 기다렸다가 다시 움직여야 한다. 나중에 움직임을 일일이 검사할 필요가 없게 기반 코드는 각 차례마다 Enemy 클래스를 사용해 적에 대한 검사를 구현했다.

그래서 Enemy 클래스에 대한 조정은 아주 간단하다. 다음의 코드 3.5는 그 변경 사항을 보여준다.

```
6 protected override bool AttemptMove <T> (int xDir, int yDir)
7 {
8     return true;
9 }
```

코드 3.5에 대한 설명은 마찬가지로 간단하다. 하지만 이 함수는 아직 그냥 자리만 잡아 놓은 클래스일 뿐이며 완전한 구현은 나중에 할 것이란 점을 명심한다. 변경 사항을 알아보자.

- 6행: 반환형을 void에서 bool로 바꿨다.
- 8행: 함수의 끝에서 올바른 값을 반환할 수 있게 true로 했다. 함수의 끝에서 bool 값을 반환해 컴파일러가 에러 없이 이 값을 전달하게 한다. 하지만 bool 값은 현재 사용되지 않기 때문에 문제가 되지 않는다.

코드를 거의 고쳤다. 게임 보드 기능을 확장하기 전에 처리해야 할 여러 에러가 있다. 다시 유니티 편집기로 돌아가보면 GameManager 클래스에 대해 Player 클래스의 한 함수(존재하지 않음)를 호출했다고 나타날 것이다. Player 클래스에서 BoardManager 클래스로 연결하기 위해 GameManager 클래스에 updateBoard 함수를 추가해야 한다.

GameManager 정의 맨 끝에 다음의 코드 3.6을 추가한다.

```
public void updateBoard (int horizantal, int vertical) {}
```

플레이어가 성공적으로 이동할 때마다 Player 클래스에서 updateBoard를 호출한다. updateBoard가 GameManager 클래스의 메서드이기 때문에, 여기서 BoardManager 클래스의 퍼블릭 메서드를 호출할 수 있다.

PCG 게임 보드

우리는 PCG 게임 보드의 핵심 기능을 모두 작성하기로 했다. 목표는 플레이어 캐릭터가 걷는 방향으로 타일을 놓는 것이다. 플레이어가 탐험할 때 게임 보드를 확장하는 방식으로 알고리즘을 설계했다.

플레이어가 움직일 때 Player 클래스는 플레이어 위치를 업데이트하고 업데이트 위치를 GameManager 클래스에 보낼 수 있게 스크립트를 연결했다. 그리고 나서 GameManager 클래스는 BoardManager 클래스의 한 메서드를 호출해 게임 보드를 업데이트해서 플레이어 위치와 방향을 전할 것이다. 이제 플레이어 위치에 따라 게임 보드를 업데이트할 코드를 작성해야 한다.

BoardManager 클래스에다가 게임 보드를 업데이트할 함수를 추가해보자. 편집하기 위해 BoardManager.cs를 연다. 다음의 코드 3.7은 추가돼야 하는 함수를 보여준다.

```
77 public void addToBoard (int horizontal, int vertical) {
78     if (horizontal == 1) {
79         //Check if tiles exist
80         int x = (int)Player.position.x;
81         int sightX = x + 2;
82         for (x += 1; x <= sightX; x++) {
83             int y = (int)Player.position.y;
84             int sightY = y + 1;
85             for (y -= 1; y <= sightY; y++) {
86                 addTiles(new Vector2 (x, y));
87             }
88         }
89     }
90     else if (horizontal == -1) {
91         int x = (int)Player.position.x;
92         int sightX = x - 2;
93         for (x -= 1; x >= sightX; x--) {
94             int y = (int)Player.position.y;
```

```
95              int sightY = y + 1;
96              for (y -= 1; y <= sightY; y++) {
97                  addTiles(new Vector2 (x, y));
98              }
99          }
100     }
101     else if (vertical == 1) {
102         int y = (int)Player.position.y;
103         int sightY = y + 2;
104         for (y += 1; y <= sightY; y++) {
105             int x = (int)Player.position.x;
106             int sightX = x + 1;
107             for (x -= 1; x <= sightX; x++) {
108                 addTiles(new Vector2 (x, y));
109             }
110         }
111     }
112     else if (vertical == -1) {
113         int y = (int)Player.position.y;
114         int sightY = y - 2;
115         for (y -= 1; y >= sightY; y--) {
116             int x = (int)Player.position.x;
117             int sightX = x + 1;
118             for (x -= 1; x <= sightX; x++) {
119                 addTiles(new Vector2 (x, y));
120             }
121         }
122     }
123 }
```

이 함수에는 방향에 따라 구동하는 전환기가 들어 있다. 기반 코드는 한 번에 한 방향의 값만 반환하게 설정된다. 이 말은 플레이어 캐릭터가 한 번에 한 방향으로만 이동할 수 있다는 뜻이다. 플레이어가 양이나 음의 x 값 방향에 따라 수평으로 이동할 때 수직 방향 값은 0을 반환하며, y 값 방향으로 움직일 때는 그 반대다.

코드를 자세히 살펴보자.

- 77행: addToBoard는 void를 반환하는 퍼블릭 함수다. 이 함수는 GameManager 클래스에 진입점^{entry point}을 둘 것이다. 그 GameManager 클래스에서 이 함수로 플레이어 방향을 인자로 전달한다.
- 78행: 첫 번째 전환점이다. horizontal이 1이면 vertical이 0이 된다. 이 값은 플레이어가 화면에서 오른쪽으로의 움직임에 해당한다.
- 80~85행: 플레이어의 시선을 반복하기 위해 for 루프 안에 for를 중첩해서 사용할 것이다. 시선이란 플레이어 이동 방향 전면에 6개의 타일 공간이란 점을 기억하라. 시선은 2 x 3 그리드로 구성된다.
- 86행: 반복할 각 타일 공간에 대해 addTiles 메서드를 호출하고 for 루프를 통해 만든 Vector2를 전달한다. addTiles는 아직 존재하지 않으며 다음에 작성할 것이다.
- 90~122행: 함수의 나머지 부분은 78~86행을 단순히 변형시킨 것이다. 플레이어가 오른쪽으로 이동하지 않으면 다른 방향을 점검해 그 방향의 시선을 셋업한다.

그다음으로, 방금 작성했던 addToBoard 함수에서 사용한 addTiles 함수를 작성해 게임 보드의 확장 기능을 완성할 것이다. 이 함수의 주요 목적은 시선 타일에 대한 딕셔네리를 점검해서 시선 타일이 없으면 추가하는 것이다. 다음의 코드 3.8은 BoardManager 클래스의 일부로써 이 함수를 보여준다.

```
61 private void addTiles(Vector2 tileToAdd) {
62     if (!gridPositions.ContainsKey (tileToAdd)) {
63         gridPositions.Add (tileToAdd, tileToAdd);
64         GameObject toInstantiate = floorTiles [Random.Range (0,
           floorTiles.Length)];
```

```
65          GameObject instance = Instantiate (toInstantiate, new
            Vector3 (tileToAdd.x, tileToAdd.y, 0f), Quaternion.identity)
            as GameObject;
66
67          instance.transform.SetParent (boardHolder);
68      }
69 }
```

이 코드는 친숙하게 보일 것이다. BoardManager 클래스의 BoardSetup 함수 호출과 비슷하다. 62행에 주요 차이점이 있다. 여기서 타일에 대한 딕셔네리를 점검한 후 진행한다. 해당 타일이 딕셔네리에 있으면 함수의 밖으로 나가버린다. 이렇게 하면 게임에 이미 놓여져 있는 타일을 겹쳐 쓰지 않게 한다.

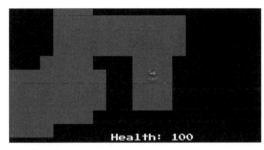

PCG 게임 보드

이제 유니티 편집기로 되돌아가 새 기능을 점검해보자. 플레이 버튼을 클릭해 시험해본다. 알고리즘 설계에 따라, 플레이어가 움직일 때마다 더 많은 타일이 그 방향으로 나타난다[3].

하지만 이 게임 보드는 아주 흥미롭지 않다. 어떠한 상대할 것도 없이 그저 한 방향으로 영원히 갈 수 있다. 또한 이런 지형은 적으로부터 도망가기도 아주 쉽다. 방해용으로 벽 타일을 추가할 것이다.

---

3 원문에 빠져 있는 사항이 있다. GameManger 클래스의 updateBoard 메서드에 boardScript.addToBoard (horizantal, vertical); 문을 넣어줘야 한다. - 옮긴이

BoardManager.cs 파일 편집으로 되돌아오자. 새롭게 놓여진 바닥 타일에다가 벽 타일을 추가하는 조건문을 넣는 것으로 addTiles 함수에 추가할 것이다. 다음의 코드 3.9는 추가된 코드를 보여준다.

```
29 public GameObject[] wallTiles;
...
62 private void addTiles(Vector2 tileToAdd) {
63     if (!gridPositions.ContainsKey (tileToAdd)) {
64         gridPositions.Add (tileToAdd, tileToAdd);
65         GameObject toInstantiate = floorTiles [Random.Range (0,
           floorTiles.Length)];
66         GameObject instance = Instantiate (toInstantiate, new
           Vector3 (tileToAdd.x, tileToAdd.y, 0f), Quaternion.identity)
           as GameObject;
67
68         instance.transform.SetParent (boardHolder);
69
70         //Choose at random a wall tile to lay
71         if (Random.Range (0, 3) == 1) {
72             toInstantiate = wallTiles[Random.Range (0,wallTiles.Length)];
73             instance = Instantiate (toInstantiate, new Vector3
               (tileToAdd.x, tileToAdd.y, 0f), Quaternion.identity) as
               GameObject;
74             instance.transform.SetParent (boardHolder);
75         }
76     }
77 }
```

코드 3.9에 추가된 사항을 살펴보자.

- 29행: 바닥 타일과 마찬가지로 벽 타일 프리팹을 저장할 GameObject 배열을 추가한다.

- 62~68행: 이 부분은 이전의 addTiles 함수다.
- 71행: 이 조건문은 난수를 사용해 확률을 만든다. 0 ~2 사이의 수를 무작위로 선택한다. 1이면 새롭게 생성된 바닥 타일에 벽 타일을 추가한다. 벽 타일이 추가될 확률은 1/3 또는 33퍼센트다.
- 72~74행: 바닥 타일에서 했던 것처럼 벽 타일을 인스턴스화한다.

유니티 편집기로 되돌아가 게임을 실행하면 에러가 발생한다. 그 이유는 벽 타일에 대한 배열을 추가했지만 현재 빈 상태기 때문이다. 바닥 타일에 대해 했던 것과 같은 방법으로 GameManager 프리팹에 벽 타일을 추가해야 한다.

GameManager 프리팹의 BoardManager 스크립트에서 다음 단계를 따라 한다.

1. Wall Tiles 아래의 Size를 8로 지정하고 엔터 키를 누른다.
2. 그러고 나서 새롭게 만들어진 Wall Tiles 아래의 Element0 ~ Element7에 Wall1 ~ Wall8를 각각 드래그해 놓는다.

마침내, 게임 보드는 완전한 기능을 갖췄다! 플레이 버튼을 눌러서 시험해보라. 플레이어가 탐험하는 대로 게임 보드가 확장될 것이다. 게임을 시작할 때마다 다르게 세팅된 게임 보드를 경험할 것이다.

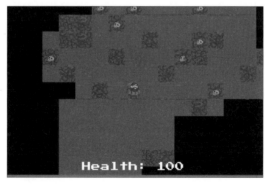

벽 타일이 추가된 PCG 게임 보드

높은 빈도수의 벽 생성으로 이제 풍부한 장애물이 생겼다. 이러한 벽은 적으로부터 도망가기 어렵게 만들 것이다. 게임 보드의 이런 PCG 특성으로 매번 게임을 할 때마다 고유한 플레이를 하게 된다.

▮ 요약

우리의 로그라이크 게임은 원하는 대로 가고 있다. 설계부터 개발까지 여러분의 첫 번째 PCG 기능을 완성했다. 하지만 여전히 해야 할 일이 많이 남아 있다.

이 장에서는 몇 가지 다른 데이터 구조에 관해 배우고 분석했다. 플레이어가 탐험하는 대로 게임 보드를 확장할 알고리즘을 설계했다. 신을 셋업해 레이어와 플레이어 추적 카메라 기능을 추가함으로써 PCG 알고리즘을 구현할 수 있었다. 그리고 마지막으로 알고리즘 설계를 구현해 절차적으로 생성된 게임 세계를 만들었다.

여전히 절차적으로 생성할 많은 게임 세계가 있다. 4장에서는 다른 종류의 레벨 구조물을 개발할 것이다. 우리는 무작위 던전 발생기를 만들 것이다. 이것은 새로운 PCG 알고리즘 도전이 될 것이다.

4

무작위 던전 생성

이 장에서 다루는 내용

- 알고리즘 설계
- 데이터 구조
- DungeonManager
- BoardManager
- Player
- GameManager
- 유니티 편집기에서 할 작업
- 던전 시드
- 도전
- 요약

우리의 PCG 로그라이크 게임은 멋지게 개발되고 있다. 3장에서는 플레이어가 게임에서 탐험하는 대로 확장하는 게임 보드를 만들었다. 이 게임 보드 아이디어와 더불어 던전 보드라는 새로운 종류의 보드 개념을 계속해서 탐구해볼 것이다. 최초의 보드는 세계 보드world board라고 이름 붙일 것이다. 세계 보드는 계속 이어져 플레이어를 던전 보드로 나아가게 할 것이다. 앞서 세계 보드에 많은 게임 기술이 추가됐지만, 앞으로 PCG가 제공하는 더 많은 것을 배우게 될 것이다. 이 장에서는 또 다른 형태의 PCG 레벨 생성을 알아볼 것이다. 또한 무작위 던전 생성기random dungeon generator도 만들어볼 것이다.

세계 보드는 일종의 플레이어 구동player-driven PCG다. 세계 보드는 플레이어의 움직임에 따라 보드 조각들을 생성한다. 하지만 던전 생성기는 시스템 구동 방식이다. 전체 던전을 미리 생성해 놓는 알고리즘을 개발할 것이다. PRN을 사용하면 무작위로 던전의 모양과 크기를 지정할 수 있다.

던전 생성기를 크게 제약하지 않으면 아주 고유하고 흥미로운 던전 설계를 할 수 있다. 하지만 몇 가지 가이드라인이 있어야 한다. 무작위 이벤트는 재미와 즉흥성spontaneity을 줄 수 있지만 동일한 즉흥성은 만들어내기 힘들고 플레이어를 질리게 할 수도 있으며, 정의된 영역을 벗어난 길을 만드는 것과 같이 시스템 내에 문제를 일으킬 수 있다.

던전 생성기의 최종 결과 이미지

다음은 이 장에서 배울 내용이다.

- 시스템 구동 PCG 알고리즘 학습
- 큐 사용
- PRN 조작을 통한 무작위 이벤트 생성
- 무작위 던전 생성기 개발
- PRN에 시드를 제공하는 아이디어를 통한 패턴 재창조

그럼, 던전 생성기를 어떻게 개발하는지 알아보자.

▌ 알고리즘 설계

무작위로 생성되는 던전을 만들기 위해 성공적으로 알고리즘을 설계하려면 먼저 우리가 원하는 던전이 무엇인지 정의해야 한다. 비디오 게임에서 던전은 대체로 시작과 끝이 있는 미로처럼 둘러싸인 레벨이다. **던전 크롤러**^{dungeon crawler}라는 서브장르 게임은 플레이어가 던전으로 이루어진 많은 레벨을 통과하게 만드는 것에서 그 이름을 따왔다. 로그라이크 게임도 던전 크롤러 스타일 게임 플레이로 알려져 있지만, 그 던전이 절차적으로 생성된 확장판 성격이란 점에 차이가 있다.

우리의 목적은 미로 같은 레벨 레이아웃과 디자인을 만드는 것이다. 인터넷에는 잘 정의되고 문서화돼 있는 많은 미로 생성 알고리즘이 있다. 여러분은 이러한 미로 생성 알고리즘을 살펴보고 이해하는 데 시간을 들여야 한다. 하지만 지금은 우리만의 알고리즘을 작성해 이 주제에 접근할 것이다.

알고리즘 개요

게임 세계 보드에서 한 것과 아주 비슷하게 던전을 생성할 수 있다. 플레이어가 걸어가는 바닥을 나타내는 타일을 배치할 것이다. 하지만 차이점은 던전 보드를 둘러싸야 하고, 유한하게 만들어야 하며 플레이어가 경계 내에 있어야 한다는 것이다. 그래서 들어오고 나가는 유일한 수단으로 던전 레벨에 입구와 출구를 추가하게 된다.

게임 세계는 플레이어가 탐험하는 만큼 계속 생성된다. 하지만 던전에는 시작과 끝이 있기 때문에 그렇게 하면 안 된다. 완성된 형태의 던전을 한 번에 생성해야 한다. 항상 그런 것은 아니지만 이렇게 하는 것이 우리 작업에 딱 맞다. 이런 점에서 이런 알고리즘을 개발할 때 쓰이는 게임/레벨 디자인이 몇 가지 나와 있으므로 해당 레벨에 대해 원하는 룩앤필look and feel을 달성할 수 있다.

이런 작업을 하는 데는 여러 방법이 있다. 가장 인기 있는 방법 중 하나는 미리 정의된 던전 영역의 큰 덩어리들을 놓고 서로 연결하는 것이다. 하지만 던전 영역을 미리 정의하려면 코딩보다는 아트 작업에 더 치중해야 한다. 우리 프로젝트에서 선택은 여러분의 몫이다. 그러나 현재 프로젝트에서 가능한 방법은 **패스파인딩**pathfinding[1]을 사용해 던전 길을 만들고, 그 길에다가 절차적으로 생성된 던전 영역을 추가하는 것이다.

그리드

패스파인딩은 일반적으로 지도, 그래프나 개별적인 점들이 있는 기타 구조에 적용된다. 세계 보드를 x-y 평면 위의 격자로 된 그리드로 생각하자. 던전 보드도 똑같이 생각할 수 있다. 그리드 개념을 사용하면 던전에 있는 모든 점을 구분할 수 있다.

---

1 길 찾기 방식이라고도 한다. – 옮긴이

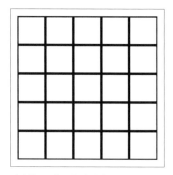

단순한 그리드의 다이어그램

그다음으로, 우리의 알고리즘을 제어해 이 그리드 경계를 벗어나지 않게 할 수 있다. 이제 우리의 던전 그리드를 하나의 정사각형 그리드로 생각한다면 왼쪽 어느 한 곳을 시작점으로 정할 수 있다. 그러고 나서 몇 가지 패스파인딩을 사용해 오른쪽으로 길을 찾아서 출구를 놓을 수 있다. 우리는 패스파인더가 그리드 위를 지나간 모든 점을 기록해 그곳에 타일을 놓으면 된다. 그 결과로 무작위 던전이 시작된다.

전산 과학에는 아주 잘 정의된 패스파인딩 알고리즘이 있지만, 여기서는 우리만의 던전을 만들 것이다. 하지만 여러분은 항상 새 주제를 연구하고 스스로 더 많은 것을 알아내야 한다. 패스파인딩은 게임 개발에서 매우 중요한 부분이며 쓸모가 많다.

 패스파인딩은 대부분 비디오 게임에 사용된다. 캐릭터가 미리 정해진 길을 가야 하는 상황이 있긴 하지만, 대부분의 게임 플레이에서는 동적으로 변경되게 AI를 이용한다. 다익스트라 알고리즘(Dijkstra's Algorithm)은 패스파인딩의 기본이며 대부분 전산 과학 프로그램에서 일반적으로 다룬다. 다익스트라 알고리즘과 패스파인딩의 일반 연구는 풍부한 정보를 양산해낼 것이다. 심지어 게임 개발에 더 관련된 것은 **A***라는 패스파인딩 알고리즘인데, 이것 또한 알아야 한다.

보통, 패스파인딩이란 목적지까지 어떤 지역을 통과하는 가장 짧은/쉬운 경로를 찾는 것을 의미한다. 경로의 복잡도 때문에 대부분의 패스파인딩 알고리즘은 우리 작업에 다소 과분하다. 약간 놀라울 정도의 결과를 내도록 무작위성에 기반을 두고 그렇게 획일적이지 않은 알고리즘을 개발할 것이다.

패스파인더가 더 흥미로운 던전 레이아웃으로 만들어줄 것이기 때문에 패스파인더에게 맡겨보자. 우리는 그리드 차원에다가 패스파인더를 적용하기만 하면 된다. 하지만 패스파인더에도 무작위 확률의 형태로 방향 제시 정도는 해줘야 할 것이다.

필수 경로

그리드에 던전용 타일을 무작위로 놓게 되면, 제대로 연결되지 않아 입구는 있지만 출구에는 닿을 수 없는 던전이 만들어질 수 있다. 그래서 맨 왼쪽에 입구, 맨 오른쪽에 출구를 만들기 위해 가능한 한 많은 그리드를 활용한다. 그리고 나서 패스파인더로 둘을 연결하는데, 이것을 **필수 경로**essential path라고 부르자.

필수 경로는 말 그대로 그냥 필수다. 입구와 출구를 연결해 던전을 완성하게 한다. 필수 경로의 모든 점은 바닥 타일로 되어 경로를 만든다. 그런 다음 필수 경로에 추가해 던전을 확장할 수 있다.

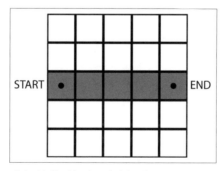

가장 단순한 필수 경로 다이어그램

하나의 그리드 또는 점 시스템point system에서 가장 단순한 경로는 직선이다. 하지만 던전에서는 직선 경로라면 재미가 없을 것이다. 그래서 경로를 왼쪽에서 오른쪽으로 잡지만, PRN을 사용해 위 아래로 방향이 바뀌게 확률을 도입할 것이다. 이렇게 하면 구불구불한 멋진 경로가 된다.

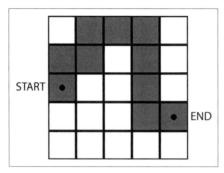

구불구불한 필수 경로 다이어그램

무작위 경로와 챔버

필수 경로를 만들었으면 그 경로에다가 무언가를 추가할 수 있다. 그렇게 하면 던전에 다양성을 더할 수 있고 게임을 플레이하는 동안에 같은 경로가 또 나올 수 없다. 필수 경로에 무작위 길을 추가한 것을 **무작위 경로**random paths라고 부를 것이다.

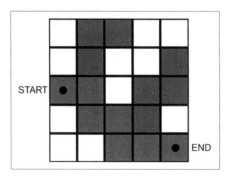

파란색의 무작위 경로 다이어그램

나중에 큰 열린 공간을 뒤 무작위 길에 추가할 수 있는데, 이 공간을 **챔버**^{chamber}라고 부르자. 챔버란 앞서 언급한, 던전의 영역을 미리 정의해 넣는 던전 생성 타입을 흉내 낸 것이다. 하지만 여기서는 챔버를 아트 애셋으로 만들어 미리 정의하지 않고 절차적으로 챔버를 만들 것이다. 이렇게 하면 여러 챔버 형식을 아트 애셋으로 저장할 필요가 없으므로 메모리를 절약하는 것은 물론, 그리드 내의 아무 곳에 끼워 넣을 수 있다.

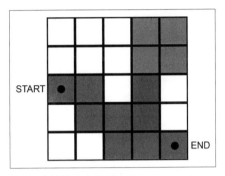

빨간색의 챔버 다이어그램

그리드의 나머지 채우기

필수 경로, 무작위 경로, 챔버를 넣은 후에는 열린 공간을 참조하는 좌표 세트를 확보하게 된다. 이 열린 공간은 던전 보드의 바닥 타일이 될 것이다. 그다음으로는 던전을 감싸야 하는데, 그렇게 하지 않으면 화면의 빈 영역으로 막 돌아다닐 수도 있다.

플레이어가 빈 영역으로 이동하거나 통과할 수 없게 타일로 그리드의 나머지 부분을 채워 넣으면 된다. 여기에 쓰이는 타일은 플레이어가 파괴할 수 없는 벽 타일이어야 한다. 이 타일을 외부 벽^{outer wall} 타일이라고 하며, 2장, '로그라이크 게임'을 통해 여러분의 프리팹 세트에 이미 추가돼 있다.

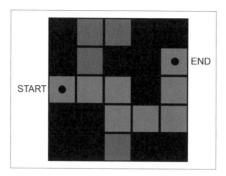

검은 색으로 된 외부 벽 타일의 다이어그램

또한, 맨 왼쪽에서 맨 오른쪽으로 이동할 것이므로 던전 보드 그리드의 양쪽 끝에도 타일을 깔 것이다. 이렇게 하면 열린 공간에 양쪽이 닫힌 통로가 만들어진다. 무작위 경로의 위 아래가 가장자리에 걸쳐 있으면 똑같은 일이 벌어진다. 그래서 외부 벽 타일로 전체 그리드를 감싸서 던전이 완전히 닫히게 해야 한다.

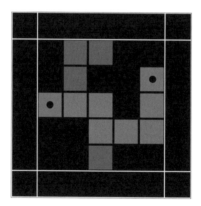

검은 색의 외부 벽 타일로 던전을 감싼 다이어그램

입구와 출구 제작

마지막으로 던전에서 입구와 출구를 어떻게 결정할지 정의해야 한다. 여기서는 맨 마지막으로 언급하지만, 사실 알고리즘에서 맨 처음으로 해야 할 일이다. 우리는 이미 왼쪽에서 오른쪽으로 이동하는 것으로 정했었다. 그리드의 맨 왼쪽에다가 y 좌표로 아무렇게 잡아서 한 점을 선택한다. 그래서 x 좌표는 0이고, y 좌표는 무작위인 입구가 정해진다.

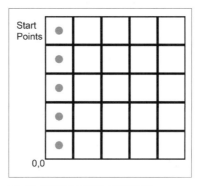

가능한 시작점이 표시된 다이어그램

입구를 정의한 후에는 그 출발점을 시작으로 경로를 만들어 나갈 수 있다. 하지만 경로가 예측 불가능하므로 특정 끝 점에 연결하기란 어렵다. 대신에 패스파인더를 통해 맨 오른쪽 가장자리로 경로를 만들어가는 과정을 실행한다. 그리고 나서 경로가 끝나는 점을 던전의 출구로 잡으면 된다.

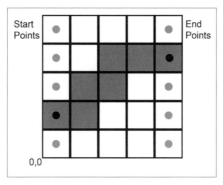

경로에 따른 출구의 위치 다이어그램

알고리즘 정리

이와 같은 알고리즘은 경로를 어떻게 언제 분기시키는지에 따라 길고 복잡하게 될 수 있다. 복잡도를 피하려면 PRN으로 확률적 선택을 하도록 하면 된다. 이런 식으로 임의로 경로를 잡게 놓아둔다. 이렇게 우리의 알고리즘을 통해 레벨 레이아웃의 대부분을 진행할 것이지만 알고리즘 디자인에 기반을 둔 레벨 흐름에 대해서는 몇 가지 아이디어가 있다. 우리 알고리즘을 정리해보자.

- 정사각형으로 그리드를 셋업한다. 그리고 나서 하나의 숫자만 저장하는데, 이 숫자로 정사각형의 네 변 모두를 나타낸다. 이를 테면 숫자 5는 5 x 5 그리드를 의미한다.
- 왼쪽에서 오른쪽으로 필수 경로를 생성하는데, 이 경로는 던전 입구와 던전 출구를 연결할 것이다. 여기서는 PRN을 사용해 위 아래 경로 방향을 정하게 된다.
- 필수 경로에 무작위 분기branch 경로를 추가한다. 이렇게 하기 위해 PRN을 사용해 확률적으로 분기 경로 생성과 그 방향을 정한다.
- 그리드의 나머지를 통과할 수 없는 벽 타일로 채워 던전을 감싸는데, 비효율적이긴 하지만 수월하다. 벽 타일을 줄여 경로만을 둘러싸는 것이 좋으며, 이렇게 하길 권한다.

▌ 데이터 구조

던전 생성을 어떻게 하는지 알았으니 이제 던전 보드를 어떻게 저장할지 알아야 한다. 세계 보드를 만드는 방식과 비슷하게 던전 보드를 만들 것이므로 비슷한 데이터 구조를 사용할 수 있다. 하지만 많은 차이점이 있으므로 어떻게 하는 것이 최선인지 평가할 필요가 있다.

원래 위치로의 복귀

딕셔네리를 사용해 세계 보드를 저장할 것인데, 그렇게 하는 것이 쉽고 빠른 검색이 가능한 데다가 동적으로 추가할 수 있기 때문이다. 같은 이유로 던전의 중요 지점을 저장하는 데도 딕셔네리를 사용할 것이다. 던전의 모든 점을 알 필요는 없으며 필수 경로와 무작위 경로만 알면 된다.

요령이 필요한 부분은 먼저 필수 경로를 넣고 나서 무작위 분기 모양의 길을 추가하기 위해 경로의 모든 점을 재방문revisit해야 한다는 점이다. 던전을 저장할 딕셔네리를 반복할 옵션이 있긴 하다. 하지만 새 점들을 딕셔네리에 추가하고 그 점들도 반복해야 한다. 그 이유는 필수 경로로부터 뻗어 나온 무작위 분기 경로가 자신만의 방향으로 계속 나아갈 수 있기 때문이다.

무작위 경로는 아무 방향으로 출발해 저절로 원래의 지점으로 돌아올 수 있다. 이렇게 되면 딕셔네리에 같은 엔트리가 두 개 추가되는데 딕셔네리에서는 모든 엔트리가 유일해야 한다. 이 말은 동일한 엔트리를 두 개 둘 수 없다는 뜻이다. 무작위 경로라고 이미 부르짖은 마당에 이런 원형 경로도 가능해야 하는데 그래야 더 많은 변형된 던전을 만들어낼 수 있기 때문이다.

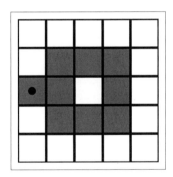

원형 경로 다이어그램

큐

위의 이유로 동일한 엔트리를 허용하고 언제 어디서 분기할지를 추적할 데이터 구조가 필요하다. 이 때, 큐^{Queue}를 도입하는 것이 바람직하다. 큐는 어떤 순서로 엔트리를 넣고 또 어떤 순서로 그 엔트리를 제거할지에 대한 배열 또는 리스트다. 큐 속에 분기할 점을 추가할 수 있고 분기점을 추가하고 나서 재방문하지 않게 원래의 점을 제거할 수 있기 때문에 큐 도입은 안성맞춤이다. 이렇게 하기 위해 큐 접근과 FIFO라는 처리를 사용할 것이다.

FIFO는 **선입선출**^{first in first out}의 약어다. 이 말은 큐에 어떤 점을 추가하면 처리 순서의 맨 끝에 위치한다는 뜻이다. 큐의 맨 처음 엔트리는 처리돼 제거되며, 리스트의 다음 점이 첫 번째 위치로 올라선다. 이런 동작은 리스트가 빌 때까지 계속 된다. 이 점은 은행에 줄 서서 기다리는 것과 비슷하다.

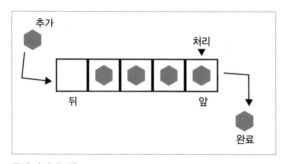

큐의 다이어그램

이제 던전에서 큐가 어떻게 동작하는지 알아보자.

- 필수 경로가 생성되면, 큐에 그 점들(입구부터 출구까지)을 추가한다.
- 그러고 나서 FIFO 방식으로 처리한다.

  어떤 점이 무작위로 분기된다면, 그 지점을 큐의 끝에 추가할 것이다.
- 그 점이 분기점이든 아니든 큐에서 제거될 것이고 대기하던 다음 점을 처리한다.

- 결국, 필수 경로 점 모두를 처리하고 같은 방식으로 그 무작위 경로 처리를 시작한다.
- 무작위 경로가 더 이상 생성되지 않을 때까지 이 동작을 반복한다.

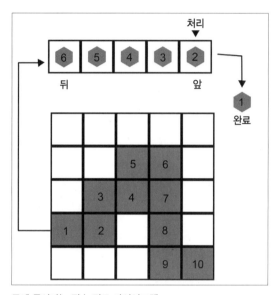

큐에 들어가는 필수 경로 다이어그램

우리의 알고리즘과 데이터 구조는 끝났다. 이제 구현할 차례다. 시작하기 전에 유니티 편집기에서 몇 가지를 셋업해 놓자.

프리팹 셋업

유니티 편집기에서 수행할 몇 가지 셋업이 있다. 새 프리팹을 만들 것이다. 2장, '로그라이크 게임'과 3장, '끝없는 세계의 생성'에서 만들었던 로그라이크 프로젝트에 계속 추가해 동일한 프로젝트와 신으로 계속 진행할 것이다.

이때 우리 던전 디자인에서 부족한 점은 들어오고 나가는 길이다. 플레이어가 던전에 들어갈 수 있는 곳을 알 수 있게 출입구를 만들어야 한다. 마찬가지로 던전에 있는 동안에는 출구를 나타낼 같은 종류의 문이 필요하다.

출구 표시

2장, '로그라이크 게임' 진행 중에 기반 코드와 함께 불러온 스프라이트 시트에는 출구 스프라이트가 들어 있다. 이 스프라이트를 던전 입구와 출구 모두로 사용해 시간을 아낄 것이다. 여러분이 원한다면 나중에 이 아트워크를 변경해도 되며, 기반 게임 애셋을 사용하지 않을 거라면 여러분의 아트워크로 여기 프리팹 작성 방법을 따라 해도 된다.

출구 타일 스프라이트 이미지

다음 단계를 따라 출구 표시 아트의 프리팹을 바닥과 벽 타일로 만들어보자.

1. 맨 위 메뉴에서 GameObject > Create Empty로 이동한다.
2. Hierarchy 패널에서 새롭게 나타난 빈 객체를 선택한다.
3. 그 객체에 Exit라는 이름을 붙인다.
4. Exit 태그를 추가한다.
5. Inspector 탭의 Add Component 버튼을 선택하고 Sprite Renderer와 Box Collider 2D 컴포넌트를 추가한다.

6. Sprite Renderer 컴포넌트의 Sprite 필드에서 Scavangers_SpriteSheet_20을 선택한다.

7. Sprite Renderer 컴포넌트의 Sorting Layer 필드에서 새 정렬 레이어로 Items을 추가한다. 다음 그림과 같이 Items은 Floor 아래, Units 위에 있어야 한다.

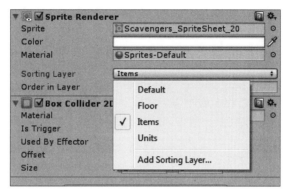

정렬 레이어 순서 이미지

8. Box Collider 2D 컴포넌트에서 Is Trigger에 체크한다.

9. Hierarchy 패널의 Exit 프리팹을 드래그해 Prefabs 폴더에 놓는다.

10. Hierarchy 패널의 Exit 프리팹은 삭제한다.

이렇게 하면 던전으로 들어가고 나갈 문에 대한 셋업이 완료된다. 던전 생성기를 구현할 때 코드 내에서 이 출구 타일을 참조할 것이다. 이제 던전 생성에 대한 새 클래스를 만들어보자.

▌ DungeonManager

던전 생성기 클래스를 DungeonManager라고 부를 것이다. 이 클래스는 던전을 구성하는 데이터를 생성하고 그 데이터를 BoardManager 클래스에 전달해 화면에 나타나게 할 것이다. 먼저 C# 스크립트를 만들어야 한다. Scripts 폴더로 가서 DungeonManager.cs라는 새 C# 스크립트를 생성한다.

DungeonManager는 아주 큰 클래스이므로 부분으로 나눠 나타낼 것이다. 편집을 위해 DungeonManager를 연다. 다음의 코드 4.1에 DungeonManager의 첫 번째 부분이 나타나 있다.

```
1 using UnityEngine;
2 using System;
3 using System.Collections.Generic;
4 using Random = UnityEngine.Random;
5
6 public enum TileType {
7     essential, random, empty
8 }
9
10 public class DungeonManager : MonoBehaviour {
```

Dungeon 클래스를 위해 리스트 하나, 딕셔네리 하나, PRN 몇 개가 필요할 것이다. 2~4행은 이런 것들을 사용할 수 있게 해준다. 6~8행에서는 경로 종류를 알아내는 데 사용할 전역 열거형^{enumeration}을 도입한다. 그러고 나서 10행에서 DungeonManager 정의로 들어가며 다음의 코드 4.2에 나타낸 PathTile이라는 도우미 클래스로 시작한다.

 열거형은 상태를 알아내는 데 좋은 수단이다. 우리의 PathTile 클래스는 몇 개의 개별 상태(필수와 무작위)를 저장하고 나중에는 더 많은 상태를 저장할 수 있다. PathTile 클래스에 한 번에 하나의 상태로만 있을 수 있는 특성을 부여하면 열거형은 상태 ID처럼 동작한다. 열거형은 실제로 essential = 1과 random = 2와 같이 숫자 관련식일 뿐이다. 하지만 열거형이 설명 스타일의 이름을 사용하므로 100개의 상태가 있다면 각 상태의 ID 숫자를 검색할 필요 없이 각 상태에 이름을 지정할 수 있다. 열거형에 대해 더 자세히 알고 싶으면 https://unity3d.com/learn/tutorials/modules/beginner/scripting/enumerations를 방문해보자.

```csharp
11  [Serializable]
12  public class PathTile {
13      public TileType type;
14      public Vector2 position;
15      public List<Vector2> adjacentPathTiles;
16
17      public PathTile (string t, Vector2 p, int min, int max,
        Dictionary<Vector2, TileType> currentTiles) {
18          type = t;
19          position = p;
20          adjacentPathTiles = getAdjacentPath(min, max, currentTiles);
21      }
22
23      public List<Vector2> getAdjacentPath(int minBound, int
        maxBound, Dictionary<Vector2, TileType> currentTiles) {
24          List<Vector2> pathTiles = new List<Vector2> ();
25          if (position.y + 1 < maxBound &&
            !currentTiles.ContainsKey(new Vector2(position.x,
            position.y + 1))) {
26              pathTiles.Add(new Vector2(position.x, position.y + 1));
27          }
28          if (position.x + 1 < maxBound &&
            !currentTiles.ContainsKey(new Vector2(position.x + 1,
            position.y))) {
29              pathTiles.Add(new Vector2(position.x + 1, position.y));
30          }
31          if (position.y - 1 > minBound &&
            !currentTiles.ContainsKey(new Vector2(position.x,
            position.y - 1))) {
32              pathTiles.Add(new Vector2(position.x, position.y - 1));
33          }
34          if (position.x - 1 >= minBound &&
            !currentTiles.ContainsKey(new Vector2(position.x - 1,
            position.y)) && type != TileType.essential) {
35              pathTiles.Add(new Vector2(position.x - 1, position.y));
```

```
36          }
37          return pathTiles;
38      }
39 }
```

PathTile 클래스는 DungeonManager 구현의 나머지를 더 쉽게 만들게 해준다. 각 PathTile은 해당 타일에 인접한 타일을 계산해 알아낸다. 또한 타일 자체 위치와 종류를 저장하는 데 필수면 E, 무작위면 R로도 저장할 수 있다. 코드 4.2의 PathTile를 자세히 알아보자.

- 13행: type은 TileType 열거형 값을 저장하는데, 타일 종류를 TileType.essential, TileType.random, TileType.empty로 참조한다.

- 14행: 타일 위치는 Vector2형으로 한다.

- 15행: adjacentPathTiles은 현재 PathTile의 옆 타일을 저장하는 데 사용할 리스트다.

- 17~21행: PathTile 생성자다. 이 생성자를 호출해 새 PathTile을 만들게 된다.

- 23행: getAdjacentPath은 던전 보드 차원과 이미 놓여진 현재 타일에 기반해 어느 타일이 이 타일에 인접하는지 계산할 함수다. PathTile 클래스의 생성자에서 getAdjacentPath를 호출하는데, 이 메서드는 현재 놓여진 모든 타일의 리스트는 물론이고 그리드의 최소와 최대 경계를 필요로 한다.

GetAdjacentPath는 4개의 if 문을 사용해 현재 PathTile의 위쪽, 오른쪽, 아래쪽, 왼쪽에 대해 인접 타일을 점검한다. 이 조건문은 인접 타일이 그리드 차원 내에 있는지 그리고 던전 타일 리스트의 일부인지에 기반을 둔다. 34행의 맨 마지막 if 조건은 TileType.essential에 대한 종류를 점검하고, 필수 PathTiles이 왼쪽(뒤쪽)으로 진행해서는 안 되기 때문에 오른쪽(앞쪽)으로만 진행하게 한다.

그래서 이 클래스는 DungeonManager 클래스의 나머지를 구현하기 더 단순하게 만들어 줄 도우미 클래스다. DungeonManager 정의의 나머지를 개발할 준비가 됐다. 다음의 코드 4.3에서 DungeonManager 클래스가 계속 이어진다.

```
40 public Dictionary<Vector2, TileType> gridPositions = new
   Dictionary<Vector2, TileType> ();
41
42 public int minBound = 0, maxBound;
43
44 public static Vector2 startPos;
45
46 public Vector2 endPos;
47
48 public void StartDungeon () {
49     gridPositions.Clear ();
50     maxBound = Random.Range (50, 101);
51
52     BuildEssentialPath ();
53
54     BuildRandomPath ();
55 }
```

코드 4.3은 DungeonManager 클래스의 던전 셋업을 보여준다. 처음 몇 개 행에서 변수들을 선언하고 나서 구동 함수^{driver function}를 사용해 던전의 개별 부분을 생성한다. 코드 4.3의 특정 부분을 살펴보자.

- 40행: gridPositions은 생성된 던전의 구조체를 저장하는 데 사용할 딕셔네리다. 이 딕셔네리는 값이 현재 TileType로 돼 있는 것을 제외하면 BoardManager 클래스에서 사용되는 것과 유사하다.
- 42행: minBound와 maxBound는 보드 그리드의 차원이다. minBound는 항상 0이 되게 했지만, 나중에 변경할 경우에는 어떤 변수로 설정할 것이다. maxBound 는 나중에 무작위로 초기화할 것이기 때문에 여기서 초기화하지 않았다.

- 44행: startPos는 던전의 입구 위치다. Player 클래스에서 사용해야 하기 때문에 퍼블릭 스태틱으로 잡았다. Player 클래스는 플레이어 캐릭터를 startPos로 이동하는 데 이 위치 데이터를 사용하며, 그러면서 세계 보드는 던전 보드로 바뀔 것이다.

- 48~55행: StartDungeon은 던전 생성기를 위한 구동 함수다. 게임에서 던전 생성기를 여러 번 사용할 것이기 때문에 이 함수에서 딕셔네리를 비우게 된다. 그리고 나서 무작위로 보드 그리드의 차원을 선택한다. 우리의 그리드는 정사각형이므로 숫자 하나만 필요하고 그 숫자로 네 면의 길이를 정할 것이다. 200 x 200 이상 크기의 던전은 아주 많은 외부 타일을 생성하기 때문에 로딩하는 데 상당한 시간이 걸릴 것이다. 마지막으로 던전의 필수 경로와 무작위 경로를 만들 함수들을 호출한다.

이제 실제 던전 생성을 이끌 로직을 개발해야 한다. 첫 번째 함수는 BuildEssentialPath다. 이 함수 내에서 약간의 무작위성과 약간의 방향을 사용해 왼쪽에서 오른쪽으로 그리드를 놓을 경로를 만들 것이다. 맨 왼쪽 지점은 입구, 맨 오른쪽 지점은 출구가 된다. 다음의 코드 4.4에는 이 함수가 나타나 있다.

```
56 private void BuildEssentialPath () {
57     int randomY = Random.Range (0, maxBound + 1);
58     PathTile ePath = new PathTile (TileType.essential, new Vector2
       (0, randomY), minBound, maxBound, gridPositions);
59     startPos = ePath.position;
60
61     int boundTracker = 0;
62
63     while (boundTracker < maxBound) {
64         gridPositions.Add (ePath.position, TileType.empty);
65         int adjacentTileCount = ePath.adjacentPathTiles.Count;
66         int randomIndex = Random.Range (0, adjacentTileCount);
```

```
67        Vector2 nextEPathPos;
68        if (adjacentTileCount > 0) {
69            nextEPathPos = ePath.adjacentPathTiles[randomIndex];
70        } else {
71            break;
72        }
73    PathTile nextEPath = new PathTile (TileType.essential,
      nextEPathPos, minBound, maxBound, gridPositions);
74        if (nextEPath.position.x > ePath.position.x ||
          (nextEPath.position.x == maxBound - 1 &&
          Random.Range (0,2) == 1)) {
75            ++boundTracker;
76        }
77        ePath = nextEPath;
78    }
79
80    if (!gridPositions.ContainsKey (ePath.position))
81        gridPositions.Add (ePath.position, TileType.empty);
82
83    endPos = new Vector2 (ePath.position.x, ePath.position.y);
84 }
```

BuildEssentialPath는 우리 그리드의 모든 공간을 돌릴 수 있는 루프를 실행할 것이다. 이런 동작이 일어날 것 같지는 않지만 알아두는 것이 좋다. 이 말은 최악의 경우에 100 x 100 던전에 대해 루프가 10,000개의 공간을 처리하게 될지도 모르고, 200 x 200 이상의 던전이라면 로딩 속도가 상당히 느려질 것이다. 알고리즘 설계의 중요한 부분은 이런 최악의 경우에 발생할 수 있는 일을 인식해 평균 실행 속도를 측정하는 것이다.

우리의 던전은 아주 많이 다른 형태를 갖출 것이기 때문에 이런 최악의 경우가 생길 것 같지 않다. 이제 던전 생성기의 첫 번째 단계를 살펴볼 것이다. 필수 경로를 만드는 방법을 알기 위해 코드 4.4를 살펴보자.

- 57행: 입구에 대해 무작위 y 좌표를 선택한다. 입구는 항상 맨 왼쪽, 즉 minBound에서 시작할 것이다. 이 경우에 minBound는 항상 0이 된다.
- 58행: ePath는 현재 PathTile에 대한 컨테이너다. 현재 필수 PathTile을 여기에 저장하고 어느 인접 타일이 다음에 올지를 결정한 후 던전 보드에 이 값을 추가한다. 처음에는 입구 위치로 설정한다.
- 59행: startPos를 입구 위치로 설정해 Player 클래스에게 플레이어 캐릭터를 어디로 움직일 수 있는지 정보를 준다.
- 61행: 지역 정수 변수를 사용해 그리드 길이를 따라 얼마나 멀리 왔는지를 추적한다. boundTracker가 maxBound와 같아질 때까지 필수 경로가 오른쪽으로 이동할 때마다 boundTracker에 1씩 더할 것이다.
- 63~84행: 이 while 루프는 그리드 내의 타일 공간을 범위로 해서 돈다. 필수 경로가 그리드의 오른쪽 가장자리에 도달하면 끝날 것이다.
- 64행: 첫 번째 해야 할 일은 딕셔너리에 현재 PathTile을 추가하는 것이다. 첫 번째 PathTile이 입구라는 점을 기억하라.
- 65행: 여기서 현재 타일에 얼마나 많은 타일이 인접할 것인지 알아낸다.
- 66행: 인접한 타일로부터 다음에 올 타일을 무작위로 선택한다.
- 68~72행: 첫 번째로 점검하는 곳이다. 계속 진행하기 전에 인접한 타일이 있는지 확인해야 한다. 인접한 타일이 없고 빈 인덱스를 참조하면 에러가 발생할 것이다. 하지만 인접한 타일이 없으면 그리드의 끝에 도달한 것으로 인지하고 미리 루프를 나가게 한다.
- 73행: 인접한 타일이 있으면 그 타일들을 다음 필수 PathTile로 저장한다.
- 74~76행: 여기서 필수 경로가 오른쪽으로 이동했는지를 알아낼 것이다. 이동했다면 boundTracker를 업데이트해 반영해야 한다.
- 77행: 이 시점에서 현재 필수 PathTile과 인접 필수 PathTile을 사용하는 데 필요한 모든 점검을 했다. 인접 타일을 현재 타일로 설정해 다음 루프 반복에서 처리 반복할 리스트에 추가될 것이다.

- 80~83행: 마지막으로 루프가 모든 반복을 완료하면, 점검을 추가해 마지막 필수 PathTile가 던전 딕셔네리에 추가됐는지 알아본다. 이 루프를 일찍 빠져나가 맨 마지막의 타일이 추가되지 않을 수도 있다는 점을 기억하라. 그렇게 되면 맨 마지막 타일은 출구 위치인 endPos로 지정된다.

우리의 알고리즘 설계와 마찬가지로 위, 아래, 오른쪽 방향으로만 이동할 수 있는 무작위 경로를 따르면서 필수 경로는 한 번에 한 타일씩 만든다. 필수 경로는 감는 모양이 될 수 있지만 또한 좁을 수도 있다. 한 술 더 떠서 경로가 한 방향으로만 이동한다면 아주 재미없을 것이다. 그래서 필수 경로에다가 무작위 분기 경로를 도입할 것이다.

BuildEssentialPath 함수 바로 다음에 호출되는 BuildRandomPath는 필수 경로에 두 가지 방식으로 추가할 것이다. 먼저 필수 PathTiles를 살펴서 다른 길로 빠질 수 있는 열린 인접 타일이 있는지 알아낸다. 그러고 나서 그 경로 끝에 챔버라는 공간을 만들게 할 수 있다. 다음의 코드 4.5에 BuildRandomPath 구현이 나타나 있다.

```
85 private void BuildRandomPath () {
86     List<PathTile> pathQueue = new List<PathTile> ();
87     foreach (KeyValuePair<Vector2, TileType> tile in gridPositions)
       {
88         Vector2 tilePos = new Vector2(tile.Value.x, tile.Value.y);
89         pathQueue.Add(new PathTile(TileType.random, tilePos,
           minBound, maxBound, gridPositions));
90     }
91
92     pathQueue.ForEach (delegate (PathTile tile) {
93
94         int adjacentTileCount = tile.adjacentPathTiles.Count;
95         if (adjacentTileCount != 0) {
96             if (Random.Range(0, 5) == 1) {
97                 BuildRandomChamber (tile);
98             }
```

```
99              else if (Random.Range (0, 5) == 1 || (tile.type ==
                TileType.random && adjacentTileCount > 1)) {
100                 int randomIndex = Random.Range (0, adjacentTileCount);
101
102                 Vector2 newRPathPos =
                    tile.adjacentPathTiles[randomIndex];
103
104                 if (!gridPositions.ContainsKey(newRPathPos)) {
105                     gridPositions.Add (newRPathPos, newRPathPos);
106
107                     PathTile newRPath = new PathTile (TileType.random,
                        newRPathPos, minBound, maxBound, gridPositions);
108                     pathQueue.Add (newRPath);
109                 }
110             }
111         }
112     });
113 }
```

BuildRandomPath는 이 장 앞쪽에서 알고리즘 설계 때 언급했던 큐 사용을 도입할 것이다. 큐는 필수 경로를 반복할 수 있게 이 경로를 복사하는 데 사용될 것이다. 큐를 반복해 아이템을 처리하기 때문에 큐의 끝에 새 무작위 PathTiles를 추가할 것이다. 큐가 비면 던전은 완료된다. BuildRandomPath가 어떻게 동작하는지 살펴보자.

- 86행: 리스트의 끝에 추가하고 리스트의 맨 앞을 제거하기가 쉽기 때문에 리스트를 큐로 사용할 것이다.
- 87~89행: foreach 루프를 사용해 pathQueue에 필수 경로를 복사한다.
- 92~112행: 이제 큐에서 foreach 루프를 사용해 PathTiles를 처리한다.
- 94~95행: 현재 타일에 인접 타일이 있는지 점검해야 한다.
- 96~98행: 여기 점검으로 타일이 챔버가 될 것인지 1/5 확률로 결정한다. 챔버를 만들 함수는 별도로 만들 것이다.

- 99행: 무작위 경로는 아무렇게 생성하는 데 전혀 생성되지 않을 수도 있다. 여기 점검은 필수 PathTile로부터 경로를 생성할 것인지 1/5 확률로 결정한다. 하지만 현재 타일이 무작위 PathTile이고 여러 방향으로 이동할 수 있으면 계속 전개해 나갈 것이다. 이렇게 하면 무작위 경로를 좀 더 제멋대로 만들게 된다.

- 102~108행: 무작위 PathTile을 놓을 수 있다면, 그것이 이미 던전의 일부인지 점검한다. 그리고 나서 새 무작위 PathTile을 gridPositions에 추가하고 큐의 끝에도 추가한다. 나중에 큐는 현재 새롭게 추가된 PathTile을 꺼내 처리할 것이다.

결국에는 그리드에 대한 확률이나 크기 제한이 진행되다가 새 무작위 PathTiles가 더 이상 큐에 추가되지 않을 것이다. 큐가 처리할 타일을 모두 소비하면 이 함수는 종료된다. 딕셔네리는 타일 위치로 가득 찬 상태로 남는다. 그러나 그러기 전에 다음의 코드 4.6에서 BuildRandomChamber 함수가 어떻게 동작하는지 알아야 한다.

```
114 private void BuildRandomChamber (PathTile tile) {
115     int chamberSize = 3,
116         adjacentTileCount = tile.adjacentPathTiles.Count,
117         randomIndex = Random.Range (0, adjacentTileCount);
118     Vector2 chamberOrigin = tile.adjacentPathTiles[randomIndex];
119
120     for (int x = (int) chamberOrigin.x; x < chamberOrigin.x +
        chamberSize; x++) {
121         for (int y = (int) chamberOrigin.y; y < chamberOrigin.y +
            chamberSize; y++) {
122             Vector2 chamberTilePos = new Vector2 (x, y);
123             if (!gridPositions.ContainsKey(chamberTilePos) &&
                chamberTilePos.x < maxBound && chamberTilePos.x > 0 &&
                chamberTilePos.y < maxBound && chamberTilePos.y > 0)
```

```
124
125                     gridPositions.Add (chamberTilePos, TileType.empty);
126             }
127         }
128 }
```

BuildRandomChamber 함수는 BuildRandomPath 함수 내에서 호출된다. 이 함수는 어떤 수의 미리 정의된 레벨 애셋들을 연결하는 PCG 던전 생성 타입과 아주 비슷하다. 여기서는 무작위 경로의 끝에 3 x 3 챔버를 추가한다. 그러한 3 x 3 챔버를 프리팹으로 만들어 놓을 수도 있지만, 그렇게 하면 코드가 적어지는 대신에 더 많은 저장소가 필요하다. 여기서는 런타임으로 생성하게 했다. 코드 4.6이 어떻게 동작하는지 살펴보자.

- 114~118행: 큐로부터 PathTile을 전달받는다. 챔버의 크기를 3으로 지정하지만 쉽게 무작위로 돌릴 수 있다. 그다음으로 인접 타일을 무작위로 선택해 챔버의 원점으로 지정한다.
- 120~128행: 원점과 챔버의 크기를 알면 추가해야 하는 타일로 루프를 돌릴 수 있다. 이렇게 하는 것은 3장에서 세계 보드를 나타내기 위해 사용했던 시선 알고리즘과 아주 유사하다. 결국, 새 타일은 딕셔네리에 추가된다.

이 시점에서 던전 좌표는 모두 생성돼 저장된다. 이제 실제로 바닥과 벽 타일을 놓아 플레이어가 화면으로 던전을 보며 상호작용할 수 있어야 한다. 이렇게 하기 위해 BoardManager 클래스를 사용할 것이다.

▌ BoardManager

BoardManager 클래스에는 이미 바닥과 벽 타일에 대한 참조가 있다. DungeonManager 클래스에 동일한 참조를 두는 것보다는 던전 딕셔네리를 BoardManager 클래스로 보내 거기서 던전 보드를 만들게 할 것이다. 이렇게 하려면 BoardManager 클래스를 업데이트해야 한다. 편집하기 위해 BoardManager.cs를 열고 다음의 코드 4.7에 나타난 변경 사항을 넣는다.

```
29  public GameObject exit;
...
33  public GameObject[] outerWallTiles;
...
40  private Transform dungeonBoardHolder;
41  private Dictionary<Vector2, Vector2> dungeonGridPositions;
...
69  private void addTiles(Vector2 tileToAdd) {
70      if (!gridPositions.ContainsKey (tileToAdd)) {
71          gridPositions.Add (tileToAdd, tileToAdd);
72          GameObject toInstantiate = floorTiles [Random.Range (0,
            floorTiles.Length)];
73          GameObject instance = Instantiate (toInstantiate, new
            Vector3 (tileToAdd.x, tileToAdd.y, 0f),
            Quaternion.identity) as GameObject;
74          instance.transform.SetParent (boardHolder);
75
76          if (Random.Range (0, 3) == 1) {
77              toInstantiate = wallTiles[Random.Range
                (0,wallTiles.Length)];
78              instance = Instantiate (toInstantiate, new Vector3
                (tileToAdd.x, tileToAdd.y, 0f), Quaternion.identity) as
                GameObject;
79              instance.transform.SetParent (boardHolder);
80          }
81
82          if (Random.Range (0, 100) == 1) {
83              toInstantiate = exit;
84              instance = Instantiate (toInstantiate, new Vector3
                (tileToAdd.x, tileToAdd.y, 0f), Quaternion.identity) as
                GameObject;
85              instance.transform.SetParent (boardHolder);
```

```
86          }
87      }
88  }


141 public void SetDungeonBoard (Dictionary<Vector2, TileType>
    dungeonTiles, int bound, Vector2 endPos) {
142     boardHolder.gameObject.SetActive (false);
143     dungeonBoardHolder = new GameObject ("Dungeon").transform;
144     GameObject toInstantiate, instance;
145
146     foreach(KeyValuePair<Vector2, Vector2> tile in
        dungeonTiles) {
147         toInstantiate = floorTiles [Random.Range (0,
            floorTiles.Length)];
148         instance = Instantiate (toInstantiate, new Vector3
            (tile.Value.x, tile.Value.y, 0f), Quaternion.identity) as
            GameObject;
149         instance.transform.SetParent (dungeonBoardHolder);
150     }
151
152     for (int x = -1; x < bound + 1; x++) {
153         for (int y = -1; y < bound + 1; y++) {
154             if (!dungeonTiles.ContainsKey(new Vector2(x, y))) {
155                 toInstantiate = outerWallTiles [Random.Range (0,
                    outerWallTiles.Length)];
156                 instance = Instantiate (toInstantiate, new Vector3
                    (x, y, 0f), Quaternion.identity) as GameObject;
157                 instance.transform.SetParent (dungeonBoardHolder);
158             }
159         }
160     }
161
162     toInstantiate = exit;
163     instance = Instantiate (toInstantiate, new Vector3
        (endPos.x, endPos.y, 0f), Quaternion.identity) as
        GameObject;
```

```
164        instance.transform.SetParent (dungeonBoardHolder);
165 }
166
167 public void SetWorldBoard () {
168        Destroy (dungeonBoardHolder.gameObject);
169        boardHolder.gameObject.SetActive (true);
170 }
```

코드 4.7에 인쇄된 행 번호는 여러분의 BoardManager.cs 파일 코드와 완전히 일치하지 않을 수도 있다는 점을 명심하라. 하지만 비슷해야 한다. 다음 설명으로 코드 4.7을 검토해보자.

- 29행: exit는 던전 입출구 표시기로 사용할 출구 타일 스프라이트다. 이 행은 다른 타일 참조 근처에 놓아야 한다.

- 33행: outerWallTiles는 던전을 감싸는 데 사용할 통과 불가능의 벽 타일이다. 이 행은 다른 타일 참조 근처에 놓아야 한다.

- 40~41행: 던전에 대해 별도의 트랜스폼과 딕셔너리를 사용할 것이다. 이렇게 하면 같은 신에서 세계 보드와 던전 보드 간에 겹치는 것을 방지할 수 있다. 이 행들은 세계 보드 트랜스폼과 딕셔너리 근처에 놓아야 한다.

- 69~88행: 이미 addTiles 함수를 선언한 바 있지만, 82~86행을 추가한다.

- 82~86행: 이 작은 추가 부분은 세계 보드에 나타내는 타일마다 1/100 확률로 출구 타일을 생성할 것이다. 그러면 출구 타일은 무작위로 생성된 던전에 대해 입구 역할을 한다. Random.Range을 변경해 얼마나 빈번하게 출구 타일이 생성될 것인지를 바꿀 수 있다.

- 141~165행: SetDungeonBoard 함수는 BoardManager 클래스에 새로 추가한 것이다. 이 함수는 던전 데이터를 얻어 화면 그래픽에 적용한다.

- 142행: 신을 변경하지 않고 화면에서 제거할 수 있게 세계 보드를 비활성화로 설정한다. 그러면 그 대신에 던전 보드는 활성화돼 보이게 된다.

- 143~149행: 던전 좌표는 인자로 전달된다. foreach 루프를 사용해 좌표를 반복해서 대응하는 스프라이트를 놓을 수 있다.

- 152~160행: 이렇게 중첩시킨 for 루프는 던전의 둘레를 따라 외부 벽 타일 레이어를 놓아 던전을 감싼다. 그리드의 빈 영역도 더 많은 외부 벽 타일로 채운다.

- 162~164행: 끝으로 SetDungeonBoard에 대해 던전 데이터의 endPos에다가 출구 타일을 놓는다.

- 167~170행: 던전을 빠져 나온 후에는 세계 보드를 다시 활성화해야 할 것이다. 이들 행에서는 그런 작업을 하는데, 지나온 던전 보드를 제거해 시스템에서 공간을 차지 않게 한다.

BoardManager 클래스에 이러한 몇 가지 업데이트를 수행해 던전 속을 만들고 보여줄 수 있었으며, 세계 보드에서 던전 입구를 설정하고 던전 보드를 빠져나오면 세계 보드를 다시 활성화할 수 있었다. Player 클래스도 업데이트가 필요할 것이다. 이제 플레이어와 특정 상호작용을 할 출구 타일을 놓아보자.

▌ Player

Player 클래스는 던전의 입출구를 나타내는 출구 타일과 상호작용을 해야 한다. 플레이어가 출구 타일로 이동하면 플레이어 캐릭터도 던전 보드로 옮겨야 한다. 실제로 신을 변경하지 않을 것이기 때문에 이 작업에 대해 약간 기교가 필요하다. 다음의 코드 4.8에 Player 클래스에 필요한 업데이트 사항이 나타나 있다.

```
14 public bool onWorldBoard;
15 public bool dungeonTransition;
...
19 protected override void Start () {
```

```
20      animator = GetComponent<Animator>( );
21
22      health = GameManager.instance.healthPoints;
23
24      healthText.text = "Health: " + health;
25
26      position.x = position.y = 2;
27
28      onWorldBoard = true;
29      dungeonTransition = false;
30
31      base.Start ( );
32 }
...
40 private void Update ( )
...
63      if(horizontal != 0 || vertical != 0) {
64          if (!dungeonTransition) {
65              canMove = AttemptMove<Wall> (horizontal, vertical);
66              if(canMove && onWorldBoard) {
67                  position.x += horizontal;
68                  position.y += vertical;
69                  GameManager.instance.updateBoard(horizontal, vertical);
70              }
71          }
72      }
...
137 private void GoDungeonPortal ( ) {
138     if (onWorldBoard) {
139         onWorldBoard = false;
140         GameManager.instance.enterDungeon( );
141         transform.position = DungeonManager.startPos;
142     } else {
143         onWorldBoard = true;
144         GameManager.instance.exitDungeon( );
145         transform.position = position;
```

```
146        }
147 }
148
149 private void OnTriggerEnter2D (Collider2D other) {
150     if (other.tag == "Exit") {
151         dungeonTransition = true;
152         Invoke("GoDungeonPortal", 0.5f);
153         Destroy (other.gameObject);
154     }
155 }
```

이 변경 사항이 던전 생성기에 어떻게 연결되는지 알아보자.

- 14~15행: 켜고 끌 수 있는 게 필요하므로 두 개의 불린^Boolean 변수를 추가한다. onWorldBoard로 현재 세계 보드에 있는지를 알 수 있으며, 위치를 추적할지 안 할지를 결정한다. dungeonTransition으로 다음 세계로 전환해야 하는지를 알아내어 던전 입구로 전환할 수 있다.

- 28~29행: Start 함수 내에서 새 불린 변수를 초기화한다. 세계 보드에서 시작할 것이기 때문에 onWorldBoard는 true로 지정한다. 처음에는 던전으로 전환하지 않을 것이기 때문에 dungeonTransition은 false로 지정한다.

- 64행: 던전 입구로 전환 상태에 있을 때 이동을 중지해야 하는 조건문을 추가해야 한다. 이동을 금지하지 않으면 플레이어는 계속 이동하려고 할지 모른다. 던전으로 전환되는 동안 이동의 반이 등록되면 알고리즘이 의도되지 않은 오프셋을 연산할 것이기 때문에 이상 동작을 일으킬 것이다.

- 66행: onWolrdBoard는 이동 조건문에 추가됐다. 세계 보드와 던전 보드 모두 동시에 나타날 것이다. 플레이어 위치 추적을 끄지 않으면 던전에 있는 동안 세계 보드 영역이 나타날 것이다.

- 137~147행: GoDungeonPortal은 출구 타일과 상호작용을 하는 플레이어의 효과를 관리하는 양 방향 함수다. 플레이어가 세계 보드에 있다면 던전으로

들어간다. 플레이어가 던전에 있다면 세계 보드로 되돌아간다. 던전에서는 플레이어 이동 추적을 중단하기 때문에 플레이어를 던전으로 전환한 곳에서 세계 보드 위치로 되돌려 보낼 수 있다.

- 149~155행: 이 함수는 유니티의 내장 함수를 오버라이드한 것이다. 출구 타일에는 트리거trigger 역할을 하는 Box Collider 2D가 있다. OnTriggerEnter2D 함수는 출구 타일을 만나 던전으로 전환할 것인지를 점검할 것이다. Invoke를 사용해 이동 지연에 맞춰 전환을 지연시켜야 한다. 그리고 나서 출구 타일에 다시 반응할 일이 없게 이 타일을 없앤다.

이 시점에서 DungeonManager, BoardManager, Player 클래스 모두는 서로 상호작용할 준비가 됐다. 클래스 간에 정보가 전송될 연결점을 만들어야 한다. 이 작업을 위해 GameManager 클래스를 사용할 것이다.

GameManager

던전 보드 데이터를 BoardManager와 Player 클래스에 연결할 수 있게 GameManager 클래스에 추가해야 하는 몇 가지 업데이트 사항이 있다. GameManager 클래스는 구동 함수를 사용해 다른 클래스와 정보를 주고 받고 던전 생성을 초기화한다. 업데이트 사항은 다음의 코드 4.9에 나타나 있다.

```
16 private DungeonManager dungeonScript;
17 private Player playerScript;
...
22 void Awake( ) {
23     if (instance == null)
24         instance = this;
25     else if (instance != this)
26         Destroy(gameObject);
```

```
27
28    DontDestroyOnLoad(gameObject);
29
30    enemies = new List<Enemy>();
31
32    boardScript = GetComponent<BoardManager> ();
33
34    dungeonScript = GetComponent<DungeonManager> ();
35    playerScript = GameObject.FindGameObjectWithTag
      ("Player").GetComponent<Player> ();
36
37    InitGame();
38 }
...
116 public void enterDungeon () {
117    dungeonScript.StartDungeon ();
118    boardScript.SetDungeonBoard (dungeonScript.gridPositions,
       dungeonScript.maxBound, dungeonScript.endPos);
119    playerScript.dungeonTransition = false;
120 }
121
122 public void exitDungeon () {
123    boardScript.SetWorldBoard ();
124    playerScript.dungeonTransition = false;
125 }
```

이렇게 업데이트를 해 놓으면 Player, DungeonManager, BoardManager 클래스 간에 통신이 가능하다. 어떻게 동작하는지 살펴보자.

- 16~17행: Player와 DungeonManager 클래스에 대한 참조를 추가해 이들 간에 정보와 통신을 교환할 수 있게 한다.
- 34~35행: Awake 함수 내에서 boardScript와 playerScript 변수를 초기화한다.

- 116~120행: enterDungeon 함수는 던전 생성 프로세스를 구동한다. 이 함수를 호출해 던전 데이터를 생성하고 그 데이터를 BoardManager 클래스에 전달해 던전을 화면에 나타나게 한다. 던전 전환이 발생한 것을 Player 클래스에 알려야 한다.
- 122~125행: exitDungeon 함수는 세계 보드로 복귀하게 만든다. BoardManager 클래스의 SetWorldBoard 함수를 호출해 전환이 끝났다는 것을 Player 클래스에 알린다.

이렇게 하면 던전 생성기 기능 구현에 필요한 코드 업데이트 모두가 완료된다. 제대로 동작하는지 알아볼 시간이 가까워졌다. 하지만 유니티 편집기에서 신경을 써야 할 몇 가지가 있다.

▌ 유니티 편집기에서 할 작업

GameManager 프리팹에는 이제 외부 벽 타일에 대한 배열 영역이 나타난다. 먼저 이것을 셋업해 Prefabs 폴더에 이미 존재하는 3개의 각기 다른 외부 벽 타일을 참조시켜야 한다. 다음 단계를 따라 외부 벽 타일을 추가할 수 있다.

1. Prefabs 폴더의 GameManager 프리팹을 선택한다.
2. Board Manager 컴포넌트의 Outer Wall Tiles 영역 아래에 있는 Size 필드를 선택하고 3을 지정한 후 엔터 키를 누른다.
3. 외부 벽outer wall 타일들을 드래그해 Outer Wall Tiles의 각 필드에 놓는다.

그러고 나서 DungeonManager 스크립트를 GameManager 프리팹에 추가해야 한다. 다음 단계를 따라서 이 작업을 한다.

1. Prefabs 폴더의 GameManager 프리팹을 선택한다.
2. Add Component 버튼을 클릭하고 Scripts > DungeonManager.cs를 선택한다.

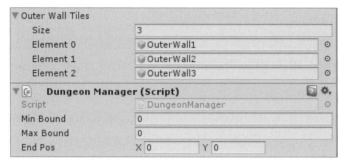

GameManager 프리팹의 새 옵션.

이제 던전 생성 기능 구현이 완료됐다. 플레이 버튼을 눌러 시험해볼 수 있다. 던전이 나타나고 그곳에 들어가면 중지 버튼을 눌러 **신** 뷰포트viewport2에서 던전 전체를 살펴볼 수 있다.

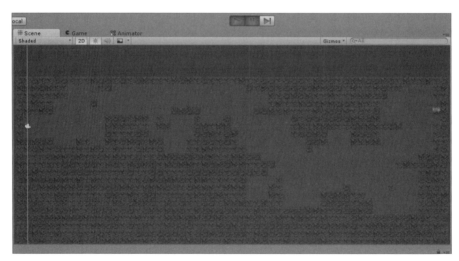

던전 전체 이미지

이 장을 공식적으로 끝내기 전에 언급할 게 하나 남아 있다. 현재 던전에 들어갔다가 던전에서 나오면 그 던전은 소멸된다. 이렇게 하면 공간을 절약할 수 있지만, 던전이

---

2   화면의 표시 영역을 의미한다. – 옮긴이

사라져버려 다시 던전으로 되돌아갈 때는 생성기가 다른 던전을 생성하게 된다. 그래서 시드^{seeds}를 도입해보자

던전 시드

동일한 던전이 재생성될 수 있게 던전에 대해 시드 값^{seed value}을 지정할 수 있다. 물론 이 값을 테스트하기 위한 간단한 방법이 있다. DungeonManager.cs 파일에서 StartDungeon 함수 정의의 맨 위에 Random.seed =1; 행을 추가하면 된다.

유니티 편집기로 되돌아가 게임을 플레이해보자. 던전에 들어가서 전체에 대한 스크린샷을 찍어라. 그리고 나서 게임을 끝낸 후에 다시 게임을 플레이한다. 던전에 들어가서 이전의 스크린샷과 이번 전체 모습과 비교해보자. 정확히 동일한 모양이란 것을 알게 될 것이다.

이런 방식을 사용하면 무작위로 생성된 전체 던전이 소멸되더라도 나중에 그 던전에 또 들어갈 수 있다. 플레이어가 임무를 완수하기 위해 던전으로 되돌아가는 것과 같은 상황에 대해 코드에 이 행을 적용할 수 있다. 우리 게임에서는 이 방식을 사용하지 않을 것이기 때문에 지금은 이 행을 주석 처리해두지만, 시험해보는 것은 여러분 몫이다.

도전

BuildEssentialPath 함수를 떠올려보자. A* 패스파인딩 알고리즘을 학습했다면 BuildEssentialPath 함수가 A*에 가깝다는 것을 알아챘을 것이다. 도전으로써 여러분은 우리의 패스파인딩 알고리즘을 A* 변종으로 교체해보는데, 이 알고리즘이 훨씬 더 효율적이기 때문이다. 또한 던전 경로를 둘러싼 외부 벽 타일을 줄이면 로딩 시간을 줄이고 큰 던전을 더 빠르게 만들 수 있다.

▌요약

우리의 로그라이크 게임은 더욱 흥미로운 모험으로 발전하고 있다. PCG 던전 생성기의 추가로 던전을 돌아다닐 준비가 됐다. 이 장에서 경험한 것들을 정리해보자.

세계 보드와는 달리 플레이어 동작에 의존하지 않는 PCG 던전 생성기를 설계했다. 여러분은 던전 보드 데이터를 처리할 큐를 얼마나 효율적으로 활용할 수 있는지 배웠다. 무작위 경로와 더 큰 레벨 애셋 배치 모두를 활용할 수 있는 던전 생성기를 개발했다. 마지막으로 PRN 생성기에 시드 값을 주어 이전에 생성됐던 던전을 재생성하는 방법을 이제 알게 됐다.

이것으로 게임의 레벨 생성 부분을 결말지었다. 여러분은 코드를 완전히 폭 넓고 아주 흥미로운 게임 세계로 확장하고 개조해야 한다. 시간을 들여 세계 보드와 던전 보드를 실험해보고 해결할 것을 알아내라. 이제 우리의 플레이어는 앞으로 나올 적에 대비하기 위해 아이템과 무기가 필요하다.

우리의 게임 세계에 아이템 두는 것을 알아볼 것이다. 물론 이런 아이템은 본래 무작위로 둘 것이지만 나중에 게임 난이도 조절 역할을 할 것이다. 또한 우리 게임 세계에 많은 것을 둘 것이므로 플레이어에게 아이템을 주는 방식을 좀 더 정확히 해야 한다. 이런 모든 사항들은 5장에서 다룰 것이다.

5

무작위 아이템

이 장에서 다루는 내용

- 게임 세계에서의 헬스 아이템 생성
- 던전에서의 아이템 생성
- 요약

게임의 아이템은 보통 상당량의 콘텐트로 구성되는데, 전리품을 모으는 것이 주목적인 게임에서는 특히 그렇다. PCG를 사용하면 아주 큰 아트 애셋 라이브러리를 만들 필요 없이 콘텐트를 다양하게 만들 수 있다. 각기 다른 아이템에 대해 동일한 3D 모델이나 스프라이트를 사용하면서 색상이나 텍스처만 바꾸는 것은 많은 콘텐트를 나타내는 게임에서 일반적이다.

이 장에서는 게임에서 플레이어에게 도움이 되는 아이템을 추가할 것이다. 헬스 아이템은 물론이고 대미지와 방어 등 플레이어에게 보너스 효과를 주며 플레이어 인벤토리에 저장할 수 있는 아이템을 추가한다. 값을 무작위화해 다른 색을 사용해서 아이템의 강력함을 나타낼 것이다. 이렇게 하면 동일한 스프라이트를 사용해도 여러 다른 아이템 종류를 표현할 수 있다. 다음은 이 장에서 배울 것에 대한 대략적인 내용이다.

- 플레이어에게 아이템을 줄 방식 설계
- 세계 보드와 던전 보드 내에 아이템을 무작위로 둘 방식 설계
- 아이템의 강력함을 결정하기 위해 가이드가 정해져 있는 PRN 사용
- 여러 다른 아이템으로 재사용할 수 있게 스프라이트 색 조작을 위한 학습
- 간단한 인벤토리 생성

아이템과 같은 콘텐트는 몇 가지 종류의 기본이 필요하다. 이것은 보통 텍스처가 없는 3D 모델이나 회색으로 그려진 스프라이트다. 그러면 프로그래밍으로 텍스처나 색을 입힐 수 있다. 물론 프로그래밍으로 스프라이트와 3D 모델을 만들 수도 있지만 모델이나 스프라이트가 복잡하거나 애니메이션을 하려면 이 작업이 매우 어렵다. 또한 그런 3D 모델이나 스프라이트는 사람이 직접 설계하는 아트 애셋 방식 때문에 여기 게임 주제와 전혀 맞지 않을 것이다.

이런 사항을 염두에 두고 이 장에서는 아트 애셋 생성을 조금만 해볼 것이다. Chapter 5 폴더에는 연습용 파일로 또 다른 스프라이트 시트가 제공된다. 하지만 색 조작용으로 여러분 자신의 아트 베이스art base를 만드는 것은 자유다. 게임에서 새 아트 애셋을 얻기 위해 필요한 임포트 방법을 살펴볼 것이다.

▌ 게임 세계에서의 헬스 아이템 생성

나중에 가서 플레이어는 악인의 맹공격에 생존을 위해 싸울 것이다. 플레이어가 헬스 대미지를 입는 것은 불가피하므로 플레이어가 헬스를 회복해 계속 플레이하기 위한 방법을 제공해야 한다. 플레이어에게 헬스 회복 아이템을 제공하는 것은 가장 흔한 방법이다. 따라서 우리도 그렇게 하긴 하지만 아이템을 절차적으로 생성하게 할 것이다.

세계 보드에 헬스 아이템 타일을 그냥 무작위로 놓는 것보다는 우리가 만든 환경을 사용해 상호작용 레이어를 추가할 수 있다. 세계 보드에 있는 벽 타일은 이미 무작위로 놓여 있다. 또한 파괴될 수도 있다. 따라서 헬스 아이템의 가능성을 지닌 컨테이너로 벽 타일을 사용할 수 있다.

이렇게 하면 플레이어를 위한 레이어 하나를 추가하게 된다. 이제 플레이어는 적을 만나면서 헬스 아이템을 찾아 돌아다녀야 한다. 긴장감, 어려움, 보상 요소가 어우러지며 게임의 전체 재미가 더해질 것이다.

헬스 아이템 생성 구현

첫 번째 기능인 헬스 아이템 생성에 있어서 다음과 같이 세 가지 작업을 해야 한다.

- Wall 스크립트 수정
- 스프라이트 셋업
- 헬스 아이템과의 상호작용

첫 번째로 해야 할 일은 기능 추가를 위해 Wall 스크립트를 수정하는 것이다. Wall 스크립트는 플레이어가 벽 타일을 파괴할 수 있게 작성됐다. 우리가 할 일은 그저 벽이 파괴될 때 음식 아이템을 생성할 조건을 추가하는 것이다. 음식 아이템은 이 게임에서 헬스 아이템이 될 것이다. 편집하기 위해 Wall.cs를 열어 다음 코드 5.1의 변경 사항을 알아보자.

```
 1 using UnityEngine;
 2 using System.Collections;
 3 using Random = UnityEngine.Random;
 4
 5 public class Wall : MonoBehaviour {
 6     public Sprite dmgSprite;
 7     public int hp = 3;
 8     public GameObject[] foodTiles;
 9
10     private SpriteRenderer spriteRenderer;
11
12     void Awake () {
13         spriteRenderer = GetComponent<SpriteRenderer> ();
14     }
15
16     public void DamageWall (int loss) {
17
18         spriteRenderer.sprite = dmgSprite;
19         hp -= loss;
20
21         if (hp <= 0) {
22             if (Random.Range (0,5) == 1) {
23                 GameObject toInstantiate = foodTiles [Random.Range (0,
                     foodTiles.Length)];
24                 GameObject instance = Instantiate (toInstantiate, new
                     Vector3 (transform.position.x, transform.position.y,
                     0f), Quaternion.identity) as GameObject;
25                 instance.transform.SetParent (transform.parent);
26             }
27
28             gameObject.SetActive (false);
29         }
30     }
31 }
```

코드 5.1은 필요한 변경 사항이 들어 있는 `Wall.cs`를 보여준다. 어떤 일을 하는지 알아보자.

- 3행: 이전에 했던 것처럼 `Random`이 `UnityEngine.Random` 라이브러리로 되게 지정했다. 두 개의 무작위 라이브러리가 있는데 하나는 C# 언어 내장이고 다른 하나는 유니티 내장 라이브러리란 것을 기억하라.
- 8행: 두 개의 다른 음식 아이템 타일을 저장할 `GameObject` 배열을 추가한다. 다른 타일 종류가 있는 `BoardManager` 클래스와 같은 기술을 사용한다.
- 22~26행: 이것은 벽 파괴 조건문이다. PRN 값으로 정하는 확률에 따라 벽 타일 대신에 음식 타일로 지정된다. 음식 타일의 실제 인스턴스화는 `BoardManager` 클래스에서 사용한 것과 같은 기술이다.

이렇게 하면 `Wall` 클래스를 아주 빠르고 쉽게 조정해 음식 아이템을 만들어낼 수 있다. 이 시점에서 파괴 가능한 객체를 통해 플레이어를 위한 아이템을 생성하는 것은 하나의 패러다임paradigm[1]을 만드는 셈이 된다. `Wall` 클래스는 물론이고 `Wall`과 유사한 클래스의 일반적 기능을 제어하는 기반 클래스를 만드는 것이 좋다. 이런 작업은 `Enemy` 클래스를 미리 고려해 `Player` 클래스가 `MovingObject` 클래스를 상속하게 한 것과 같다. 하지만 이러한 기반 클래스 작성은 여러분의 일로 남겨둘 것이다.

스프라이트 셋업

화면에 음식 아이템을 나타내기 위해 음식 스프라이트를 셋업해야 한다. 유니티 편집기로 되돌아가자. 다음과 같이 2개 이상의 프리팹으로 음식 아이템을 표현하게 만들 것이다.

1. 맨 위 메뉴에서 GameObject ❯ Create Empty로 이동한다.
2. Hierarchy 패널에서 비어 있는 새 객체를 선택한다.

---

1 견해나 사고를 지배하는 이론적 틀이나 개념의 집합체. – 옮긴이

3. 그 객체에 Food 이름을 지정한다.

4. Layer를 Items로 설정한다.

5. Food 태그를 추가한다.

6. Inspector 탭에서 Add Component 버튼을 클릭하고 Sprite Renderer와 Box Collider 2D를 추가한다.

7. Sprite Renderer 컴포넌트의 Sprite 필드에서 Scavangers_SpriteSheet_19를 선택한다.

8. Sprite Renderer 컴포넌트의 Sorting Layer 필드에서 Sorting Layer를 Items로 지정한다.

9. Box Collider 2D 컴포넌트에서는 Is Trigger에 체크 표시를 한다.

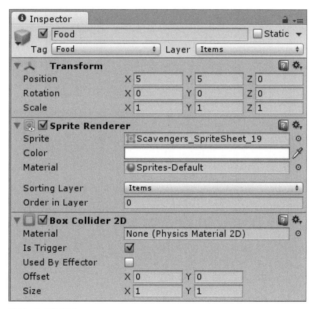

음식 아이템 설정

새 Food 프리팹을 Prefabs 폴더로 드래그해 놓고 나서 Hierarchy 패널의 Food는 삭제한다. Soda라고 부를 두 번째 음식 프리팹에 대해서도 똑같은 작업을 한다. 하지만 7단계에서 Scavangers_SpriteSheet_18 파일을 사용한다.

이제 음식 아이템을 Wall 프리팹에 추가해야 한다. 동시에 음식 아이템을 편집할 수 있게 8개의 Wall 프리팹을 선택한다. Food Tiles 배열 필드 아래에서 Size를 2로 지정한다. 그러고 나서 새로 만들어진 요소 슬롯으로 Food와 Soda를 드래그해 놓는다.

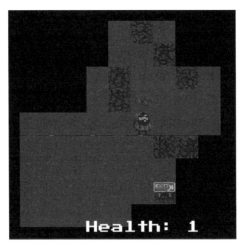

헬스 아이템은 벽이 파괴될 때 나타난다.

이제 게임을 플레이하면 헬스 아이템이 활성화돼야 한다. 벽 타일을 파괴해 헬스 아이템이 나오게 해보라. 아직 이 아이템과 상호작용을 할 수 없다는 것을 알아챌 것이다. 플레이어가 헬스 아이템을 주울 수 있게 코드에서 또 다른 조정을 해야 한다. 이 작업은 Player.cs 파일에서 하며, 다음의 코드 5.2에 그 변경 사항이 나타나 있다.

```
134 private void UpdateHealth (Collider2D item) {
135     if (health < 100) {
136         if (item.tag == "Food") {
137             health += Random.Range (1,4);
138         } else {
139             health += Random.Range (4,11);
140         }
```

```
141        GameManager.instance.healthPoints = health;
142        healthText.text = "Health: " + health;
143    }
144 }
145 private void OnTriggerEnter2D (Collider2D other) {
146    if (other.tag == "Exit") {
147        dungeonTransition = true;
148        Invoke ("GoDungeonPortal", 0.5f);
149        Destroy (other.gameObject);
150    } else if (other.tag == "Food" || other.tag == "Soda") {
151        UpdateHealth(other);
152        Destroy (other.gameObject);
153    }
154 }
```

Player.cs 파일에 필요한 이 변경 코드는 파일의 맨 끝에 놓는다. 플레이어 헬스를 업데이트할 함수가 필요하고, 또한 헬스 아이템과 상호작용할 수 있게 OnTriggerEnter2D 함수를 업데이트해야 한다. 이들 함수가 어떻게 동작하는지 알아보자.

- 134~144행: UpdateHealth는 게임 플레이에서 화면의 맨 아래에 나타나는 헬스 값을 업데이트할 것이다. OnTriggerEnter2D 함수로부터 보내오는 Collider2D를 받는다.

- 135행: 헬스 최댓값을 초과하면 안 되므로 100 이하인지 확실히 한다.

- 136~140행: 아이템이 Food 또는 Soda인지를 알아본다. Soda는 Food보다 더 많은 헬스를 제공하게 만들었다. 그러나 헬스 아이템의 특정 헬스 값은 PCG 방식으로 PRN을 통해 채택되게 했다.

- 141~142행: 여기서 플레이어가 보게 되는 헬스 값에 대한 조정이 이루어진다.

- 145~154행: OnTriggerEnter2D 함수는 플레이어가 던전에 들어갈 수 있게 4장에서 이미 사용한 바 있다.

- 150~153행: 또 다른 태그 점검을 추가해 Food 또는 Soda와의 충돌을 검출한다. 헬스 아이템과 마주치면 새롭게 추가된 UpdateHealth 함수가 호출될 것이다.

유니티 편집기로 되돌아가 새 헬스 아이템 기능을 테스트해본다. 먼저 100 아래로 헬스 값을 바꾸자. Prefabs 폴더의 GameManager 프리팹을 선택하고 Health Points를 100보다 작은 값으로 지정하면 된다.

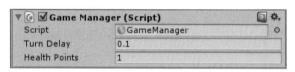

여기서 헬스 값을 바꾼다

이제 게임을 플레이해본다. 여러 벽을 파괴해 헬스 아이템이 나오게 하라. 헬스 아이템 위를 걸어가면 화면의 헬스 값이 증가할 것이다. 이렇게 플레이어가 게임에서 생존할 수 있게 돕는다. 헬스 아이템을 추가하는 것은 대체로 쉬운 작업이지만 이제 아이템 추가 방법을 알게 됐다.

▌ 던전에서의 아이템 생성

RPG 게임에서는 대개 플레이어가 상태 상승 효과를 주는 아이템을 얻어 지니고 다닌다. 이렇게 플레이어는 대미지를 크게 주는 무기나 방어력을 증가시키는 장비를 얻을 수 있다. 플레이어에게 힘이 되는 이런 **장비** 아이템을 추가해보자.

장비 아이템은 헬스 아이템 보다는 약간 더 복잡한 시스템으로 가동해 등급도 있게 할 것이다. 플레이어에게는 해당 아이템을 지니고 다니는 방법도 필요하다. 던전 바닥에 아이템을 놓아두기보다 좀 더 흥미롭게 하기 위해 무작위로 아이템을 생성할 상자를 만들 것이다.

Chest 프리팹

Chest 프리팹으로 시작하자. Chest 프리팹은 Wall 프리팹과 많이 비슷한데, Chest 프리팹에서는 반복해서 아이템을 생성할 것이다. 이 프리팹을 만들어보자.

이 장에서는 Chest 프리팹과 장비 아이템을 위해 임포트할 수 있는 추가적인 아트 애셋이 있다. 이 기회에 여러분 자신의 아트를 만들어도 좋다. Chapter 5 폴더에서 연습용 파일로 제공된 스프라이트 시트를 볼 수 있다.

이제 다음과 같이 전체 임포트 과정을 수행해보자.

1. Projects에서 Sprites 폴더를 선택한다.
2. 폴더 아이콘 또는 폴더 내의 아무 곳에 오른쪽 클릭[2]한다.
3. 오른쪽 클릭 메뉴에서 Import New Asset...를 선택한다.
4. Items_Sprite_Sheet.png 파일 또는 여러분의 스프라이트 시트가 있는 곳으로 이동해 선택한다.

Sprites 폴더 안에 새 스프라이트 시트가 추가된다. 이전 스프라이트 시트 설정과 같게할 것이다. Inspector 탭에서 이 시트의 설정을 볼 수 있게 Items_Sprite_Sheet.png 파일을 선택하고 다음 단계를 따라 한다.

1. Sprite Mode를 Multiple로 지정한다.
2. Pixels Per Unit를 32로 지정한다.
3. Filter Mode를 Point로 지정한다.
4. Max Size를 1024로 지정한다.
5. Format를 Truecolor로 지정한다.
6. Apply를 클릭한다.

---

2 간략한 표현을 위해, '마우스 포인터를 해당 지점에 놓고 오른쪽 버튼을 클릭하는 동작'을 줄여서 오른쪽 클릭으로 표현할 것이다. - 옮긴이

임포트된 스프라이트 시트의 설정

이미지를 나눌 차례다. `Items_Sprite_Sheet.png`가 선택된 상태에서 Inspector에 있는 **Sprite Editor** 버튼을 클릭한다. 여기서 스프라이트를 적절할 크기로 만들 수 있다.

각 스프라이트에 대해 다음 단계를 수행한다.

1. 스프라이트를 선택한다. 선택된 스프라이트 주위에 파란색의 박스가 보일 것이다.

2. 너비(W)와 높이(H) 모두 32로 지정한다. 경계 박스를 움직여 32의 너비와 높이에 들어가게 한다.

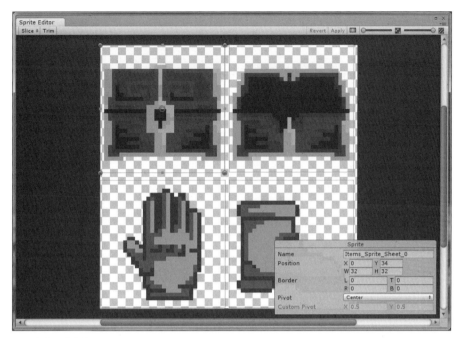

스프라이트 편집기

각 스프라이트에 대한 작업이 끝나면 스프라이트 편집기의 맨 위 오른쪽에 있는 **Apply**
를 클릭한다. 그러고 나서 스프라이트 편집기를 끝낸다. 이 스프라이트 시트가 **Sprites**
폴더에서 확장돼 나타나지 않으면 그 스프라이트의 모서리에 있는 흰색 화살표를 클릭
해 확장시킬 수 있다. 그러고 나서 각 스프라이트를 살펴보고 차원이 올바른지 확인한
다. 코딩을 시작하기에 앞서 다음과 같이 Chest 프리팹을 만든다.

1. 맨 위의 메뉴에서 **GameObject ❯ Create Empty**로 이동한다.
2. **Hierarchy** 패널에서 비어 있는 새 객체를 선택한다.
3. 그 객체에 Chest라는 이름을 지정한다.
4. **Layer**를 BlockingLayer로 지정한다.
5. **Inspector** 탭에서 **Add Component** 버튼을 클릭한 후에 **Sprite Renderer**와 **Box
   Collider 2D** 컴포넌트를 추가한다.

6. Sprite Renderer 컴포넌트의 Sprite 필드에서 Items_Sprite_Sheet_0을 선택한다.

7. Sprite Renderer 컴포넌트에서 Sorting Layer 필드를 Units로 지정한다.

8. 새 Chest 프리팹을 Prefabs 폴더로 드래그해 놓고 Hierarchy 패널에서 이 프리팹을 삭제한다.

Chest 구현

아이템 상자 기능을 코딩할 준비가 됐다. 이 장 앞쪽에서 언급했듯이 아이템 상자 코드는 벽 코드와 아주 비슷하다. 아이템 상자와 벽이 상속할 수 있는 기반 클래스를 만드는 것이 좋겠지만 여기서는 그냥 게으른 코스를 택할 것이다. 여러분 스스로 이런 기반 클래스를 만들어 도전해보자.

아이템 상자에 대해 새 클래스를 만들기 위해 Scripts 폴더 내에서 오른쪽 클릭 후 Create ➤ C# Script를 선택하고 Chest.cs로 이름을 지정한다. 그리고 나서 편집하기 위해 Chest.cs 스크립트를 연다. 다음의 코드 3.5에 전체 클래스 정의가 나타나 있다.

```
1 using UnityEngine;
2 using System.Collections;
3
4 public class Chest : MonoBehaviour {
5
6    public Sprite openSprite;
7 //    public Item randomItem;
8
9 private SpriteRenderer spriteRenderer;
10
11    void Awake () {
12        spriteRenderer = GetComponent<SpriteRenderer> ();
13    }
14
```

```
15    public void Open () {
16        spriteRenderer.sprite = openSprite;
17
18 //        randomItem.RandomItemInit ();
19 //        GameObject toInstantiate = randomItem.gameObject;
20 //        GameObject instance = Instantiate (toInstantiate, new
              Vector3 (transform.position.x, transform.position.y, 0f),
              Quaternion.identity) as GameObject;
21 //        instance.transform.SetParent (transform.parent);
22
23        gameObject.layer = 10;
24        spriteRenderer.sortingLayerName = "Items";
25    }
26 }
```

벽과 비슷한 구조체를 사용할 것이다. Chest 클래스에서 무슨 일이 벌어질 것인지는
이미 알 것이다. 작성된 코드를 살펴보자.

- 4~26행: 여기는 Chest 클래스 정의다.

- 6행: 아이템 상자가 열렸다는 것을 보여줄 스프라이트에 대한 참조다.

- 7행: 이것은 아이템 상자가 생성할 무작위 아이템이 될 것이다. 아직 Item 클
  래스를 만들지 않아 이 코드에서 에러가 발생하기 때문에 지금은 주석 처리
  했다.

- 9행: 필요할 때 스프라이트를 변경할 수 있게 Sprite Renderer 컴포넌트에 대
  한 참조를 뒀다.

- 11~13행: Awake 함수는 spriteRenderer 변수를 아이템 상자의 Sprite
  Renderer 컴포넌트로 지정한다.

- 15~25행: Open 함수는 스프라이트를 전환해 무작위 아이템을 생성한다.

- 18행: RandomItemInit은 5장의 뒤쪽에서 Item 클래스를 만들면 이 클래스
  를 호출할 것이다.

- 18~21행: 이 부분은 Item 클래스를 만들 때까지 주석 처리해 놓는다. 주석 처리해 놓지 않으면 에러가 발생한다.

- 23행: 해당 레이어를 리스트에서 한 단계 더 아래쪽으로 지정해 열린 아이템 상자 위를 지나갈 수 있게 한다.

- 24행: 정렬 레이어를 더 낮은 레이어로 지정해, 아이템 상자를 지나갈 때 플레이어 캐릭터 아래에 나타나게 한다.

이제 유니티 편집기로 되돌아가면 이 스크립트를 Chest 프리팹에 추가할 수 있다. Open Sprite 필드에서 Items_Sprite_Sheet_1을 선택한다. 이 시점에서, 생성할 아이템이 없는 것을 제외하면 Chest 프리팹은 완료됐다. 또한 이 아이템 상자를 생성할 코드를 추가해야 한다.

아이템 상자 생성

아이템 상자 생성을 위해 public enum TileType을 활용할 것이다. TileType 열거형은 DungeonManager.cs 파일 내에 있다. Chest를 이 열거형 세트에 추가할 것이다. TileType은 다음의 코드 5.4와 같이 보일 것이다.

```
1 public enum TileType {
2     essential, random, empty, chest
3 }
...
143   if (Random.Range (0, 70) == 1) {
144       gridPositions.Add (chamberTilePos, TileType.chest);
145   } else {
146       gridPositions.Add (chamberTilePos, TileType.empty);
147   }
```

DungeonManager.cs 파일 끝의 BuildRandomChamber 함수에 추가 사항이 있다. 코드 5.4의 끝에 그 변경 사항을 볼 수 있다. 143행은 던전의 챔버 영역 내에서 해당 타일에 아이템 상자가 생성할 확률을 발생한다. 그리고 나서 144행에서 나중에 참조할 목적으로 TileType을 TileType.chest로 지정한다. 이제 BoardManager.cs 파일로 전환해보자.

Chest 프리팹에 대한 참조를 추가해야 한다. 각 타일에 대한 다른 참조 근처에 public GameObject chestTile이라는 참조 변수를 추가할 수 있다. 그리고 나서 해야 할 마지막 조정은 SetDungeonBoard 함수에 있다. 다음의 코드 5.5는 그 변경 사항을 보여준다.

```
130 public void SetDungeonBoard (Dictionary<Vector2,TileType>
       dungeonTiles, int bound, Vector2 endPos) {
131     boardHolder.gameObject.SetActive (false);
132     dungeonBoardHolder = new GameObject ("Dungeon").transform;
133     GameObject toInstantiate, instance;
134
135     foreach(KeyValuePair<Vector2,TileType> tile in dungeonTiles)
        {
136         toInstantiate = floorTiles [Random.Range (0,
            floorTiles.Length)];
137         instance = Instantiate (toInstantiate, new Vector3
            (tile.Key.x, tile.Key.y, 0f), Quaternion.identity) as
            GameObject;
138         instance.transform.SetParent (dungeonBoardHolder);
139
140         if (tile.Value == TileType.chest) {
141             toInstantiate = chestTile;
142             instance = Instantiate (toInstantiate, new Vector3
                (tile.Key.x, tile.Key.y, 0f), Quaternion.identity) as
                GameObject;
143             instance.transform.SetParent (dungeonBoardHolder);
```

```
144            }
145        }
...
```

SetDungeonBoard 함수는 4장, '무작위 던전 생성'에서 작성했었다. 이제 140~144행
을 추가한다. 딕셔네리에 타일 값을 사용해 해당 타일에 아이템 상자가 놓여야 하는지
를 점검한다. 만약 그렇다면 모든 것을 인스턴스화했던 것과 같은 방법으로 아이템 상
자 타일을 인스턴스화한다.

이 시점에서 유니티 편집기로 되돌아가보자. GameManager 프리팹에서 Chest 프리팹
을 Board Manager 스크립트의 Chest Tile 필드로 드래그해 놓는다. 게임을 시작해 던
전에 들어가서 플레이하다 보면 아이템 상자가 나와야 한다. 아이템 상자가 나오지 않
으면 DungeonManager.cs 파일로 되돌아가 아이템 상자가 생성될 확률을 조정한다.

무작위로 생성된 아이템 상자.

그런데 아이템 상자와 마주치더라도 아무 일도 일어나지 않는다. 이동이 막히며 상자
가 열리지도 않을 것이다. Player 클래스에서 이런 상호작용 기능을 추가해야 하지만
그래도 상자 안은 비어 있게 된다.

아이템 상자에서 나올 아이템이 필요하다. 이제 상태를 변경해 주는 장비 아이템을 도입할 차례다. 유니티 편집기 상태에 있다면 먼저 Item 프리팹을 만들어보자.

Item 프리팹

Item 프리팹은 Food 프리팹과 비슷하다. 아이템을 마주치면 아이템을 주울 수 있게 해야 한다. 다음과 같이 Item 프리팹을 만들 수 있다.

1. 맨 위의 메뉴에서 GameObject > Create Empty로 이동한다.
2. Hierarchy 패널에서 비어 있는 새 객체를 선택한다.
3. 그 객체에 Item이라는 이름을 지정한다.
4. Tag을 Item으로 지정한다.
5. Layer를 Items로 지정한다.
6. Inspector 탭에서 Add Component 버튼을 클릭한 후 Sprite Renderer와 Box Collider 2D 컴포넌트를 추가한다.
7. Sprite Renderer 컴포넌트의 Sprite 필드는 공백으로 놔둔다.
8. Sprite Renderer 컴포넌트의 Sorting Layer 필드를 Items로 지정한다.
9. Box Collider 2D 컴포넌트에서 Is Trigger에 체크 표시를 한다.
10. 새 Item 프리팹을 Prefabs 폴더로 드래그해 놓고 Hierarchy 패널에 있는 이 프리팹은 삭제한다.

Item 코드

이 프리팹을 만든 후에는 Scripts 폴더에서 새 스크립트를 만든다. 그 스크립트 이름은 Item.cs로 정한다. 이것이 우리의 Item 클래스가 될 것이다. 편집하기 위해 Item.cs를 연다. 다음의 코드 5.6에 Item 클래스 전체가 나타나 있다.

```
1 using UnityEngine;
2 using System;
3 using Random = UnityEngine.Random;
4
5 public enum itemType {
6     glove, boot
7 }
8
9 public class Item : MonoBehaviour {
10
11     public Sprite glove;
12     public Sprite boot;
13
14     public itemType type;
15     public Color level;
16     public int attackMod, defenseMod;
17
18     private SpriteRenderer spriteRenderer;
19
20     public void RandomItemInit () {
21         spriteRenderer = GetComponent<SpriteRenderer> ();
22         SelectItem ();
23     }
24
25     private void SelectItem () {
26         var itemCount = Enum.GetValues(typeof(itemType)).Length;
27         type = (itemType)Random.Range(0,itemCount);
28
29         switch (type) {
30             case itemType.glove:
31                 attackMod = Random.Range(1,4);
32                 defenseMod = 0;
33                 spriteRenderer.sprite = glove;
34                 break;
35             case itemType.boot:
```

```
36                    attackMod = 0;
37                    defenseMod = Random.Range(1,4);
38                    spriteRenderer.sprite = boot;
39                    break;
40          }
41
42          int randomLevel = Random.Range(0, 100);
43          if (randomLevel >= 0 && randomLevel < 50) {
44              spriteRenderer.color = level = Color.blue;
45              attackMod += Random.Range(1,4);
46              defenseMod += Random.Range(1,4);
47          }
48          else if (randomLevel >= 50 && randomLevel < 75) {
49              spriteRenderer.color = level = Color.green;
50              attackMod += Random.Range(4,10);
51              defenseMod += Random.Range(4,10);
52          }
53          else if (randomLevel >= 75 && randomLevel < 90) {
54              spriteRenderer.color = level = Color.yellow;
55              attackMod += Random.Range(15,25);
56              defenseMod += Random.Range(15,25);
57          }
58          else {
59              spriteRenderer.color = level = Color.magenta;
60              attackMod += Random.Range(40,55);
61              defenseMod += Random.Range(40,55);
62          }
63      }
64 }
```

Item 클래스가 어떻게 동작하는지 알아보자.

- 3행: UnityEngine.Random을 사용해 Random을 지정한다.
- 5~7행: 현재 아이템 종류가 glove 또는 boot인지를 지정하는 또 다른 public 열거형을 만든다.

- 11~12행: glove와 boot 스프라이트에 대한 참조가 필요하다.

- 14행: 참조용으로 아이템 종류를 저장할 변수를 만든다.

- 15행: 아이템의 색상으로 이 아이템이 얼마나 강력한지 나타낼 것이다.

- 16행: attackMod와 defenseMod 변수는 플레이어의 공격력과 방어력에 추가되는 실제 숫자 값이다.

- 18행: 스프라이트를 변경할 Sprite Renderer에 대한 참조가 필요하다.

- 20~23행: 아이템 상자가 열릴 때 Chest 클래스에서 호출되는 함수다.

- 25~63행: SelectItem 함수는 무작위로 아이템을 생성할 것이다.

- 26~27행: 아이템 종류를 무작위로 선택한다.

- 29~40행: 입력 종류에 따라 아이템은 해당 기반 값을 가지게 된다. 해당 아이템이 장갑glove이면 attackMod 값이 더 커지고 부츠boot라면 defenceMod 값이 더 커진다.

- 42~62행: 이 부분은 색을 변경하고 조절기modifiers를 조정한다. 파란색은 잘 생성되지만 가장 약하다. 빨간색은 거의 생성되지 않지만 가장 강력하다. 그 값들은 해당 범위 내에서 무작위로 지정돼 각 아이템이 약간씩 다르게 된다.

플레이어에 아이템과의 상호작용 추가

이제 무작위로 된 아이템 클래스를 배치할 준비가 됐다. 유니티 편집기로 되돌아가 Item 스크립트를 Item 프리팹에 추가한다. 다음과 같이 몇 가지 추가 설정을 정의한다.

- Glove 필드의 스프라이트를 Items_Sprite_sheet_2로 지정한다.
- Boot 필드의 스프라이트를 Items_Sprite_sheet_3으로 지정한다.
- 그 외 매개변수는 스트립트에 의해 런타임으로 지정된다.

여전히 Player 클래스가 Chest와 Item 클래스와의 상호작용 구현이 남아 있다. 편집하기 위해 Player.cs 스크립트를 연다. 다음의 코드 5.8에는 아이템과 상호작용에 필요한 변경 사항이 나타나 있다.

```
16 public Image glove;
17 public Image boot;
18
19 public int attackMod = 0, defenseMod = 0;
20 private Dictionary<String, Item> inventory;
21
22 protected override void Start () {
23     animator = GetComponent<Animator>();
24     health = GameManager.instance.healthPoints;
25     healthText.text = "Health: " + health;
26     position.x = position.y = 2;
27     onWorldBoard = true;
28     dungeonTransition = false;
29
30     inventory = new Dictionary<String, Item> ();
31
32     base.Start ();
33 }
...
61 if(horizontal != 0 || vertical != 0) {
62     if (!dungeonTransition) {
63         if (onWorldBoard)
64             canMove = AttemptMove<Wall> (horizontal, vertical);
65         else
66             canMove = AttemptMove<Chest> (horizontal, vertical);
67
...
86 protected override void OnCantMove <T> (T component) {
87     if (typeof(T) == typeof(Wall)) {
88         Wall blockingObj = component as Wall;
89         blockingObj.DamageWall (wallDamage);
```

```
90      }
91      else if (typeof(T) == typeof(Chest)) {
92          Chest blockingObj = component as Chest;
93          blockingObj.Open ();
94      }
95
96      animator.SetTrigger ("playerChop");
97 }
...
146 private void UpdateInventory (Collider2D item) {
147     Item itemData = item.GetComponent<Item> ();
148     switch(itemData.type) {
149     case itemType.glove:
150         if (!inventory.ContainsKey("glove"))
151             inventory.Add("glove", itemData);
152         else
153             inventory["glove"] = itemData;
154
155         glove.color = itemData.level;
156         break;
157     case itemType.boot:
158         if (!inventory.ContainsKey("boot"))
159             inventory.Add("boot", itemData);
160         else
161             inventory["boot"] = itemData;
162
163         boot.color = itemData.level;
164         break;
165     }
166
167     attackMod = 0;
168     defenseMod = 0;
169
170     foreach (KeyValuePair<String, Item> gear in inventory) {
171         attackMod += gear.Value.attackMod;
172         defenseMod += gear.Value.defenseMod;
```

```
173        }
174 }
175
176 private void OnTriggerEnter2D (Collider2D other) {
177     if (other.tag == "Exit") {
178         dungeonTransition = true;
179         Invoke ("GoDungeonPortal", 0.5f);
180         Destroy (other.gameObject);
181     } else if (other.tag == "Food" || other.tag == "Soda") {
182         UpdateHealth(other);
183         Destroy (other.gameObject);
184     } else if (other.tag == "Item") {
185         UpdateInventory(other);
186         Destroy (other.gameObject);
187     }
188 }
```

Player.cs 파일에 위의 변경 사항을 적용해야 한다. 다행스럽게도 이 변경 사항은 아주 복잡하지 않고 길지도 않다. 무슨 일을 하는지 알아보자.

- 16~17행: 어떤 아이템이 인벤토리에 있는지를 표현해야 한다. 이들 참조는 지니고 다닐 장비 아이템 종류를 보여주는 이미지가 된다.

- 19~20행: 나중에 Player 클래스에서 사용할 조절기를 추가한다. 이제 아이템은 플레이어 조절기에 바로 영향을 줄 것이다. 인벤토리가 될 딕셔네리도 하나 추가한다.

- 30행: Start 함수 내에서 인벤토리를 초기화한다.

- 63~66행: Update 함수 내에서 AttemptMove 함수에 어떤 차단 객체를 보낼지 점검해 알아낸다. 당분간, 플레이어는 세계 보드에서 벽에 차단되고 던전 보드에서 아이템 상자에 차단되는 것으로 정한다.

- 86~97행: OnCantMove 함수는 제네릭 타입generic type T를 받는데, 이 타입은 현재 벽이나 아이템 상자가 될 것이다. 그래서 들어오는 차단 객체의 종류를

점검해야 한다. 그러고 나서 그 차단 객체의 퍼블릭 상호작용 메서드를 호출한다.

- 146~174행: UpdateInventory 메서드는 플레이어가 새 아이템을 주우면 호출될 것이다. 이때 인벤토리에는 각 종류 중 한 아이템만을 허용할 것이므로, 먼저 현재 인벤토리에 있는 것에 대해 아이템 종류를 점검한다. 그 종류의 아이템이 이미 하나 존재하면, 이를 테면 부츠가 하나 존재하면 방금 주운 부츠로 교체한다. 존재하지 않으면 인벤토리의 빈 슬롯에 방금 주운 아이템이 들어간다. 방금 주운 아이템의 색상과 같게 이벤토리의 색상을 변경하게 만든다. 그런 후에 새 상태 조절기 값을 계산한다.

- 176~188행: OnTriggerEnter2D 함수의 끝에 Item 태그에 대한 점검을 추가한다. 아이템에 들어서면 여기서 UpdateInventory 메서드를 호출할 것이다.

유니티 편집기로 되돌아가기 전에 Chest.cs 파일에 해 놓은 주석 처리를 풀어줘야 한다. 그러면 Chest 프리팹에 편집 가능한 또 다른 필드가 생긴다. 코드의 주석 처리를 풀고 난 후에 유니티 편집기로 되돌아가 Chest 프리팹의 Random Item 필드에 Item 프리팹을 추가한다.

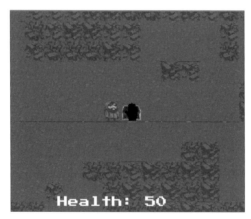

아이템 상자와 아이템이 있지만 인벤토리가 보이지 않는다

이제 게임을 플레이해 제대로 동작하는 아이템 시스템을 볼 수 있다. 아이템 상자를 찾아서 열어보면 무작위 아이템이 나타날 것이다. 하지만 아직은 주울 수 없다. 그런데 이것을 처리하는 코드를 작성하긴 했었다. 인벤토리를 나타낼 UI 요소를 추가하면 된다. 다음 단계를 따라 추가해보자.

1. Hierarchy의 Canvas에 오른쪽 클릭한다.

2. UI > Image로 이동한다.

3. 이미지에 GloveImage라는 이름을 지정한다.

4. Width와 Height 모두 50으로 지정한다.

5. Pos X를 -430, Pos Y를 -180으로 지정한다.

6. Source Image를 Items_Sprite_Sheet_2로 지정한다.

7. 다른 이미지를 만든다.

8. 이 이미지에는 BootImage라는 이름을 지정한다.

9. Pos X를 -365, Pos Y를 -180로 지정한다.

10. Source Image를 Items_Sprite_Sheet_3로 지정한다.

인벤토리 이미지를 활성화하려면 Player 프리팹에서 참조를 설정해야 한다. Hierarchy 패널에서 Player 객체를 선택한 후 Inspector 탭에서 Glove와 Boot 필드를 찾는다. 그곳으로 GloveImage와 BootImage을 각각 드래그해 놓는다. 맨 위의 Apply 버튼을 클릭한다.

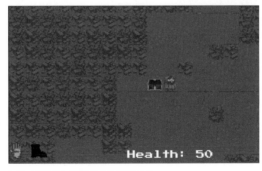

주운 아이템은 인벤토리에 나타난다

이제 아이템을 줍는 데 필요한 작업을 모두 완료해 실제로 인벤토리에 어떻게 나타나는지 볼 수 있다. 이 기능을 알아보자. 플레이하는 동안 Inspector 탭의 Player에 있는 Attack Mod와 Defense Mod 필드를 보자. 이 필드는 아이템을 주울 때마다 변경될 것이다.

▌ 요약

이 장에서는 아트 애셋을 추가한 것뿐만 아니라 그것을 얻어서 늘릴 수 있었다. 헬스 아이템을 구현해 무작위로 아이템을 놓아두는 좋은 방법을 알게 됐다. 그리고 나서 무작위 장비 아이템이 들어 있는 아이템 상자 생성으로 발을 넓혔다. 장비 아이템에 대해 두 개의 스프라이트만 사용했지만 여덟 개의 각기 다른 아이템으로 늘릴 수 있었다.

음식 아이템을 생성하는 벽 타일과 같이 게임 환경의 요소를 가지고 이득이 되는 방향으로 사용하는 방법을 배웠다. 게임에서 애셋을 무작위로 생성하는 더 교묘한 방법을 어떻게 얻는지 배웠다. 아이템 종류를 결정하는 데 아주 잘 가이드된 PRN을 사용했다. 색상 같은 것으로 아이템 외양을 변경시켜 새 아이템을 충분히 만드는 법도 배웠다. 마지막으로, 확장시킬 수 있는 단순 인벤토리 기반을 만들었다.

6장에서는 아이템 주제로 계속 진행할 것이다. 현재 적의 공격으로부터 체력을 보강하는 헬스 아이템과 나쁜 녀석들로부터 우리를 보호하는 장비 아이템이 있다. 이제 우리에게 필요한 것은 대미지를 입힐 수 있는 무기다. 6장에서는 무작위 모듈형 무기를 도입할 것이다.

6

모듈식 무기의
생성

이 장에서 다루는 내용

- 모듈이 있는 PCG
- 모듈식 무기 스크립트
- 생성 지점 추가하기
- 무기 획득
- 스크립트를 통한 무기 애니메이션 추가
- 캐릭터의 방향 추가
- 요약

PCG는 게임용으로 직접 만들어야 하는 아트 애셋 수를 크게 줄이는 훌륭한 수단이다. 그렇다고 아트 애셋이 전혀 필요 없을 것이라고 생각해서는 안 된다. 여전히 지혜롭게 아트를 사용하고, PCG의 도움을 받아 아트를 조금만 사용하는 것이 오래가는 길이다.

이 장에서는 아트의 작은 조각들을 만들어 서로 조합해 더 크고 무작위로 고유한 애셋을 생성하는 방법을 알아본다. 우리는 모듈식 무기 시스템을 만들 것이다. 아트의 각 조각은 다른 모듈에 부착해 전체 무기를 생성하는 모듈인 것이다. 그러므로 그 조각들을 무작위로 조합해 아주 고유한 애셋을 만들 수 있다.

다음은 이 장에서 배울 내용이다.

- 모듈식 아트 애셋의 이해
- 모듈 생성에 대한 통계 학습
- 작은 조각으로 구성된 게임 객체의 절차적 생성
- 스크립트를 통한 애니메이션

이러한 모듈식 무기 시스템으로 만든 무기는 플레이어 캐릭터가 사용할 것이다. 기존의 애셋으로부터 아주 고유한 애셋을 만들어내기 때문에 스프라이트 애니메이션을 사용하진 못하고 그냥 스프라이트 시트로부터 얻는 이미지만 사용한다. 하지만 무기 이미지만 보는 것은 전혀 흥미롭지 않다. 무기를 휘두르게 하기 위해 캐릭터에 대한 몇 가지 애니메이션을 스크립트로 작성해야 한다.

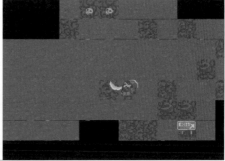

모듈식 무기 구현의 최종 결과

무기 생성 시스템을 구현해 놓으면 무기 추가가 쉽다. 무기는 플레이어가 공격하면서 방어도 할 수 있게 해준다. 게임 개발의 끝에 다가가고 있으므로 어서 뛰어들어 동기를 가져보자.

▌모듈이 있는 PCG

소프트웨어 개발에서 우리는 코드를 모듈로 만들기 위해 애쓴다. 그렇게 하면 모듈이라고 부르는 작고 단순한 조각으로 코드를 분리시킬 수 있다. 이것의 핵심은 가능한 한 많은 방법으로 재사용 가능한 조각을 조합해 더 큰 시스템을 만드는 것이다. 이런 식으로 코드를 작성하면 유사한 시스템을 효율적으로 만들 수 있고 유연성도 늘어난다.

당연히 아트에도 이 개념을 적용할 수 있다. 하나의 아트 조각을 여러 컴포넌트로 분리하면 다양한 방법으로 각 컴포넌트를 다시 그릴 수 있다. 각 컴포넌트는 모듈이므로 서로 조합해 전체적으로 새 조각의 아트를 만들 수 있다.

이것의 예로는 칼을 들 수 있다. 칼은 칼날, 손잡이 보호대, 손잡이라는 3개의 기본 컴포넌트 모듈로 구성된다. 원한다면 칼날에다가 아무 손잡이 보호대와 손잡이를 조합시킬 수 있다. 모듈식 무기 구현 방법을 정확히 알기 위해 이런 예를 실제로 연습해볼 것이다.

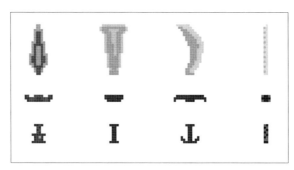

무기 모듈 스프라이트

모듈식 PCG의 통계

이 시스템으로 게임에서 무작위로 고유 무기를 얻을 수 있다는 사실 말고도 이 시스템이 좋은 이유가 또 있다. 모듈식 아트 애셋을 조금 만들면서도 전체 아트 애셋은 많이 생성해낼 수 있다는 점이다. 이렇게 되면 애셋 제작 과정에서 많은 시간과 자원을 절약할 수 있다.

약간의 수학을 적용하면 모듈식 조각으로 얼마나 많은 아이템을 만들어낼 수 있는지 알 수 있다. 예를 들면 칼의 컴포넌트 당 4개의 모듈이 있다고 하자. 이 말은 4개의 칼날, 4개의 손잡이 보호대, 4개의 손잡이가 있다는 뜻이므로 전체로 보면 12개 모듈이 있는 셈이다. 이들 모듈 모두의 조합 가능 수는 다음과 같다.

$$4 * 4 * 4 = 4^3 = 64$$

12개 모듈과 64개 전체 아트 애셋을 비교하면 모듈 수보다 5배 이상의 아트 애셋이 생겼다는 점을 알 수 있다. 아주 좋은 결과지만 이게 끝이 아니다. 각 종류의 컴포넌트에 모듈 하나씩만 더 추가해 5개 칼날, 5개 손잡이 보호대, 5개 손잡이가 된다면 이 조합은 다음과 같다.

$$5 * 5 * 5 = 5^3 = 125$$

3개의 모듈을 더 추가했을 뿐인데 아트 애셋 생성에 있어서는 무려 8배 이상의 이득이 생긴다. 이렇게 되는 이유는 기하급수적인 관계식을 따르기 때문이다. 더 많은 모듈을 추가하면 전체 아트 애셋 생성을 위한 조합 가능한 수가 기하급수적으로 늘어날 것이다. 이 방식은 아주 강력한데, 그 이유는 더 적은 정보를 게임에 담을 수 있어 게임 용량을 작게 하기 때문이다. 125개의 각기 다른 아트 애셋을 만드는 대신에 15개의 아트 애셋만 만들면 된다. 이 방식의 결과로 게임을 다양하게 만들면 플레이어는 더 오랜 시간 동안 흥미를 유지할 것이다.

새 스프라이트의 제작과 설정

5장에서보다 스프라이트 제작 주제에 좀 더 깊이 들어갈 수 있게 모듈 스프라이트 정렬이 어떻게 동작하는지 정확히 아는 것이 좋다. 앞 예제에서 언급했듯이 모듈식 무기 모델로 칼을 만들어볼 것이다. 먼저 새 스프라이트 시트를 무기 모듈로 추가해야 한다. 하지만 이런 특별 스프라이트에 대해 별도의 생각이 필요하다.

우리는 2D 스프라이트를 다른 것 위에 겹치게 할 것이다. 각 모듈은 다른 모듈의 모습을 가리지 않는 방식으로 정렬되게 한다. 아무런 수학적 계산 없이 그렇게 하기 위해 각 모듈을 같은 크기의 경계 박스로 제작할 것이다. 이렇게 해서 각 스프라이트는 동일한 경계 공간을 차지하지만 실제 이미지를 이동해 다른 모듈과 함께 정렬시킬 것이다.

 동일한 경계 박스를 사용하는 이런 방식은 애니메이션 추가에서 단순하다는 점에 주목한다. 제품용 비디오 게임에서는 가능한 한 경계 박스를 작게 하고, 수학 계산을 통해 서로의 이미지에 오프셋을 둔다.

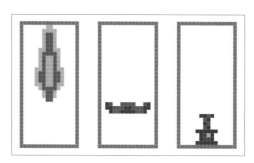

각 경계 박스로 된 무기 모듈

유니티에서 경계 박스를 적절한 크기로 설정할 것이지만 이렇게 하기 위해 스프라이트 시트에 적당한 공간을 둬야 한다. 우리는 각 타일이 32 x 32픽셀이라는 것을 나타내기 위해 그 크기를 기준으로 사용 중이다. 각 모듈이 동일한 크기의 공간을 차지하도록 그 크기의 타일 내에 모듈을 놓을 것이다.

178

각각의 칼 컴포넌트에 대해 모듈 4개씩 만들 것인데, 이 말은 4개의 칼날, 4개의 손잡이 보호대, 4개의 손잡이를 의미한다. 총 12개 모듈이 된다. 가로 32픽셀에다가 세로 32픽셀로 하기 위해 공간을 확보할 것이다. 이 스프라이트 시트의 정확한 크기는 128픽셀(너비) x 96픽셀(높이)이 된다. 여기서는 저해상도 아트 형식을 사용할 것이지만, 어떠한 2D 아트 해상도 변형에 대해서도 같은 방식으로 픽셀을 맞출 수 있다.

다운로드한, Chapter 6 폴더에 있는 스프라이트 시트는 높이 21픽셀의 칼날을 사용한다. 각 32픽셀 블록에서 캔버스의 맨 위에 칼날의 맨 위를 맞출 수 있다. 그러면 손잡이 보호대의 맨 위가 다른 블록의 맨 위로부터 22픽셀 아래에 있게 정렬될 것이다.

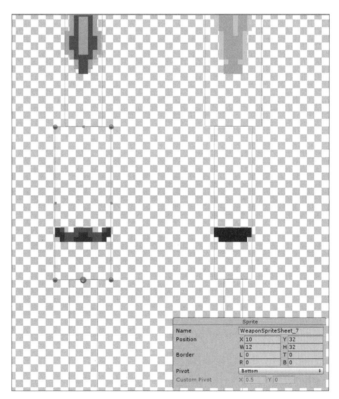

모듈 치수

스프라이트 시트를 사용할 준비가 되면, 앞서 하던 대로 유니티 프로젝트로 임포트한다. 다음은 기억을 되살려보는 단계다.

1. 유니티 편집기 내에서 Project 탭으로 이동한다.

2. Sprites 폴더를 열고 오른쪽 클릭한 후에 Import New Asset...을 선택한다.

3. 모듈식 무기 스프라이트 시트로 이동한다. 제공된 것의 이름은 WeaponSprite Sheet.png다.

이제 유니티 고유의 편집을 좀 해줘야 한다. 이전 장들에서 사용한 값들로 스프라이트를 설정할 것이다. 스프라이트 임포트 설정은 다음과 같다.

1. Sprite Mode를 Multiple로 지정한다.

2. Pixels Per Unit를 32로 지정한다.

3. Filter Mode를 Point로 지정한다.

4. Max Size를 1024로 지정한다.

5. Format를 Truecolor로 지정한다.

6. Apply 버튼을 클릭한다.

이 설정으로 완료한 후에는 올바르게 겹치도록 스프라이트를 나눌 것이다. 각 스프라이트에는 각 모듈의 이미지가 들어 있으며 겹치더라도 다른 컴포넌트가 보일 수 있게 투명 여백이 있다. 무기를 휘두르게 하는 애니메이션도 고려해야 한다. 각 모듈에 대해 공통 중심점을 설정하는 게 좋다.

WeaponSpriteSheet.png를 선택하고 Inspector 탭에서 Sprite Editor 버튼을 클릭한다. Sprite Editor 윈도우의 맨 위 왼쪽에 있는 Slice 버튼을 사용할 수 있지만 이들 모듈 중 어떤 것은 너무 작아서 선택하기가 쉽지 않을 것이다. 다른 방법으로는 경계 박스를 조정하는 것이다.

Sprite Editor 윈도우 내의 아무 곳에다가 경계 박스를 클릭하고 드래그한다. 경계 박스가 만들어지면 모서리를 클릭하고 드래그해 크기를 변경한다. 맨 아래 오른쪽 모서리에 현재 선택한 경계 박스의 크기가 나타날 것이다.

각 경계 박스의 높이는 32픽셀로 고정해두고 모듈의 너비만을 조정해 모듈 크기에 맞춘다. 먼저 높이 32픽셀인 박스를 Sprite Editor 윈도우의 상단에 맞추고 경계 박스의 양쪽 경계선을 가로 방향으로 드래그해 아이템 크기에 맞출 수 있다. 그리고 나서 같은 높이의 두 번째 박스를 그려서 두 번째 경계 박스의 상단을 첫 번째 박스의 하단에 맞추고 너비를 맞게 조정한다. 세 번째 경계 박스에 대해서도 동일하게 작업한다.

같은 중심으로 애니메이션이 회전할 수 있게 각 모듈에 대해 동일한 중심점도 설정할 것이다. 이 중심점은 각 박스의 중심 원이며 아무 곳으로 드래그해 놓을 수 있다. 우리는 중심점을 모든 경계 박스의 맨 아래 바닥에 놓을 것이다.

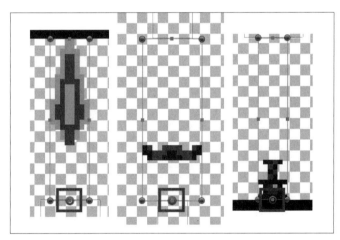

각 종류의 모듈에 대한 중심점

모두 완료했으면 스프라이트 편집기의 맨 위 오른쪽에 있는 Accept를 클릭한다. 이제 WeaponSpriteSheet.png 파일에는 화살표가 나타날 것이며 그것으로 확장시켜 분리된 모듈들을 볼 수 있다. 이제 Weapon 프리팹을 만들 차례다.

여러 개의 이미지 프리팹 제작

유니티의 GameObject는 한 번에 하나의 Sprite Renderer 컴포넌트만 저장할 수 있다. 이 Sprite Renderer는 또한 한 번에 하나의 스프라이트만 나타낼 수 있다. 그러므로 우리의 목표를 완수할 가장 쉬운 방법은 여러 개의 GameObject를 만들어 각 객체에다 Sprite Renderer를 하나씩 넣어주는 것이다. 그러고 나서 참조를 쉽게 하기 위해 부모 GameObject의 아래에다가 모듈 GameObject 모두를 놓는다.

더 최선의 해결책은 하나의 스프라이트로 모듈 스프라이트들을 다시 그리게 하고 나서 하나의 GameObject에 있는 하나의 Sprite Renderer에 전달하는 것이다. GameObject는 큰 구조체이므로 이 객체들이 너무 많으면 성능에 악영향을 줄 수 있다. 현재 우리 해결책은 괜찮긴 하지만, 나중에 이 문제가 불거진다면 하나의 GameObject로 모든 것을 압축해 넣을 방법을 찾아야 한다.

다음 단계를 따라 빈 GameObject가 있는 Weapon 프리팹을 만들자.

1. 빈 GameObject를 생성한다.
2. 이 GameObject에 Weapon이란 이름을 지정한다.
3. 이 GameObject에 Weapon이란 태그도 추가한다.
4. Units 레이어에 Weapon 객체를 넣는다.
5. Box Collider 2D 컴포넌트를 추가한다.
6. Box Collider 2D에서 Is Trigger에 체크 표시를 한다.
7. 빈 GameObject를 또 하나 생성한다.
8. 이번에는 이 객체에 WeaponComponents1이라는 이름을 지정한다.
9. Units 레이어에 WeaponComponents1 객체를 넣는다.
10. Sprite Renderer 컴포넌트를 추가한다.
11. Sprite Renderer 컴포넌트의 Sorting Layer를 Units 레이어로 놓는다.
12. WeaponComponents1 객체를 드래그해 Weapon 객체에 놓아 Weapon 객체의 자식이 되게 한다.

13. 그리고 나서 WeaponComponents1 객체를 두 번 복사해 WeaponComponents2 와 WeaponComponents3라는 이름을 지정한다.

이렇게 프리팹 생성을 위한 모든 작업을 했다. 이제 5장, '무작위 아이템'에서 무작위 아이템에 했던 것과 아주 흡사하게 모듈식 무기를 구성할 스크립트를 추가해야 한다. 무기와 무기 컴포넌트 스크립트를 알아보자.

▌ 모듈식 무기 스크립트

우리의 모듈식 무기 스크립트는 다음의 세 가지 주요 동작을 한다.

- Weapon 스크립트는 플레이어와 무기를 연결해준다.
- 플레이어는 무기를 가지고 다니며 사용해야 한다.
- 이 스크립트는 스크립트로 동작하는 애니메이션을 구동하고 무기 컴포넌트로 부터 무작위 무기 제작을 구동한다.

클래스 정의에다가 나중에 더 많은 지식이 쌓이면 채워 넣을 수 있게 빈 함수 자리를 만들어 놓을 것이다. 다음의 코드 6.1에 나타난 전체 Weapon 클래스 스크립트를 살펴 보자.

```
1 using UnityEngine;
2 using System.Collections;
3
4 public class Weapon : MonoBehaviour {
5
6   public bool inPlayerInventory = false;
7
8   private Player player;
9   private WeaponComponents[] weaponsComps;
```

```
10  private bool weaponUsed = false;
11
12  public void AquireWeapon () {}
13
14  void Update () {}
15
16  public void useWeapon () {}
17
18  public void enableSpriteRender (bool isEnabled) {}
19
20  public Sprite getComponentImage (int index) {
21      return null;
22  }
23 }
```

Weapon 클래스 스크립트에서 어떤 일이 일어나는지 살펴보자.

- 6행: inPlayerInventory는 플레이어가 줍는 것이 무기인지 아닌지를 식별하는 불린[Boolean] 플래그다.

- 8행: 플레이어 캐릭터에 대한 참조를 만들어 언제라도 절대 위치로 참조할 수 있게 한다.

- 9행: 무기 컴포넌트 자식에 대한 참조 배열을 둔다.

- 10행: weaponUsed은 휘두르는 애니메이션을 발생하는 데 사용할 또 다른 플래그다.

- 12행: 여기는 첫 번째 빈자리다. AcquireWeapon은 인벤토리에 무기를 추가하기 위해 Player 클래스가 호출하는 함수가 될 것이다. 당연히 Weapon 클래스를 Player 클래스의 자식으로 만들어야 한다.

- 14행: 이 스크립트에서 제어하는 애니메이션을 실행할 것이기 때문에 Update() 함수를 뒀다. 이 애니메이션은 게임의 타이밍에 따라 프레임을 업데이트할 것이다.

- 16행: useWeapon( )은 무기가 휘두르는 애니메이션을 시작하기 위해 플레이어가 호출하는 함수가 될 것이다.

- 18행: Weapon 클래스가 Player 클래스의 자식이고 Player 클래스와 항상 같은 위치에 있기 때문에 안 보이게 할 방법이 필요하다. enableSpriteRender (bool isEnabled)은 무기 컴포넌트의 Sprite Renderer를 불가능하게 해 그 무기를 사용하기 전까지는 안 보이게 한다.

- 20행: 보유 중인 무기에 관해 플레이어가 알 수 있게 해야 한다. 장갑과 부츠 아이템과 같이, 플레이어가 자신의 인벤토리에 보유하는 칼의 화면 이미지를 추가할 것이다. getComponentImage (int index)에서는 화면에 나타낼 이미지를 얻게 할 것이다.

Weapon 클래스를 동작시키는 데 무엇이 필요한지 알았기 때문에, 다른 것을 알아보고 나중에 다시 Weapon 클래스 정의로 되돌아올 것이다. Weapon 클래스 정의 다음으로 WeaponComponents 클래스 정의를 알아볼 것이다. 그렇게 하면 Weapon 프리팹 제작을 끝낼 수 있다. 이제 다음 코드 6.2의 WeaponComponents 클래스를 살펴보자.

```
1 using UnityEngine;
2 using System.Collections;
3 using Random = UnityEngine.Random;
4
5 public class WeaponComponents : MonoBehaviour {
6
7    public Sprite[] modules;
8
9    private Weapon parent;
10   private SpriteRenderer spriteRenderer;
11
12   void Start () {
13       parent = GetComponentInParent<Weapon> ();
14       spriteRenderer = GetComponent<SpriteRenderer> ();
```

```
15        spriteRenderer.sprite = modules [Random.Range(0,
          modules.Length)];
16    }
17
18    void Update () {
19        transform.eulerAngles = parent.transform.eulerAngles;
20    }
21
22    public SpriteRenderer getSpriteRenderer () {
23        return spriteRenderer;
24    }
25 }
```

유니티 편집기에서 현재 컴포넌트가 어느 모듈을 나타나게 할지 선택할 수 있다.
WeaponComponent 클래스의 모듈 배열로는 표시용으로 선택된 단 하나의 배열이 있다.
코드 6.2에서 무엇을 개발했는지 알아보자.

- 3행: 유니티의 내장 무작위 라이브러리를 사용할 수 있게 Random을 설정한다.

- 7행: 이 배열에는 무기를 구성하는 각 모듈을 저장한다.

- 9행: Weapon 객체인 parent 객체에 대한 참조를 저장해야 한다. Weapon 스크
  립트는 무기 컴포넌트를 켜고 끄게 할 것이다.

- 10행: Sprite Renderer 컴포넌트도 켜고 끌 수 있게 이 컴포넌트에 대한 참
  조를 저장해야 한다.

- 12~16행: Start() 함수는 parent와 Sprite Renderer 참조를 셋업하는 곳
  에 둔다. 그러면 이 함수는 모듈 배열에서 표시할 모듈을 무작위로 선택할 것
  이다.

- 18~20행: 회전 각도에 관해 계속 parent 무기 객체를 폴링하기 위해 Update()
  함수를 사용한다. 무기 컴포넌트 모두가 parent 무기 객체의 각도와 일치하
  고, 또한 플레이어 캐릭터와도 일치시켜야 한다. 이런 점은 플레이어 캐릭터
  가 몸을 돌리면 무기도 따라서 도는 데에도 적용한다.

- 22~24행: 해당 컴포넌트의 Sprite Renderer에 대한 참조를 내보낸다. 이런 식으로 Weapon 클래스에서 Sprite Renderer를 켜고 끄는 시점을 조작할 수 있다.

WeaponComponent 클래스를 작성했으니 Weapon 프리팹 제작을 끝낼 수 있다. 유니 티 편집기로 되돌아가 Hierarchy 패널에서 Weapon GameObject를 선택한다. 그리고 Weapon.cs 스크립트를 추가한다.

그다음으로, Weapon GameObject의 자식인 각 무기 컴포넌트 GameObject를 선택 한다. WeaponComponents.cs 스크립트를 추가한다. 그리고 나서 WeaponComponents1 에 대해 Modules 배열을 선택하고 size를 4로 지정한다. 해당 칼날 모듈 스프라이트를 추가한다. 다른 무기 컴포넌트에 대해서도 동일한 작업을 한다.

무기 컴포넌트의 설정

전체 Weapon 프리팹을 Prefabs 폴더로 드래그해 놓고 Hierarchy 패널의 Weapon 객체 를 삭제한다. Weapon 프리팹이 확장 가능하게 보일 것이다. 확장하면 무기 컴포넌트 인 자식 프리팹이 보일 것이다. 여기서 각 컴포넌트를 편집할 수 있다.

확장시킨 Weapon 프리팹

▌ 생성 지점 추가하기

Weapon 프리팹을 만들었으므로 이것을 플레이어가 얻을 수 있는 방법이 필요하다. 이 문제는 이미 5장의 아이템 상자를 통해서 답했었다. 무기 생성을 위해 Chest 객체를 재사용할 것이다.

편집하기 위해 Chest.cs 스크립트를 연다. 제작한 무기에 대한 참조를 저장할 변수를 추가할 것이다. randomItem 변수 바로 아래에 public Weapon weapon; 변수를 추가한다. 그리고 나서 다음의 코드 6.3에 나타난 것과 같이 Open( ) 함수에 대해 몇 가지 조정이 필요하다.

```
1 public void Open ( ) {
2     spriteRenderer.sprite = openSprite;
3
4     GameObject toInstantiate;
5
6     if (Random.Range (0, 2) == 1) {
7         randomItem.RandomItemInit ();
8         toInstantiate = randomItem.gameObject;
9     } else {
10         toInstantiate = weapon.gameObject;
11     }
12     GameObject instance = Instantiate (toInstantiate, new Vector3
       (transform.position.x, transform.position.y, 0f),
       Quaternion.identity) as GameObject;
13     instance.transform.SetParent (transform.parent);
14     gameObject.layer = 10;
15     spriteRenderer.sortingLayerName = "Items";
16 }
```

이것은 아주 단순한 업데이트다. 무기가 생성될 수 있는 조건을 추가하면 된다. 이 코드가 어떻게 동작하는지 살펴보자.

- 6~11행: 여기에 새 무작위 조건을 추가한다. 지금은 아이템과 무기 생성 비율이 50/50로 해 놓았지만 이 값을 이리저리 실험해봐도 된다.
- 12~15행: 아이템이나 무기 중 하나를 인스턴스화할 수 있게 이 함수의 맨 아래에 실제 인스턴스화 호출을 뒀지만 실제로 어느 것이 어느 것인지를 분명히 알 필요는 없다.

유니티 편집기로 되돌아가 Chest 프리팹의 Chest Script 컴포넌트에서 Weapon 필드에 Weapon 프리팹을 드래그해 놓는다. 이제 게임을 플레이해서 아이템 상자가 무작위로 모듈식 무기를 생성하는지를 점검할 수 있다. 아이템 상자를 이것저것 열다 보면 칼이 나와야 한다. 아이템이 나왔을 때와는 달리 무기를 집을 수 없지만 일단 첫 번째 단계는 완료한 셈이다.

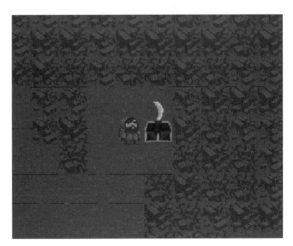

무기가 나오는 아이템 상자

▌ 무기 획득

이제 플레이어가 무기를 집을 수 있는 로직을 추가해보자. 이 작업은 무기에 대해 몇 가지 특별한 고려가 필요한 것 외에는 다른 것 줍기와 아주 유사할 것이다. 그 하나는 무기가 적절히 애니메이션할 수 있게 항상 플레이어와 같은 화면 위치에 있어야 한다는 점이다.

현재 플레이어가 줍는 로직이 있는 Player.cs 스크립트를 열어서 시작하자. 무기에 대한 참조를 저장할 새 변수들과 표시용 아이콘을 만드는 데 사용할 이미지 몇 가지를 추가할 것이다. 앞에서 언급했듯이 플레이어가 인벤토리에 넣은 무기를 나타내는 표시용 아이콘을 만들 것이다. Player 클래스 정의의 처음에다가 다음 행을 추가한다.

```
1 private Weapon weapon;
2 public Image weaponComp1, weaponComp2, weaponComp3;
```

그러고 나서 OnTriggerEnter2D 함수를 편집할 것이다. 무기 객체로 충돌할 때 처리할 수 있는 조건도 추가해야 한다. 업데이트된 함수는 다음의 코드 6.5에 나타나 있다.

```
1 private void OnTriggerEnter2D (Collider2D other) {
2     if (other.tag == "Exit") {
3         dungeonTransition = true;
4         Invoke ("GoDungeonPortal", 0.5f);
5         Destroy (other.gameObject);
6     } else if (other.tag == "Food" || other.tag == "Soda") {
7         UpdateHealth(other);
8         Destroy (other.gameObject);
9     } else if (other.tag == "Item") {
10        UpdateInventory(other);
11        Destroy (other.gameObject);
12    } else if (other.tag == "Weapon") {
13        if (weapon) {
```

190

```
14              Destroy(transform.GetChild(0).gameObject);
15          }
16          other.enabled = false;
17          other.transform.parent = transform;
18          weapon = other.GetComponent<Weapon>();
19          weapon.AquireWeapon();
20          weapon.inPlayerInventory = true;
21          weapon.enableSpriteRender(false);
22          wallDamage = attackMod + 3;
23          weaponComp1.sprite = weapon.getComponentImage(0);
24          weaponComp2.sprite = weapon.getComponentImage(1);
25          weaponComp3.sprite = weapon.getComponentImage(2);
26
27      }
28 }
```

더 쉽게 조작할 수 있게 인벤토리 맵에 무기 객체는 추가하지 않을 것이다. 5장의 아이템에 했던 것처럼 기존 객체의 색상만 변경할 수 있다. 대신에 플레이어에게 또 다른 것을 추가하기 전에 무기인지 아닌지를 알아내야 한다. 코드 6.5에서 무엇을 개발했는지 알아보자.

- 12행: 이 행은 무기로 충돌했는지를 알아보는 조건문을 시작한다.

- 13~15행: 이미 무기를 가지고 있는지를 점검하고 가지고 있다면 없애야 한다. 무기는 자식으로 플레이어에 추가될 것이다. 새 무기는 전체 GameObject가 아닌 무기 참조에만 덮어 쓴다. 이미 가지고 있는 무기를 제거하지 않으면, 신에 사용되지 않는 객체들이 계속 쌓여 게임이 느려질 가능성이 있다.

- 16행: 다시 이벤트가 발생하지 않게 생성된 무기에 대한 BoxCollider2D 기능을 끈다. 해당 무기는 플레이어와 같은 좌표를 공유할 거라는 점을 기억하라.

- 17행: 여기서 플레이어를 방금 충돌한 무기의 부모로 만든다.

- 18행: Weapon 스크립트에 대한 참조를 저장해야 한다.
- 19~21행: 플레이어 인벤토리의 부분으로써 무기를 초기화하는 모든 함수를 호출한다. AcquireWeapon와 enableSpriteRender 함수는 아직 구현하지 않았지만, 곧 다룰 것이다.
- 22행: 아이템으로 얻는 값을 attackMod에 추가하며 마침내 플레이어가 수행하는 대미지 값을 업데이트한다.
- 23~25행: 마지막으로 Image 변수를 업데이트해 표시용 아이콘으로 사용한다.

Player 클래스를 벗어나기에 앞서, UpdateInventory 함수도 업데이트해야 한다. 함수 정의의 맨 끝에 다음 조건문을 추가한다.

```
1 if (weapon)
2 wallDamage = attackMod + 3;
```

이 조건 코드를 통해 플레이어가 주는 대미지 값이 다시 계산돼 새롭게 얻은 아이템이나 무기에 반영된다.

유니티 편집기로 되돌아가 예상대로 동작하는지 점검한다. 게임을 플레이해 아이템 상자에서 칼이 생성되는지 알아본다. 이전에는 무기와 상호작용할 수 없었지만 이제는 할 수 있다. 아쉽게도 무기는 화면에서 사라지지 않고 표시용 아이콘은 그냥 비어 있는 흰색으로 나타난다.

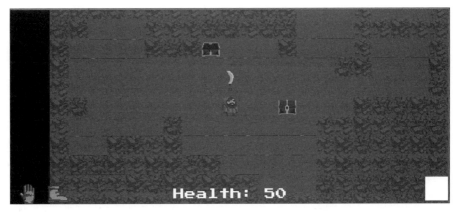

무기는 사라지지 않고 플레이어를 따라다니며 오른쪽 구석에는 빈 이미지가 있다

Weapon 클래스 정의로 되돌아가 이전에 자리만 잡아 놓은 함수를 채워야 한다. 이들 중 첫 번째가 AcquireWeapon 함수인데 Player, Weapon, WeaponComponents 클래스 간의 연결을 초기화하는 데 사용된다. 다음의 코드 6.6에 이 함수 구현이 나타나 있다.

```
1 public void AquireWeapon ( ) {
2     player = GetComponentInParent<Player> ();
3     weaponsComps = GetComponentsInChildren<WeaponComponents> ();
4 }
```

2행에서는 Player 스크립트에 대한 참조를 잡아서 Weapon 클래스를 붙인다. 3행에서는 WeaponComponents 스크립트의 배열을 잡아서 Weapon 클래스에 붙인다. 이제 3개 클래스는 서로 통신할 수 있다.

그다음 차례는 enableSpriteRender 함수다. 이 함수는 WeaponComponents 클래스의 Sprite Renderer 기능을 켜고 끄게 한다. 다음의 코드 6.7에 이 함수의 구현이 나타나 있다.

```
1  public void enableSpriteRender (bool isEnabled) {
2      foreach (WeaponComponents comp in weaponsComps) {
3          comp.getSpriteRenderer ().enabled = isEnabled;
4      }
5  }
```

bool 인자를 전달해 Sprite Renderer 기능을 켜거나 끌지 나타낸다. Sprite Renderer 를 켠다면 isEnabled 값은 true, 그렇지 않으면 false다. 이 함수는 루프를 사용해 각 무기 컴포넌트로부터 getSpriteRenderer 함수를 호출해 반환된 Sprite Renderer을 isEnabled 값으로 지정한다.

마지막으로 getComponentImage 함수를 사용해 무기 컴포넌트 모듈 스프라이트에 대한 참조를 반환한다. 그러면 Player 클래스가 이 스프라이트를 사용해 어느 무기를 사용하는지를 알리는 표시용 아이콘을 생성한다. 이 함수에서는 return null; 행을 다음 행으로 교체하기만 하면 된다.

```
return weaponsComps[index].getSpriteRenderer().sprite;
```

이제 변경 사항을 저장하고 유니티 편집기로 되돌아간다. 생성 부분을 완료해 무기 구현 실행 단계에 접어들었다. 아이템 상자에서 칼을 찾아 그 위를 걸어가보는 것으로 테스트할 수 있다. 아이템 상자에서 칼이 사라지며 화면의 맨 아래 오른쪽 모서리에 UI 부분으로 다시 나타나야 한다.

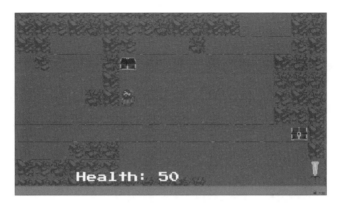

칼은 사라지며 오른쪽 아래에 아이콘으로 나타난다

무기 집는 것이 성공한 이후에는 벽을 때려본다. 그 벽은 더 많은 손상을 입고 이전보다 더 빨리 파괴될 것인데, 칼이 이런 효과를 일으킨 것이다. 플레이어 캐릭터가 벽을 칠 때 칼 휘두르는 효과를 볼 수 있다면 더 몰입감을 줄 것이다.

▌ 스크립트를 통한 무기 애니메이션 추가

무기 모듈용으로 임포트한 아트는 정적인데, 즉 애니메이션을 생성하기 위해 보충 아트를 추가하지 않았다는 뜻이다. 이들 애니메이션을 추가했더라면 아트 애셋은 폭발적으로 증가했을 것이고, 우리는 지금도 이 문제를 해결하려 시간을 허비하고 있을 것이다. 그래서 그 대신에 프로그래밍 기법으로 애니메이션을 시킬 것이다.

플레이어가 공격하면 무작위로 생성된 무기를 휘두르게 애니메이션시킬 것이다. 그래서 모든 무기에 대해 동일한 방식으로 애니메이션을 프로그래밍할 것이다. 이 과정은 괜찮게 보이는 실험을 통해 해결한다. 우리의 해결책은 다음의 코드 6.8에 나타나 있다. 이 코드는 Weapon 클래스 정의 속에 Update 함수 정의로 넣는다.

```
1 void Update () {
2     if (inPlayerInventory) {
3         transform.position = player.transform.position;
4         if (weaponUsed == true) {
5             float degreeY = 0, degreeZ = -90f, degreeZMax = 275f;
6             Vector3 returnVecter = Vector3.zero;
7
8             transform.rotation = Quaternion.Slerp
                (transform.rotation, Quaternion.Euler (0, degreeY,
                degreeZ), Time.deltaTime * 20f);
9             if (transform.eulerAngles.z <= degreeZMax) {
10                transform.eulerAngles = returnVecter;
11                weaponUsed = false;
12                enableSpriteRender (false);
13            }
14        }
15    }
16 }
```

최초에 무기는 바로 선 상태로 존재한다. 그래서 애니메이션의 기본은 무기를 나타내며 중심점으로부터 아래쪽으로 내려치게 한다. 이 점은 처음에 각 스프라이트의 중심을 아래쪽으로 잡은 이유다. 코드 6.8에서 스크립트로 작성한 애니메이션을 살펴보자.

- 2행: 애니메이션 사이클을 시작하기 위해 플레이어는 먼저 자신의 인벤토리에 무기를 가지고 있어야 한다. Player 클래스는 곧장 inPlayerInventory 변수를 변경할 것이다.
- 3행: 플레이어와 같은 위치에 무기가 있게 한다.
- 4행: weaponUsed 플래그가 지정된 경우에만 애니메이션 사이클을 실행한다. useWeapon 함수는 이 플래그를 설정할 Player 클래스에 의해 호출될 것이다.

- 5~6행: 다양한 회전 값을 준다. 다르게 아크^{arc} 애니메이션을 시키려면 이들 값을 조정하면 된다.
- 8행: 실제 애니메이션을 시키는 부분이다. Slerp 함수를 사용해 Player 클래스로부터 나온 칼을 회전시킨다. Slerp란 단어는 **구면 선형 보간**spherical linear interpolation의 약어며 유니티에 내장된 함수다.
- 9~13행: 칼이 특정 각도로 휘두르다가 정지하게 할 것이다. 여기서는 이 각도를 초과하는지를 점검하고, 초과하면 무기 각도를 리셋한다.

 유니티3D의 Slerp(Spherical Linear Interpolation)에 대해 더 자세히 알고 싶다면 http://docs.unity3d.com/ScriptReference/Quaternion.Slerp.html을 참조한다.

애니메이션은 아주 간단하지만, 대부분의 각도는 실험을 통해 얻었으며 괜찮게 보였다. 애니메이션은 보통 눈에 올바로 보이는 값으로 약간의 실험을 해본다. 그런 값으로 플레이해보며 어떤 종류의 애니메이션을 잘 만들 수 있는지 알아내야 한다.

하지만 아직 애니메이션 구현이 끝나지 않았다. 애니메이션을 구동할 방법이 필요하다. 플레이어가 무기 애니메이션을 호출할 수 있게 useWeapon 함수에 채울 정의가 필요하다. useWeapon 함수에는 다음 두 행만 넣으면 된다.

```
1 enableSpriteRender(true);
2 weaponUsed = true;
```

이제 Player 클래스로 가서 무기 애니메이션을 언제 어디서 호출할지 작성해야 한다. 다행스럽게도 이 작업에 아주 작은 변경 사항만 들어간다. Player 클래스의 OnCantMove 함수 정의 끝에 다음 두 행을 추가한다.

```
1 if (weapon) {
2     weapon.useWeapon ();
3 }
```

이 조건문은 플레이어의 인벤토리에 무기가 있는지를 점검해 무기가 있으면 Player
클래스는 애니메이션을 호출할 것이다. 플레이어의 경로를 방해하는 것이 있을 때
OnCantMove 함수가 호출된다는 점을 주목하라. 그러므로 벽이나 적과 같이 어떤 객체
가 플레이어가 가는 길을 막을 때만 무기 애니메이션이 호출될 것이다.

유니티 편집기로 되돌아가 새롭게 구현된 무기 애니메이션을 시도해보자. 칼을 얻어
던전을 빠져 나온 다음에 벽을 공격해보자. 플레이어의 오른쪽에 있는 벽을 공격하면
마치 칼을 휘두르며 벽을 가르는 것처럼 애니메이션이 나타날 것이다.

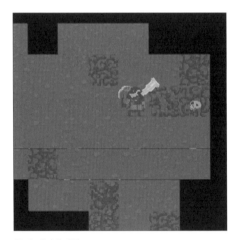

무기 애니메이션

플레이어의 왼쪽에 있는 벽을 공격해보면, 플레이어는 여전히 오른쪽으로 휘두른다.
게다가 플레이어는 계속 오른쪽을 향한다. 다음과 같이 실제로 오른쪽이 아닌데도 왼
쪽으로 돌릴 수 없다.

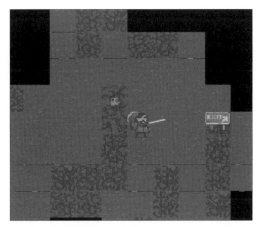

플레이어는 오른쪽을 보며 오른쪽으로 칼을 휘두르지만 왼쪽
벽이 대미지를 입는다

▌캐릭터의 방향 추가

우리가 할 마지막 작업은 플레이어의 방향을 변경하는 기능을 추가하는 것이다. 그러
고 나서 플레이어가 마주한 것과 같은 방향으로 칼을 휘두르는 기능도 추가할 것이다.
이렇게 하려면 MovingObject 클래스에서 시작해야 한다.

AttempMove 함수는 플레이어의 방향을 관리하는 곳이다. 이 함수는 플레이어가 어느
방향으로 움직이는지 폴링해 그 방향으로 스프라이트를 변경한다. 다음의 코드 6.9
에서는 AttemptMove 함수 정의의 맨 위에 추가해야 하는 업데이트 사항을 보여준다.

```
1 protected virtual bool AttemptMove <T> (int xDir, int yDir)
2     where T : Component
3 {
4     if (xDir == 1) {
5         transform.eulerAngles = Vector3.zero;
6     } else if (xDir == -1) {
```

```
7        transform.eulerAngles = new Vector3(0,180,0);
8    }
...
```

AttemptMove 함수는 처음에 플레이어가 움직이는 방향을 나타내는 정수로 작성됐다. xDir가 1이면 플레이어는 화면의 오른쪽으로 이동하고, xDir가 -1이면 플레이어는 왼쪽으로 이동한다. 이것은 좌표평면을 연상케 한다.

그러므로 4~8행에서 플레이어가 오른쪽을 향하면 트랜스폼 회전을 0으로 지정하는 조건문을 작성했다. 플레이어가 왼쪽으로 향하면 플레이어 스프라이트를 y축에 대해 180도로 회전시킨다. 이렇게 하면 화면의 오른쪽을 향하게 스프라이트를 뒤집을 것이다. 플레이어가 오른쪽을 향해 있을 때는 다시 원래대로 뒤집을 것이다. 다음 스크린샷에는 처음에 오른쪽을 향했지만 이제는 왼쪽을 향한 플레이어 캐릭터가 나타나 있다.

플레이어는 이제 왼쪽을 향할 수 있다

유니티 편집기로 되돌아가 이것이 올바로 동작하는지 점검해본다. 그러나 무기를 얻어서 왼쪽으로 향해 사용해도 여전히 오른쪽으로 휘두를 것이다. 그래서 무기의 휘두르는 방향을 바로 잡기 위해 좀 더 작업을 해줘야 한다.

먼저 Weapon 클래스에 몇 가지 기능을 추가해야 한다. 애니메이션을 발생하는 Update 함수에서 무기를 왼쪽으로 휘두를 수 있는 조건을 추가할 것이다. 다음의 코드 6.10에는 Weapon 클래스의 Update 함수에서 해야 하는 변경 사항이 나타나 있다.

```
1 void Update () {
2     if (inPlayerInventory) {
3         transform.position = player.transform.position;
4         if (weaponUsed == true) {
5             float degreeY = 0, degreeZ = -90f, degreeZMax = 275f;
6             Vector3 returnVecter = Vector3.zero;
7             if (Player.isFacingRight) {
8                 degreeY = 0;
9                 returnVecter = Vector3.zero;
10            } else if (!Player.isFacingRight) {
11                degreeY = 180;
12                returnVecter = new Vector3(0,180,0);
13            }
14            transform.rotation = Quaternion.Slerp
               (transform.rotation, Quaternion.Euler (0, degreeY,
               degreeZ), Time.deltaTime * 20f);
15            if (transform.eulerAngles.z <= degreeZMax) {
16                transform.eulerAngles = returnVecter;
17                weaponUsed = false;
18                enableSpriteRender (false);
19            }
20        }
21    }
22 }
```

7~14행이 새로 추가한 부분이다. 플레이어가 오른쪽을 향하는지 아닌지를 점검하는
조건문을 추가했다. 아직 존재하지도 않는 bool 변수를 사용하지만 곧 Player 클래
스에 이 변수를 추가할 것이다. 이 조건문에서는 degreeY를 통해 y축 회전을 변경한
다. 이 변수는 플레이어가 향하는 방향과 같게 무기를 오른쪽이나 왼쪽으로 향하게 한
다. 그리고 나서 무기가 향하는 방향에 상대적인 수직 시작 위치로 무기 반환 값을 지
정한다.

이 작업을 완료하면 Player 클래스 정의로 가서 마지막 변경 사항을 추가해준다. Player 클래스 정의의 맨 위에 public static bool isFacingRight; 행을 추가한다. 이것은 Weapon 클래스에서 참조해 플레이어가 향하는 방향을 결정하는 변수다.

그 다음으로 isFacingRight 변수에 대한 값을 지정해야 한다. 이 작업은 Player 클래스에 있는 AttemptMove 오버라이드 함수에서 할 것이다. 이 함수 정의 맨 위에 다음 조건문을 추가한다.

```
1 if (xDir == 1 && !isFacingRight) {
2     isFacingRight = true;
3 } else if (xDir == -1 && isFacingRight) {
4     isFacingRight = false;
5 }
```

변경 사항을 저장하고 유니티 편집기로 되돌아간다. 새로 완성한 무기 시스템을 테스트해본다. 캐릭터가 이제 왼쪽과 오른쪽 모두 향하고 무기도 해당 방향으로 휘두른다. 비대칭으로 휘어진 칼을 찾아 사용한다면 이 효과가 가장 잘 나타날 것이다.

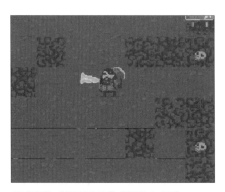

플레이어는 왼쪽으로 칼을 휘두를 수 있다

이제 칼이 왼쪽과 오른쪽으로 휘두르게 되지만 위쪽과 아래쪽은 어떤가? 우리의 캐릭터는 네 방향으로 공격할 수 있으며 그 중 두 방향만 처리했다. 그렇다면 여러분 스스로 처리할 좋은 실습거리가 생겼다. 플레이어의 머리 위쪽과 발 아래쪽에 대해 칼을 휘두르는 애니메이션을 추가해보자.

▍요약

이렇게 모듈식 무기 구현을 완료했다. 무기 프리팹에 대해 여러분은 또 다른 세트의 세 개 모듈(칼날, 손잡이 보호대, 손잡이)을 추가해 Weapon 프리팹의 조합 수를 엄청나게 늘려야 한다. 하지만 우리는 쓸모 없는 모듈식 무기를 생성하는 것보다 더 많은 일을 했다. 즉, 실제로 무기 기능을 완벽히 구현해낸 것이다. 이렇게 해서 스크립트로 수행되는 애니메이션과 같이 조금 다른 개발 기술에 대한 통찰력을 얻을 수 있었다.

이 장에서는 모듈식 무기에 대해, 그리고 재사용 가능한 작은 부분으로 구조를 나누는 개념을 배웠다. 몇 개 모듈을 추가하면 기하급수적으로 더 많은 조합을 생성할 수 있다는 것도 배웠다. 또한 스프라이트를 절차적으로 생성하고 조합해 하나의 전체 GameObject를 만드는 기술을 개발했다. 마지막으로, 스크립트만으로 무기 동작을 애니메이션하는 시스템을 개발했다.

이 시스템에서는 몇 가지 최적화를 할 수 있는데 그것은 여러분에게 숙제로 남겨놓겠다. 화면에 추가하는 모든 GameObject는 게임 전체를 느리게 하는데 이 문제는 모바일 플랫폼에서는 아주 심각하다. 모듈을 하나의 스프라이트로 결합한 다음에, 무기당 네 개가 아닌 단 하나의 GameObject를 추가하는 방법을 알아볼 것을 권한다.

그다음에는 적응형 난이도^{adaptive difficulty}를 가진 적을 도입해서 무기와 아이템을 사용할 것이다. 게임에서 무기와 아이템이 플레이어를 더 강하게 만들기 때문에 AI와 적의 강력함을 절차적으로 변경하고 조절해야 한다.

7

적응형 난이도

이 장에서 다루는 내용

- 스프라이트 셋업
- 세계 보드에서의 적 추가
- 던전 보드에서의 적 추가
- 적과의 전투
- 적응형 난이도
- 요약

2장, '로그라이크 게임'에서 Enemy 프리팹과 Enemy 스크립트를 임포트했지만 아직 사용하지 않았다. 지금까지 우리 캐릭터는 '무기와 아이템이 놓여 있는 광활한 세계를 그저 돌아다니기만 했다. 하지만 이제 이런 평화로운 상황은 바뀔 것인데, 이 장에서 뇌에 굶주린 좀비를 추가해 난이도를 높여 플레이어의 힘을 테스트할 것이기 때문이다.

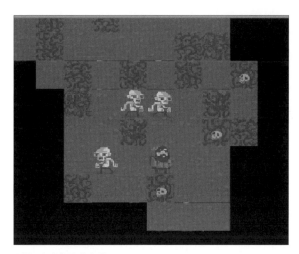

적들 사이의 플레이어!

적응력 난이도^{Adaptive difficulty}는 하나의 PCG 솔루션일 수도 있고, 부분적으로 **인공지능**^{AI:} ^{artificial intelligence} 솔루션을 채택하기도 한다. PCG에서의 우리 주요 목표는 플레이 시간과 게임 콘텐트를 늘리는 것이다. PCG를 생각할 때면 으레 프로그래밍을 통해 생성한 아트 애셋이나 런타임으로 게임에 추가되는 새로운 게임 객체 등의 콘텐트를 생각하게 된다. 또한 내부적으로 게임 복잡도를 늘리는 수단으로써 PCG를 생각할 수 있다.

이제 콘텐트의 일환으로 세계 보드와 던전 보드에 적을 추가해보자. 처음에 적은 느리고 이동 방해물로서의 역할이 미미하기 때문에 그렇게 위험하지 않을 것이다. 하지만 플레이어가 무기와 아이템을 얻어 더 강력해지면, 적은 더 영리해지고 빠르고 더 많아질 것이다.

이 장에서는 PCG 개념을 사용해 게임 플레이를 변화시켜 더 도전적으로 만드는 법을 배울 것이다. 몇 가지 간단한 AI와 패스파인딩 루틴을 개발할 것이다. 그러고 나서 마지막으로 게임플레이 중에 AI를 조정해 플레이어가 계속해서 도전할 수 있게 할 것이다. 여기서는 다음 주제들을 다룰 것이다.

- 세계 보드에 적 추가
- 던전 보드에 적 추가
- 적과의 대결
- 적응형 난이도

플레이어와 전투를 벌이는 적을 생성할 것이지만, 적의 행동 또한 변화시킬 것이다. 목표는 플레이어가 더 강해지면 마주치게 될 도전도 늘리는 것이다. 적을 더 강하게 하는 것이 본질적으로 게임 플레이 방식에 변화를 가져오지만, 적을 더 영리하게 만드는 것도 게임 플레이에 영향을 미쳐 플레이어에게 도전 의식을 갖게 해 게임을 더 재미있게 할 수 있을 것이다.

AI와 PCG의 차이라면 PCG는 콘텐트를 조작하거나 생성하는 데 사용되며, AI는 프로그래밍으로 처리하는 행동 집합이다. 그러므로 PCG를 사용해 AI를 콘텐트처럼 다룰 수 있다. 이 장의 뒤쪽 예제에서 플레이어의 능력이 향상될 때 새 AI 행동 추가를 알아볼 것이다.

▍ 스프라이트 셋업

이제 적 스크립트를 추가하고 스프라이트를 셋업할 것이다.

첫 번째 작업은 Enemy 프리팹과 스크립트를 셋업하는 것이다. Enemy 프리팹을 살펴보자. 이 프리팹은 Chapter 2에 있는 모든 시작 재료와 함께 임포트됐다. 하지만

Enemy 프리팹에 여분의 복사물이 필요하다면 다운로드한 Chapter 7 폴더에 임포트 파일이 있을 것이다.

Enemy 프리팹은 Player 프리팹과 아주 비슷하게 보인다. Enemy와 Player 클래스는 Moving Object 클래스로부터 상속한다. 이 말은 적의 움직임과 애니메이션이 Player 클래스와 비슷한 방식으로 처리될 거란 뜻이다. 이러면 일반적으로 프리팹 구조도 비슷하게 된다.

적 스프라이트

Enemy 프리팹에 대해 필요한 것은 다음과 같다.

- Sprite Renderer
- Animator
- Box Collider 2D
- Rigid Body 2D
- Enemy 스크립트

또한 Enemy 프리팹에서 다음 옵션을 선택해야 한다.

- 태그를 Enemy로 지정한다.
- 레이어를 BlockingLayer로 지정한다.
- Sprite Renderer 컴포넌트의 Sorting Layer 필드를 Units로 지정한다.
- Animator 컴포넌트의 Controller 필드를 Enemy로 지정한다.

Enemy 프리팹에서 할 것은 이게 전부다. 모든 마법은 Enemy 스크립트가 부릴 것이다. 편집하기 위해 Enemy 스크립트를 연다. 다음 코드가 나타날 것이다.

```
1 using UnityEngine;
2 using System.Collections;
3
4 public class Enemy : MovingObject
5 {
6     protected override bool AttemptMove <T> (int xDir, int yDir)
7     {
8         return true;
9     }
10
11    protected override void OnCantMove <T> (T component)
12    {
13    }
14 }
```

Enemy 스크립트는 현재 자리만 잡아놓은 상태다. 게임에서 이동 사이클은 턴 방식이다. 플레이어가 한 번 움직이고 나서 적이 한 번 움직인 후, 다시 한 사이클이 시작되며 플레이어가 움직일 차례가 된다. 우리의 로그라이크 게임 초반에 이러한 턴 기반 시스템이 처음부터 동작할 수 있게 enemy 클래스를 추가했었는데, 그땐 그저 enemy 클래스 자리만 확보했을 뿐이다. 이제 우리가 할 일은 자리만 잡아놓은 곳에다가 적 기능을 추가해 턴 기반의 이동 시스템이 제대로 작동하게 만드는 것이다.

적의 기본 기능을 추가해보자. 다음의 코드 7.1에는 게임에서 적으로 시작하기 위해 추가해야 하는 사항들이 나타나 있다. 이 일부 코드에는 이동 기능과 이동이 막혔을 때 적이 하는 행동에 대한 것이 들어 있다. 이것은 플레이어의 움직임과 비슷할 것이다. 코드를 따라 세부 사항을 알아보자.

```
1  using UnityEngine;
2  using System.Collections;
3
4  public class Enemy : MovingObject {
5
6      public int playerDamage;
7
8      private Animator animator;
9      private Transform target;
10     private bool skipMove;
11
12     protected override void Start () {
13         GameManager.instance.AddEnemyToList (this);
14
15         animator = GetComponent<Animator> ();
16
17         target = GameObject.FindGameObjectWithTag ("Player").transform;
18
19         base.Start ();
20     }
21
22     protected override void AttemptMove <T> (int xDir, int yDir) {
23         if(skipMove) {
24             skipMove = false;
25             return false;
26         }
27
28         base.AttemptMove <T> (xDir, yDir);
29
30         skipMove = true;
31     }
32
33     public void MoveEnemy () {
34         int xDir = 0;
35         int yDir = 0;
```

```
36
37        if (Mathf.Abs (target.position.x - transform.position.x) <
          float.Epsilon)
38          yDir = target.position.y > transform.position.y ? 1 : -1;
39        else
40          xDir = target.position.x > transform.position.x ? 1 : -1;
41
42        AttemptMove <Player> (xDir, yDir);
43    }
44
45    protected override void OnCantMove <T> (T component) {
46        Player hitPlayer = component as Player;
47
48        hitPlayer.LoseHealth (playerDamage);
49
50        animator.SetTrigger ("enemyAttack");
51    }
52 }
```

적은 플레이어 쪽으로 이동하려 할 것이고 플레이어 가까이에 도달하면 공격할 것이다. 적의 이동 AI는 새로운 MoveEnemy 함수에서 처리한다. 코드 7.1을 살펴보면 적의 이동 방식을 알 수 있다.

- 1~2행: Enemy 클래스에서는 UnityEngine와 System.Collections만 필요하다.
- 4행: MovingObject 클래스로부터 상속한다.
- 8~10행: 이 클래스를 동작시키는 데 필요한 시작 변수는 애니메이션 제어를 위한 Animator, 플레이어에 해당하는 target이라는 트랜스폼, 적을 느리게 하는 skipMove라는 bool 변수다.
- 12행: Start 함수를 추가해 모든 것을 초기화한다.

- 13행: 화면에 여러 명의 적이 등장할 것이기 때문에 적들을 추적할 수 있게 적에다가 리스트를 추가해야 한다. 2장, '로그라이크 게임'에서부터 GameManager 클래스에 AddEnemyToList 함수가 있었지만 지금까지 사용한 적은 없다. GameManager 클래스는 적을 담당하며 적의 움직임을 실행할 것이다.

- 17행: 여기서 대상을 플레이어로 지정한다. 적이 플레이어에게 다가갈 수 있게 매번 플레이어의 위치를 적이 알게 한다.

- 22~31행: AttemptMove 함수를 확장해 플레이어 시작 속도보다 더 빠르지 못하게 한다. 먼저 skipMove 변수가 true로 지정돼 있는지 점검하고, 지정돼 있으면 false로 지정하고 함수를 빠져 나와 적의 움직임이 없으면 그냥 적 차례를 끝낸다. skipMove가 false면 기반 클래스의 AttemptMove 함수를 호출한다.

- 33~43행: 적이 움직일 시간이 되면 GameManager 클래스가 호출할 새 함수다. 이 함수에는 Enemy 클래스의 AI 로직이 들어간다.

- 이 함수의 목표는 플레이어의 방향을 xDir와 yDir로 기록하는 것이다. 하지만 한 번에 한 공간만 이동할 수 있으므로 xDir와 yDir의 둘 중 하나는 1/-1 값을 갖게 될 것이다.

- 37~40행: 기본적인 AI다. 플레이어를 향해 적을 x 방향으로 이동하게 한다. 플레이어와 적이 동일한 x 좌표에 있으면, 플레이어를 향해 적을 y 방향으로 이동하게 한다. 적이 걸핏하면 벽에 가로막혀 플레이어에게 다가가지 못하는 점은 고려하지 않는다. 사실, 플레이어가 거의 대미지를 줄 수 없는 초반에는 적을 피하는 용도로 이용할 수 있기 때문에 이것은 원하던 바다.

- 42행: 적이 방향을 정하면 AttemptMove 함수를 호출한다.

- 45~51행: 맨 마지막은 OnCantMove 함수다. 우리의 컴포넌트는 플레이어가 될 것이고, 플레이어를 때리면 Player.LoseHealth 함수를 호출해 대미지를 반영한다. 또한 적의 공격 애니메이션도 호출한다.

적의 기반 기능은 모두 셋업했다. 물론 충분치는 않다. Enemy 클래스는 자체적으로 동작하지 않으며 가이드해줄 다른 구조체가 필요하다. 이 구조체가 GameManager 클래스가 될 것이다. 적이 세계 보드에 나타나면 적에게 무슨 일이 일어나는지에 관해 생각도 해야 한다.

플레이어가 이동할 때마다 새 바닥 타일들이 생성되기 때문에 플레이어가 바닥 타일을 둘러싼 검은 공간을 걷는 것은 불가능하다. 하지만 적에게는 다르다. 세계 보드에 대해 제약을 주는 조건을 작성하기 전까지는 적들은 아무 곳이든 걸을 수 있다. 세계 보드에다가 적을 생성할 때 이 점을 고려해야 할 것이다.

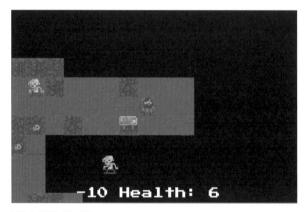

검은 공간을 걷는 적

▌ 세계 보드에서의 적 추가

일반적으로 적을 무작위로 생성해 플레이어가 긴장의 끈을 놓지 않게 해야 한다. 그러면 검은 공간으로 이동하는 적의 문제를 처리해야 한다. 또한 화면 바깥으로 적이 움직이는 문제도 처리해야 할 것이다.

적을 세계 보드에 추가해보자. 편집하기 위해 BoardManager.cs 스크립트를 연다. 다른 모든 퍼블릭 변수 아래에 public GameObject enemy; 행을 추가한다. 이렇게 하면 Enemy 프리팹을 참조할 수 있다. 그러고 나서 나머지 업데이트 사항에 대해서는 다음의 코드 7.2를 살펴보자.

```
1  private void addTiles(Vector2 tileToAdd) {
2      if (!gridPositions.ContainsKey (tileToAdd)) {
3          gridPositions.Add (tileToAdd, tileToAdd);
4          GameObject toInstantiate = floorTiles [Random.Range (0,
           floorTiles.Length)];
5          GameObject instance = Instantiate (toInstantiate, new Vector3
           (tileToAdd.x, tileToAdd.y, 0f), Quaternion.identity) as
           GameObject;
6          instance.transform.SetParent (boardHolder);
7
8          if (Random.Range (0, 3) == 1) {
9              toInstantiate = wallTiles[Random.Range
               (0,wallTiles.Length)];
10             instance = Instantiate (toInstantiate, new Vector3
               (tileToAdd.x, tileToAdd.y, 0f), Quaternion.identity) as
               GameObject;
11             instance.transform.SetParent (boardHolder);
12         } else if (Random.Range (0, 50) == 1) {
13             toInstantiate = exit;
14             instance = Instantiate (toInstantiate, new Vector3
               (tileToAdd.x, tileToAdd.y, 0f), Quaternion.identity) as
               GameObject;
15             instance.transform.SetParent (boardHolder);
16         }
17         else if (Random.Range (0, GameManager.instance.enemySpawnRatio)
           == 1) {
18             toInstantiate = enemy;
19             instance = Instantiate (toInstantiate, new Vector3
               (tileToAdd.x, tileToAdd.y, 0f), Quaternion.identity) as
```

```
              GameObject;
20            instance.transform.SetParent (boardHolder);
21      }
22    }
23 }
```

코드 7.2에는 적 생성이 추가된 BoardManager 클래스의 addTiles 함수 전체가 나타나 있다. 17~21행은 무작위로 적을 생성하기 위한 추가된 점검 사항을 보여준다. 그래서 플레이어가 걸으면서 세계 보드의 새 영역을 발견할 때 벽 타일이 무작위로 나타나듯이 이제 적들도 그렇게 나타난다.

여전히 적이 언제 어디로 이동할 수 있을지 처리해야 한다. 적이 검은 공간으로 이동했을 때 가장 단순하고 쉬운 해결책은 그냥 소멸시켜 버리는 것이다. 적이 카메라 뷰 바깥으로 벗어날 때도 이 아이디어를 적용해 적을 없애버린다. 이렇게 하면 표현되지 않는 적에게 이동 차례가 돌아가지 않으므로 전체 게임이 느려지지 않을 것이다.

이 기능을 구현하기 위해 GameManager.cs 스크립트를 연다. 약간의 기능을 추가하고 그 외의 사항을 업데이트할 것이다. 다음의 코드 7.3을 살펴보자.

```
1 public void AddEnemyToList(Enemy script) {
2     enemies.Add(script);
3 }
4
5 public void RemoveEnemyFromList(Enemy script) {
6     enemies.Remove(script);
7 }
8
9 public bool checkValidTile (Vector2 pos) {
10    if (gridPositions.ContainsKey(pos)) {
11        return true;
12    }
13    return false;
```

```
14 }
15
16 IEnumerator MoveEnemies( ) {
17     enemiesMoving = true;
18
19     yield return new WaitForSeconds(turnDelay);
20
21     if (enemies.Count == 0) {
22         yield return new WaitForSeconds(turnDelay);
23     }
24
25     List<Enemy> enemiesToDestroy = new List<Enemy>();
26     for (int i = 0; i < enemies.Count; i++) {
27         if ((!enemies[i].getSpriteRenderer().isVisible) ||
           (!boardScript.checkValidTile
           (enemies[i].transform.position))) {
28             enemiesToDestroy.Add(enemies[i]);
29             continue;
30         }
31
32         enemies[i].MoveEnemy ();
33
34         yield return new WaitForSeconds(enemies[i].moveTime);
35     }
36     playersTurn = true;
37     enemiesMoving = false;
38
39     for (int i = 0; i < enemiesToDestroy.Count; i++) {
40         enemies.Remove(enemiesToDestroy[i]);
41         Destroy(enemiesToDestroy[i].gameObject);
42     }
43     enemiesToDestroy.Clear ();
44 }
```

적 리스트는 지금 플레이하면 동작할 것이다. 적이 생성될 때 이 리스트에 적을 추가하고 나서 모든 이동 사이클에 있어서 GameManager 클래스는 이 리스트를 루프로 돌려 각각의 적을 이동시킬 것이다. 코드에서 이 동작이 어떻게 이뤄지는지 살펴보자.

- 1~3행: 먼저 AddEnemyToList 함수를 정의해야 한다. 이 함수는 적이 생성될 때 Enemy 클래스에서 호출된다.

- 5~7행: 그다음으로 RemoveEnemyFromList 함수를 정의해야 한다. 적이 플레이어에게 패배해 소멸될 때마다 이 함수를 호출한다.

- 9~14행: 새롭게 추가된 checkValidTile 함수는 적의 위치를 받아 그 위치가 보이는 바닥 파일의 딕셔네리에 있는지를 점검한다.

- 16~44행: 여기는 MoveEnemies 함수의 정의다. 이 함수는 코루틴이며 IEnumerator 반환형이 되게 선언했다.

- 17행: 적이 이동하는 동안에는 플레이어 이동을 막아야 하므로 enemiesMoving 플래그를 지정했다. 적이 모두 이동한 후에 이 플래그를 비활성화할 것이다.

- 19행: 얼마나 많은 적을 이동시켜야 하는지 아직 모르므로 일단 yield return 문으로 turnDelay을 1 증가시켜 플레이어를 기다리게 한다.

- 21~23행: 그 다음으로 리스트의 적을 이동시켰는지 점검할 것이다. 점검하지 않았으면 플레이어가 turnDelay로 한 번 더 기다리게 한다. 이 두 번째 차례 지연으로 플레이어는 화면에 하나의 적이 이동할 때 걸리는 시간만큼 기다리게 된다. 이 코드를 추가하면 최소 이동 시간이 0.2초인데, 이 시간은 게임 플레이에서 괜찮은 값이다.

- 25행: enemiesToDestroy는 적 이동이 완료된 후에 게임에서 제거해야 하는 적을 추적할 보조 리스트다. 적 리스트에서 곧장 적을 제거하면 루프가 더 이상 존재하지 않는 아이템에 접근하려고 계속 돌 수 있다. 그러므로 별도의 리스트를 사용해 소멸된 적을 추적할 것이다.

- 26~35행: 이 for 루프는 화면에 나타난 모든 적에 대해 적용하며 카메라에 보이는지 그리고 유효한 타일 위에 있는지를 점검한다. 그들 중 어느 것

이 false면 그 적은 enemiesToDestroy 리스트에 넣고 루프는 다음 반복을 시작한다. 그렇지 않으면 적은 한 공간을 이동하고 다시 차례가 돌아올 때까지 대기한다.

- 36~37행: 적 이동이 완료되면 playerTurn와 enemiesMoving 플래그를 리셋해 플레이어가 다시 제어권을 갖게 한다.
- 39~43행: 마지막으로 enemiesToDestroy 리스트를 루프로 돌려 적 리스트에서 적을 제거한다. 아울러 GameObjects도 없앤다. 그리고 나서 enemiesToDestroy 리스트를 비워 더 이상 메모리를 차지 않게 한다.

이제 적과 세계 보드 생성 구현에 대해 충분히 작업했다. 게임을 플레이해 테스트할 수 있다. 적은 새롭게 나타나는 영역에서 무작위로 생성돼 플레이어 쪽으로 움직여야 한다. 또한 화면 바깥으로 나가거나 검은 외부 영역으로 들어가면 완전히 제거돼야 한다.

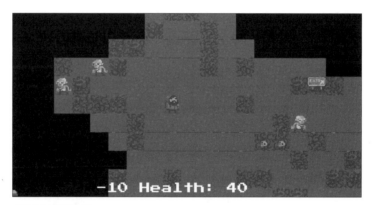

세계 보드에서의 적

이제 플레이어에게 안전한 지역이란 없다. 4장, '무작위 던전 생성'에서 만든 던전 보드에서도 적이 나오게 할 것이다. 던전이 고정된 데다가 닫힌 영역이기 때문에 이렇게 하는 것은 색다른 도전이 될 것이다. 적에게 접근 가능한 검은 공간이 없으므로 화면 바깥으로 나갈 때 적을 제거하는 것은 다시 고려해볼 사항이다.

던전 보드에서의 적 추가

던전 보드로 전환해서 새 적을 생성할 때는 고려할 게 몇 가지 있다. 먼저 적이 화면 바깥으로 사라질 때 어떻게 할지 결정해야 한다. 세계 보드에서는 그냥 적을 소멸시켰다. 세계 보드에서 플레이어가 새 타일을 발견할 때 새 적을 생성했기 때문에 이런 동작은 괜찮을 수 있다. 하지만 던전에서는 플레이어가 이동 중에 새 타일을 생성시키지 않는다.

단순함을 위해 던전을 생성함과 동시에 던전의 적을 생성시켜야 한다. 이 말은 던전에서 생성시킬 대부분의 적은 화면 바깥에서 생성시켜야 한다는 뜻이다. 세계 보드에서 했던 것과 같은 화면 밖 점검을 그대로 하면, 적을 생성시키고 나서 플레이어가 움직이기 전에 대부분의 적을 소멸시켜야 할 것이다. 던전에서는 그 대신에 화면 바깥 적의 움직임을 그저 불가능하게만 만들 것이다.

또한 던전에 들어갈 때 세계 보드에 남아 있는 적에 대해서도 어떻게 할지, 그 반대의 경우도 고려해야 한다. 추적하는 적의 수를 최소 한도로 유지하기 위해 던전에 들어갈 때 세계 보드에 남아 있는 적을 소멸시키는 것이 가장 좋을 것이다. 한 번 빠져 나온 던전은 다시 들어갈 수 없기 때문에 세계 보드로 되돌아올 때 그 던전에 남아 있는 모든 적을 소멸시키는 것도 괜찮다.

이제 구상을 끝냈으므로 던전에서 적을 생성할 기능을 구현해보자. DungeonManager 클래스에다가 작업하기 위해 DungeonManager.cs 파일을 연다. 다음의 코드 7.4에는 이 기능을 위한 변경 사항이 나타나 있다.

```
1 public enum TileType {
2     essential, random, empty, chest, enemy
3 }
4
5 public class DungeonManager : MonoBehaviour {
...
```

```
6                    if (!gridPositions.ContainsKey(newRPathPos)) {
7                         if (Random.Range (0,GameManager.instance.
                          enemySpawnRatio) == 1) {
8                             gridPositions.Add (newRPathPos, TileType.
                              enemy);
9                         } else {
10                            gridPositions.Add (newRPathPos, TileType.
                              empty);
11                        }
12
13                        PathTile newRPath = new PathTile (TileType.
                          random,
                          newRPathPos, minBound, maxBound, gridPositions);
14                        pathQueue.Add (newRPath);
15                   }
16               }
17          }
18     });
19 }
```

코드 7.4에는 먼저 열거형 적을 TileType으로 추가했다. 이 열거형을 사용해 생성된 던전의 형식에 관한 정보를 식별한다. 그러고 나서 BuildRandomPath 함수를 약간 변경한다. 코드 7.4에는 BuildRandomPath 함수 전체를 나타내지 않았으니 유의한다.

- 7~10행: TileType 적으로 표시된 타일을 놓을 조건을 추가했다. BoardManager 클래스는 이 타일을 알아보고 그 위에다가 적을 놓을 것이다.

DungeonManager 클래스에 대해서는 이것이 전부다. 새 TileType을 추가했는데, 이것은 BoardManager 클래스에서도 사용해 보드에 타일을 놓았다. 그러므로 편집하기 위해 BoardManager.cs 스크립트를 열자. 다음의 코드 7.5에서는 적 TileType 열거형을 처리하는 데 필요한 변경 사항이 나타나 있다.

```
1  public void SetDungeonBoard (Dictionary<Vector2,TileType>
   dungeonTiles, int bound, Vector2 endPos) {
2      boardHolder.gameObject.SetActive (false);
3      dungeonBoardHolder = new GameObject ("Dungeon").transform;
4      GameObject toInstantiate, instance;
5
6      foreach(KeyValuePair<Vector2,TileType> tile in dungeonTiles) {
7          toInstantiate = floorTiles [Random.Range (0,
           floorTiles.Length)];
8          instance = Instantiate (toInstantiate, new Vector3
           (tile.Key.x, tile.Key.y, 0f), Quaternion.identity) as
           GameObject;
9          instance.transform.SetParent (dungeonBoardHolder);
10
11         if (tile.Value == TileType.chest) {
12             toInstantiate = chestTile;
13             instance = Instantiate (toInstantiate, new Vector3
               (tile.Key.x, tile.Key.y, 0f), Quaternion.identity) as
               GameObject;
14             instance.transform.SetParent (dungeonBoardHolder);
15         }
16         else if (tile.Value == TileType.enemy) {
17             toInstantiate = enemy;
18             instance = Instantiate (toInstantiate, new Vector3
               (tile.Key.x, tile.Key.y, 0f), Quaternion.identity) as
               GameObject;
19             instance.transform.SetParent (dungeonBoardHolder);
20         }
21     }
...
```

변경한 사항은 SetDungeonBoard 함수에만 있다. 코드 7.5에서도 함수 전체를 나타내지 않았다는 점에 유의한다. 16~20행에서는 해당 타일이 적을 생성했는지를 점검하고, 만약 그렇다면 보드에다가 그 적을 놓는다.

마지막으로 GameManager 클래스에서 모든 것을 실행해야 한다. 적을 어디서 생성할지 그리고 적을 언제 제거할지를 여기서 처리할 것이다. 편집을 위해 GameManager.cs 스크립트를 연다. 다음의 코드 7.6에 해야 할 변경 사항이 나타나 있다.

```
1 private bool playerInDungeon;
2
3 void InitGame( ) {
4     enemies.Clear( );
5     boardScript.BoardSetup( );
6     playerInDungeon = false;
7 }
8
9 IEnumerator MoveEnemies( ) {
10     enemiesMoving = true;
11     yield return new WaitForSeconds(turnDelay);
12     if (enemies.Count == 0) {
13         yield return new WaitForSeconds(turnDelay);
14     }
15     List<Enemy> enemiesToDestroy = new List<Enemy>( );
16     for (int i = 0; i < enemies.Count; i++) {
17         if (playerInDungeon) {
18             if ((!enemies[i].getSpriteRenderer( ).isVisible)) {
19                 if (i == enemies.Count - 1)
20                     yield return new WaitForSeconds(enemies[i].moveTime);
21                 continue;
22             }
23         } else {
24             if ((!enemies[i].getSpriteRenderer( ).isVisible) ||
                (!boardScript.checkValidTile
                (enemies[i].transform.position))) {
25                 enemiesToDestroy.Add(enemies[i]);
26                 continue;
27             }
28         }
```

```
...
29 public void enterDungeon ( ) {
30     dungeonScript.StartDungeon ( );
31     boardScript.SetDungeonBoard (dungeonScript.gridPositions,
       dungeonScript.maxBound, dungeonScript.endPos);
32     playerScript.dungeonTransition = false;
33     playerInDungeon = true;
34
35     for (int i = 0; i < enemies.Count; i++) {
36         Destroy(enemies[i].gameObject);
37     }
38     enemies.Clear ( );
39 }
40
41 public void exitDungeon ( ) {
42     boardScript.SetWorldBoard ( );
43     playerScript.dungeonTransition = false;
44     playerInDungeon = false;
45     enemies.Clear ( );
46 }
```

코드 7.6에서 무슨 일이 벌어지는지 바로 알아보자.

- 1행: 플레이어가 던전에 있을 때를 표시하기 위해 bool 변수를 추가했다. 화면 바깥의 적 움직임을 정지시킬지, 소멸시켜 게임에서 제거할지 결정하기 위해 이 변수가 필요하다.

- 6행: 항상 세계 보드에서 게임을 시작하기 때문에 InitGame 함수 내에서 playerInDungeon 변수는 처음에 false로 설정한다.

- 17~23행: MoveEnemies 함수에서 조건문을 만들어 playerInDungeon가 true면 적이 화면 안으로 되돌아올 때까지 적 움직임을 중지시킨다. 그렇지 않으면 소멸 리스트에 적을 추가한다.

- 19~20행: 이 중첩된 조건은 중요하다. 플레이어가 던전에 있고 모든 적이 화면 바깥에 있다면(처음에 던전에 들어가면 대부분 상황이 이럴 것이다) 시간 지연을 추가해야 한다. 이 조건은 맨 마지막 적을 점검할 때까지 시간을 지연시킬 것이다. 이 조건을 두지 않으면 재계산되면서 덜덜 떠는 효과를 일으키며 플레이어가 너무 빨리 움직이게 보일 것이다.
- 33행: enterDungeon 함수 안에 있는 동안은 playerInDungeon를 true로 지정한다.
- 35~38행: 던전에 들어갈 때 세계 보드에 있는 모든 적을 없앤다.
- 40행: exitDungeon 함수 안에 있는 동안은 playerInDungeon를 false로 지정한다.
- 45행: 던전 보드에서 빠져 나오면서 던전 보드를 완전히 소멸시키기 때문에 적을 제거하기 위해 할 일은 그저 해당 리스트를 비우는 것이다.

이제 던전 보드에서 적을 생성시켰다. 게임을 플레이해 던전에 들어가 재빨리 테스트해보자. 적으로부터 멀리 이동해서 적이 화면 바깥으로 나가게 해 그 움직임이 계속 되지 않는지 점검해야 한다. 그러고 나서 다시 화면 안으로 들어오게 해 적이 그대로 있는지 알아볼 수 있다.

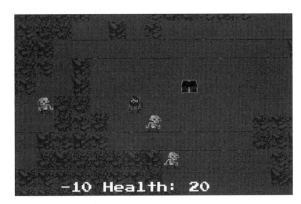

던전 보드에 있는 적

이제 게임에는 플레이어를 귀찮게 하는 많은 적들이 생겼다. 하지만 지금은 플레이어가 도망만 칠 수 있다. 이런 점을 위해 6장에서 막강한 모듈식 무기를 만들어 놓았으므로 이 무기가 제대로 작동하게 해보자.

▌ 적과의 전투

이 기능을 동작시키려면 지난 번에 플레이어가 환경과 상호작용하는 방식을 수정해야 한다. 최초에는 플레이어의 Update 함수를 구현해 벽 타일하고만 상호작용하게 했다. 그리고 나서 아이템 상자 타일과 상호작용할 수 있게 AttemptMove 함수가 세계 보드에서는 wall 형, 던전 보드에서는 chest 형을 갖게 했다. 아직 플레이어가 상호작용할 수 있는 타일이 남아 있다.

플레이어가 상호작용할 타일 종류를 뽑아내 AttemptMove를 올바로 호출하는 새 시스템을 고안할 필요가 있다. 이것은 그리 어렵지 않을 것이다. 변경할 사항은 Player.cs 스크립트에 둘 것이므로 편집하기 위해 이 스크립트를 연다. 그리고 나서 다음의 코드 7.8을 보며 변경 사항이 무엇인지 살펴본다.

```
1 private void Update () {
2     if(!GameManager.instance.playersTurn) return;
3     int horizontal = 0;
4     int vertical = 0;
5     bool canMove = false;
6     horizontal = (int) (Input.GetAxisRaw ("Horizontal"));
7     vertical = (int) (Input.GetAxisRaw ("Vertical"));
8
9     if(horizontal != 0) {
10         vertical = 0;
11     }
12
13     if(horizontal != 0 || vertical != 0) {
```

```
14          if (!dungeonTransition) {
15              Vector2 start = transform.position;
16              Vector2 end = start + new Vector2 (horizontal, vertical);
17              base.boxCollider.enabled = false;
18              RaycastHit2D hit = Physics2D.Linecast (start, end, base.
                blockingLayer);
19              base.boxCollider.enabled = true;
20              if (hit.transform != null) {
21                  switch(hit.transform.gameObject.tag) {
22                  case "Wall":
23                      canMove = AttemptMove<Wall> (horizontal, vertical);
24                      break;
25                  case "Chest":
26                      canMove = AttemptMove<Chest> (horizontal, vertical);
27                      break;
28                  case "Enemy":
29                      canMove = AttemptMove<Enemy> (horizontal, vertical);
30                      break;
31                  }
32              } else {
33                  canMove = AttemptMove<Wall> (horizontal, vertical);
34              }
...
35
36 protected override void OnCantMove <T> (T component) {
37     if (typeof(T) == typeof(Wall)) {
38         Wall blockingObj = component as Wall;
39         blockingObj.DamageWall (wallDamage);
40     }
41     else if (typeof(T) == typeof(Chest)) {
42         Chest blockingObj = component as Chest;
43         blockingObj.Open ();
44     }
45     else if (typeof(T) == typeof(Enemy)) {
46         Enemy blockingObj = component as Enemy;
47         blockingObj.DamageEnemy (wallDamage);
```

```
48      }
49
50      animator.SetTrigger ("playerChop");
51
52      if (weapon) {
53          weapon.useWeapon ();
54      }
55 }
```

먼저 Update 함수에서 AttemptMove를 호출할 시기를 처리한다. 어느 타일이 플레이어를 가로막고 어느 타일을 공격할 수 있는지를 알아야 한다. 그리고 나서 OnCantMove 함수를 업데이트해 적을 공격할 때 일어날 일을 추가한다. 세부적으로 알아보자.

- 1~34행: 부분적이긴 하지만 여기가 update 함수다.
- 15~31행: 여기가 AttemptMove를 올바르게 호출해야 하는 새 기능이다.
- 15~19행: 이 곳은 MovingObject 클래스에서 발생하는 일을 흉내 낸 구현이다. 이 시점에서 AttempMove에게 올바른 타일 종류를 전달할 수 있게 플레이어 앞에 무엇이 있는지 알아내야 한다.
- 20~31행: 타격할 객체가 있다면 객체의 태그를 알아낼 전환문에 넣어 해당하는 AttemptMove 호출을 수행한다.
- 45~48행: 마지막으로 OnCantMove 함수 내부에 플레이어가 적을 타격할 때 그 적이 대미지 받는 조건을 추가한다.

마침내 게임에 적 컴포넌트를 추가했다. PCG 방식에서 적은 무작위로 생성되고 플레이어는 도망치거나 싸울 수 있다. 이제 테스트해보자. 여러분의 헬스가 0으로 떨어져 게임이 끝날 때까지 시도해본다.

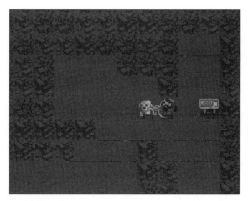

적에 대한 공격

아직 완전하지 않다. PCG를 사용해 게임의 난이도를 조정할 것이다. 타격을 어렵게 하고 더 많은 대미지를 주는 적을 쉽게 만들 수 있지만 게임 플레이 방식을 변경하지는 않을 것이다. 적응할 새 환경을 만들 수 있다면 플레이어에게 더 흥미를 줄 것이다.

▌ 적응형 난이도

적응형 난이도adaptive difficulty는 콘텐트 생성 솔루션이며 적에게 향상된 장비를 주거나 색상과 텍스처 같은 적 특성을 변경할 수 있게 한다. 인공지능 문제도 있을 수 있다. 게임 제작자인 여러분이 게임 플레이 측면에 따라 자연스럽게 하드 모드에 돌입하게 만드는 것을 제외하면 이런 인공지능 문제는 게임 시작 때 하드 모드hard mode를 선택하는 것과 비슷하다.

강해지면 스프라이트를 교체하고 색상을 변경하는 등의 일은 이미 해 놓았으므로 AI 부분을 다룰 것이다. 우리는 적의 AI를 변경함으로써 플레이어에게 난이도를 맞출 조건을 알아볼 것이다. 그대로 놔두면 끝에 가서는 플레이어가 아주 강해져 플레이어에게 한 대만 맞아도 적이 죽을 것이다. 그래서 더 빨리, 더 효율적으로 더 많은 수로 달려들 수 있게 해 플레이어를 당황하게 만들 적이 필요하다.

이렇게 하려면 Enemy 클래스에 있는 AI 기능을 조정해야 한다. 하지만 먼저 언제 어떻게 난이도를 높여야 하는지를 지정할 플래그를 셋업할 것이다. GameManager.cs 스크립트로 시작해보자. 다음 7.9 코드의 변수들을 추가한다.

```
1 public bool enemiesFaster = false;
2 public bool enemiesSmarter = false;
3 public int enemySpawnRatio = 20;
```

코드 7.9의 변수들은 다양한 난이도 증가를 나타낸다. enemiesFaster는 적이 더 이상 차례를 건너 뛰지 않게 한다. enemiesSmarter는 더 효율적인 패스파인딩 알고리즘을 사용하게 한다. enemySpawnRatio는 더 높은 빈도로 적이 나타나게 한다.

이제 이들 플래그를 위한 실제 발생 이벤트를 구현해야 한다. 모든 난이도 상승 이벤트는 플레이어가 더 강해질 때 발생한다. 그래서 Player.cs 스크립트에다가 이벤트 처리기를 놓을 것이다. 다음의 코드 7.10에는 적응형 난이도 이벤트를 실행하는 데 필요한 변경 사항이 나타나 있다.

```
1 private void AdaptDifficulty ( ) {
2     if (wallDamage >= 10)
3         GameManager.instance.enemiesSmarter = true;
4     if (wallDamage >= 15)
5         GameManager.instance.enemiesFaster = true;
6     if (wallDamage >= 20)
7         GameManager.instance.enemySpawnRatio = 10;
8 }
9
10 private void OnTriggerEnter2D (Collider2D other) {
11     if (other.tag == "Exit") {
12         dungeonTransition = true;
13         Invoke ("GoDungeonPortal", 0.5f);
14         Destroy (other.gameObject);
```

```
15      } else if (other.tag == "Food" || other.tag == "Soda") {
16          UpdateHealth(other);
17          Destroy (other.gameObject);
18      } else if (other.tag == "Item") {
19          UpdateInventory(other);
20          Destroy (other.gameObject);
21          AdaptDifficulty ();
22      } else if (other.tag == "Weapon") {
23          if (weapon) {
24              Destroy(transform.GetChild(0).gameObject);
25          }
26          other.enabled = false;
27          other.transform.parent = transform;
28          weapon = other.GetComponent<Weapon>();
29          weapon.AquireWeapon();
30          weapon.inPlayerInventory = true;
31          weapon.enableSpriteRender(false);
32          wallDamage = attackMod + 3;
33          weaponComp1.sprite = weapon.getComponentImage(0);
34          weaponComp2.sprite = weapon.getComponentImage(1);
35          weaponComp3.sprite = weapon.getComponentImage(2);
36          AdaptDifficulty ();
37      }
38 }
```

플레이어의 강력함에 난이도를 맞추기 위한 이벤트 처리는 아주 단순하다. 먼저 AdaptDifficulty라는 함수를 추가했는데, 이 함수에는 각 난이도 증가에 대한 항목이 들어간다. 그러고 나서 플레이어가 강력함을 얻을 때마다, 즉 플레이어가 아이템이나 무기를 주울 때마다 호출할 함수를 추가한다. 코드 내에서 이런 일이 어떻게 동작하는지 알아보자.

- 1~8행: 여기는 AdaptDifficulty 이벤트 처리기 함수다. 플레이어가 줄 수 있는 대미지 정도를 알아내기 위해 점검한다. 10의 대미지 값을 가지면 적은

게 적이 생성된다.

- 10~38행: OnTriggerEnter2D 함수는 아이템과 무기 습득을 처리하는 데 사용된다.
- 21행: 여기서 플레이어에 대한 새 대미지 값을 계산할 것이기 때문에 아이템 습득에 대해 AdaptDifficulty 함수 호출을 추가한다.
- 36행: 여기서도 플레이어에 대한 새 대미지 값을 계산할 것이기 때문에 무기 습득에 대해 AdaptDifficulty 함수 호출을 추가한다.

마지막으로 더 좋은 AI 기능을 포함한 실제 이벤트를 구현해야 한다. 시작하기 위해서는 더 좋은 AI를 어떻게 구현할지 생각해야 한다. 다행스럽게도 현재 AI는 그리 복잡하지 않으므로 어렵지 않게 향상시킬 수 있다.

적 AI

현재 AI는 Enemy.cs 스크립트의 MoveEnemy 함수에서 볼 수 있다. 이 AI는 플레이어 위치에 대한 점검을 수행한다. 적이 플레이어와 같은 x 위치에 있으면 y 방향으로 플레이어 쪽으로 이동할 것이다. x 위치가 다르면 적은 x 방향으로 플레이어에 접근할 것이다.

단순한 적 이동 다이어그램

이 말은 적이 벽을 돌아가지 않을 것이란 뜻이다. 적은 금방 벽에 걸려 플레이어는 아주 쉽게 도망갈 수 있다. 이 점은 플레이어가 거의 대미지를 주지 못하는 게임 초반에 아주 좋은 환경이다. 그런데 우리의 목적은 플레이어가 아주 강해져 적에 맞설 수 있을 때 도망치기 어렵게 만드는 것이다.

벽에 차단당한 적

플레이어가 이동할 차례마다 적을 이동시킬 이벤트를 만든다. 이렇게 하면 적이 벽에 차단당하는 시간이 줄어들 것이다. 그러면 향상된 AI가 작동하기 위해 남은 일은 몇 가지 점검을 추가해 적이 벽을 돌아서 이동하게 만드는 것이다. 또한 적과 플레이어 사이의 거리를 더 가깝게 구할 수 있는 간단한 패스파인딩을 수행할 수도 있다.

적이 할 수 있는 더 효율적인 이동을 선택해보자. 플레이어는 적으로부터 x와 y 축에 대해 어느 정도 떨어져 있을 것이다. 플레이어와 적은 대각선으로 이동할 수 없으므로 이들 사이의 거리는 y 축과 별도로 x 축으로 계산한다. 플레이어에게 도달하기 위해 얼마나 많은 공간이 수평과 수직으로 이동해야 하는지 알게 되면 어느 방향을 택할지 현명한 결정을 내릴 수 있다.

플레이어는 수평으로 1칸, 수직으로 2칸 떨어져 있으므로 적은 수직으로 움직인다

적은 플레이어에게 더 빨리 도달할 수 있게 하기 위해 더 먼 거리 축의 경로를 우선 경로로 잡는다. 한 방향을 선택한 후에는 적이 그 방향으로 무언가에 부딪치지 않을지 점검해야 한다. 그래서 주위 칸을 점검해 적의 이동 방향에 무엇이 있는지 알아낸다. 방해물이 있으면 그 다음의 최선 방향으로 전환한다.

벽을 돌아서 가는 적

단순하게 만들기 위해 적에게 두 가지 선택을 줘서 최적의 경로를 얻는다. 이 책의 앞에서 언급한 바와 같이 패스파인딩은 그 자체로 아주 복잡한 주제다. 이 알고리즘 하나만으로도 훨씬 더 도전적인 게임으로 만들 수 있다.

최적의 경로에 대한 두 가지 시도 후, 벽에 걸린 더 똑똑해진 적

완료

어떻게 해야 하는지 알았으므로 구현을 시작해보자. 편집하기 위해 Enemy.cs 스크립트를 연다. 다음의 코드 7-10에는 적응형 난이도에 필요한 변경 사항이 나타나 있다.

```
1 protected override bool AttemptMove <T> (int xDir, int yDir) {
2     if(skipMove && !GameManager.instance.enemiesFaster) {
3         skipMove = false;
4         return false;
5     }
6     base.AttemptMove <T> (xDir, yDir);
7
8     skipMove = true;
9     return true;
10 }
11
12 public void MoveEnemy () {
13     int xDir = 0;
14     int yDir = 0;
15
16     if (GameManager.instance.enemiesSmarter) {
17         int xHeading = (int)target.position.x -
            (int)transform.position.x;
```

```
18      int yHeading = (int)target.position.y -
        (int)transform.position.y;
19      bool moveOnX = false;
20
21      if (Mathf.Abs(xHeading) >= Mathf.Abs(yHeading)) {
22          moveOnX = true;
23      }
24      for (int attempt = 0; attempt < 2; attempt++) {
25          if (moveOnX == true && xHeading < 0) {
26              xDir = -1; yDir = 0;
27          }
28          else if (moveOnX == true && xHeading > 0) {
29              xDir = 1; yDir = 0;
30          }
31          else if (moveOnX == false && yHeading < 0) {
32              yDir = -1; xDir = 0;
33          }
34          else if (moveOnX == false && yHeading > 0) {
35              yDir = 1; xDir = 0;
36          }
37
38          Vector2 start = transform.position;
39          Vector2 end = start + new Vector2 (xDir, yDir);
40          base.boxCollider.enabled = false;
41          RaycastHit2D hit = Physics2D.Linecast (start, end,
            base.blockingLayer);
42          base.boxCollider.enabled = true;
43
44          if (hit.transform != null) {
45              if (hit.transform.gameObject.tag == "Wall" ||
                hit.transform.gameObject.tag == "Chest") {
46                  if (moveOnX == true)
47                      moveOnX = false;
48                  else
49                      moveOnX = true;
50              } else {
```

```
51                    break;
52                }
53            }
54        }
55
56    } else {
57        if (Mathf.Abs (target.position.x - transform.position.x) <
          float.Epsilon)
58            yDir = target.position.y > transform.position.y ? 1 : -1;
59        else
60            xDir = target.position.x > transform.position.x ? 1 : -1;
61    }
62    AttemptMove <Player> (xDir, yDir);
63
64 }
```

적의 속도 증가 이벤트부터 처리할 것이다. 그러고 나서 향상된 AI 이벤트 논의로 넘어갈 것이다. 코드 7.10의 구현 세부 사항을 살펴보자.

- 2행: 적의 이동 생략에 대해 두 번째 조건을 추가한다. 또한 enemyFaster 지정됐는지 점검해 지정됐을 경우에 이동을 생략하지 않게 한다.

- 16행: MoveEnemy 함수로 가서 enemySmarter 플래그가 지정됐는지 점검한다. 지정됐으면 Enemy 클래스를 위해 더 좋은 패스파인딩 알고리즘으로 이동할 것이다.

- 17~18행: 플레이어로부터 적까지 x와 y 축으로 거리를 계산한다. 음수 값이 될 수도 있는데, 이렇게 되면 왼쪽(음수 x)이나 아래쪽(음수 y)으로 이동할 것을 의미한다. 양수 값이면 오른쪽(양수 x)이나 위쪽(양수 y)이다.

- 19행: moveOnX인 bool 변수는 수평(true) 또는 수직(false)으로 움직일지 지정한다.

- 21~23행: 여기서 x와 y 거리의 크기를 점검한다. 두 거리 중에서 더 긴 거리를 택해 적과 플레이어 간의 거리를 좁힐 거란 점을 기억하라.

- 24행: 최적 경로를 선택할 때 두 번의 시도만 할 것이므로 for 루프를 설정해 필요하다면 두 번 처리를 수행한다.
- 25~36행: 이 블록은 적이 어느 방향으로 움직일지 정한다. moveOnX 변수는 적을 수평으로 움직일지 정한다. xHeading와 yHeading은 음수와 양수 방향으로 움직일지 정한다.
- 38~42행: 그러고 나서 선택한 이동 방향으로 벽이 있는지 점검한다. Player와 MovingObject 클래스에 했던 것과 같은 방식을 통해 RayCastHit2D로 이 작업을 한다.
- 44~53행: 마지막으로 hit의 트랜스폼을 점검해 부딪힐 것이 있는지 점검한다. 부딪히는 게 있으면 벽이나 아이템 상자인지를 알아내야 하고, 그 외의 경우면 플레이어와 부딪힌 게 된다. 벽이나 아이템 상자를 마주쳤다면 moveOnX 변수를 전환해 다른 이동 방향을 시도할 것이다. 아무것도 부딪힌 게 없거나 플레이어와 부딪혔다면 for 루프를 빠져 나와 게임 실행의 나머지 부분을 계속 진행한다.

변경할 게 약간 더 있다. 이 알고리즘이 던전에서 적절히 동작하게 하기 위해 OuterWall 프리팹의 태그를 Wall로 지정해야 한다. 또한 적 생성 빈도 수 늘림 이벤트도 처리해야 한다. 이 작업은 BoardManager.cs 스크립트에서 할 것이다.

BoardManager.cs 스크립트에서는 한 행만 변경하면 된다. addTiles 함수 내에서 else if (Random.Range (0,20) == 1)를 else if (Random.Range (0, GameManager. instance.enemySpawnRatio) == 1)로 변경한다. 이렇게 하면 플레이어가 힘을 얻을 때마다 변경될 GameManager 변수에 따라 적 생성 비율이 정해진다.

모두 완료했으면 적응형 난이도 전체 기능을 테스트해본다. 먼저 오래 살아남아 무기와 하이레벨 아이템을 얻어 적응형 난이도가 작동하게 만들어야 한다. Inspector 탭을 사용해 모든 플래그가 지정됐는지 점검하며 알고리즘이 효력을 발휘했는지 눈으로 확인할 수 있다.

▌ 요약

우리의 PCG 2D 로그라이크 게임을 이제 마쳤다! 이 장에서는 적 세력 컴포넌트를 추가해 플레이어에 대한 난이도를 높였다.

또한 Player 클래스와 같은 기반 클래스를 상속하는 적을 게임에 나오게 했다. PCG 방식으로 적을 무작위로 생성시키고 적절한 시기에 적 소멸을 처리해야 했다. 플레이어의 감시 체계를 갖춰 난이도를 조정했다. 난이도를 높이기 위해 적의 타격 강도나 힘을 높이기 보다는 더 효율적인 AI를 개발해 적을 더 빠르고 더 영리하게 만들었다.

이 장에서 작업을 많이 하긴 했지만 시스템을 향상시키기 위해선 여전히 해야 할 일이 많이 있다. 적응형 난이도를 계속 시험해봐야 한다. AI를 얼마나 향상시켜야 영리한 적이 플레이어처럼 벽 부수는 능력과 더 좋은 패스파인딩을 갖출 수 있는지 알아보라. 적의 영리한 정도를 정하는 데 무작위성을 사용할 수도 있다. 그런 다음에 스프라이트나 색상을 변경해 적의 종류를 구분하게 만들어도 된다. 플레이어에게는 활용 가능한 방어 조절기도 있다는 점을 잊지 말라.

게임플레이 부분은 비교적 완료됐다. 사운드로 분위기를 살릴 차례다. 무작위성과 플레이어의 행위에 바탕을 둔 음악을 만들어 PCG의 더 개념적 영역으로 들어가볼 것이다. 8장에서 2D 로그라이크 게임을 완성해보자.

8

음악 생성

이 장에서 다루는 내용

- 음악 개념
- 반복
- 요약

이 장에서는 마지막으로 음악을 추가해 우리의 로그라이크 게임을 끝낼 것이다. 스토리나 퀘스트 추가, 기타 게임 사운드, 오프닝/클로징 화면과 같이 게임을 세련되게 할 수 있는 일이 여전히 많이 있다. 하지만 이런 여분의 작업은 여러분 몫으로 남겨두니 새롭게 얻은 PCG 지식으로 마무리하길 바란다.

음악은 절차적으로 생성할 수 있는 더 이론적인 주제 중 하나다. 콘텐트를 절차적으로 어떻게 생성할지에 대한 일반 지식이 필요하고 통일성 있는 멜로디를 제작할 수 있게 음악 이론에 대한 지식도 필요하다. 하지만 걱정하지 마라. 이런 작업을 처리하는 데 필요한 정보를 줄 과정을 차근차근 알아볼 것이다. 다음은 이 장에서 배울 내용이다.

- 간단한 음악 이론
- 새 이론에 따른 알고리즘 작성
- 새 주제로 작업할 때의 코드 모듈화

음악을 좀 알고 있는 사람이라면 이 장을 완료하는 데 필요한 지식을 이미 지니고 있을지 모르겠다. 하지만 그렇지 않은 독자를 위해 기본적인 음악 이론을 다룰 것이다. 이 장을 끝내는 데 필요한 만큼의 음악 이론만 다룰 것이므로 편안히 여러분 스스로 연구를 해보고 좀 더 알아보길 바란다. 이제 마지막 로그라이크 게임 장을 시작해보자!

▌음악 개념

음악은 오랫동안 존재해왔다. 정확히는 선사시대부터였고 아주 복잡한 구조로 발전했다. 음악이 복잡하고 배우기에 오랜 세월이 걸리지만 아주 정형화돼 있다. 음악 아이디어를 공식으로 추상화할 수 있으므로 음악을 제작하는 알고리즘을 만들 수 있다.

템포

첫 번째 알아야 할 사항은 노래가 템포tempo를 따른다는 점이다. 노래의 템포는 노래의 진행 속도다. 노래 안에 담긴 모든 사운드는 한 마디마다 일정한 범위의 템포를 갖는다. 해당 마디는 보통, 템포를 가지면서도 나눌 수 있는데, 1/4번째, 1/8번째, 1/16번째인 식이다. 다음 그림에서 템포를 살펴볼 수 있다.

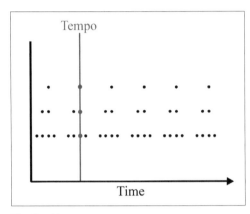

템포의 표시

템포란 말을 들어본 적이 없다면 낯설게 들릴 것이다. 그래프나 선 위에 점을 찍어서 템포를 따르는 각 사운드를 표시할 수 있다. 템포는 x축을 따라 양의 방향으로 이동하는 수직선으로 볼 수 있다. 템포 선이 사운드 점에 닿을 때마다 소리가 나게 된다.

템포 선은 일정한 비율로 움직이지만 사운드 점은 서로 멀리 떨어지거나 가깝게 놓일수 있다. 사운드 점은 일반적으로 고른 분포로 템포 시간 프레임 안에 놓이게 된다. 어느 한 템포로 고르게 사운드를 재생하면 노래에 하모니harmony를 만든다[1].

템포를 단순한 타이머로 생각할 수 있다. 타이머는 게임 개발에 폭넓게 쓰이므로, 타이머를 잘 모르더라도 이 장에서 배우게 될 것이다. 타이머를 설정해 카운트를 시작하고 타이머가 끝날 때까지 사운드를 재생할 수 있다. 이것을 템포의 기본으로 삼자.

---

1 조화롭게 들리게 한다는 뜻이다. – 옮긴이

멜로디

노래에서 멜로디^{melody}란 템포를 따르는 사운드의 높낮이며 전체로서 흥미롭고도 가락이 아름다운 사운드를 만든다. 멜로디를 만들기 위해 템포 타이머를 사용해 특정 시간대에 사운드를 재생할 것이다. 하지만 하나의 타이머로 한 사운드만 재생하는 것은 충분치 않을 것이다.

더 흥미로운 멜로디를 만들려면 해당 템포 내에서 사운드 재생 시간과 시기를 꼭 변화시켜야 한다. 해당 템포 내에서 무작위로 사운드를 재생하는 것은 좋지 않을 수 있는데, 그 이유는 이 장의 뒤쪽에서 음악 제작을 처음 시도해보면서 알게 될 것이다. 불협화음으로 플레이어를 거슬리게 하지 않는 멜로디를 만들려면 마디마다 동일한 템포로 사운드를 재생해야 한다.

다음 그림에는 x축이 시간인 좌표평면이 나타나 있다. 템포는 시간이 지나면서 x축을 따라 이동한다. 템포가 사운드 점에 닿으면 해당 사운드가 재생될 것이다. 모든 점이 x축 위에만 찍혀 있으면 겹치는 경우가 있기 때문에 읽기 쉽게 y좌표에 변화를 준다.

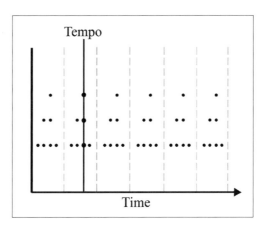

템포 구분 표시

이렇게 해서 템포의 1/4번째, 1/8번째, 1/16번째라는 사운드 재생 개념이 나오게 된다. 멜로디를 조화롭게 유지하려면 해당 템포 타이머를 구분지어 사운드에 일정한 간격을 둔다. 하지만 그 다음에는 재생할 사운드도 고려해야 한다.

게임을 만드는 데 다양한 아트 애셋이 필요하듯이 노래를 만드는 데 다양한 사운드가 필요하다. 또한 PCG에서는 아트로 작업할 때 가능한 한 아트를 많이 재사용해야 하는 것처럼 사운드의 적은 양으로도 사운드 대부분을 만들 수 있어야 한다. 다행스럽게도 약간의 사운드로 대부분을 얻을 수 있는 간단한 방법이 있다.

첫째, 다음 그림에 나타난 것과 같이 사운드의 재생 시간을 변화시키면 된다. 우리는 긴 시간 동안 재생되는 사운드와 짧은 구간으로 재생되는 사운드를 사용할 것이다. 둘째, 음률의 높낮이pitch를 변화시켜 사운드가 재생되는 곳의 음표를 변경하면 된다. 이렇게 하면 사운드의 음정tone을 높이거나 낮출 것이다.

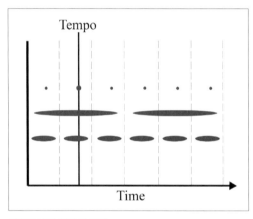

사운드 길이 변화의 표시

▌ 반복

대부분의 음악은 일종의 반복을 따른다. 보통, 노래는 VCVC와 같이 어떤 패턴으로 노래의 부분들을 반복한다. 여기서 V는 음악이 구성에 변화를 줄 절^{verse}을 나타내고 C는 음악 구성이 일정한 곳에서의 화음^{chorus}을 나타낸다. 우리는 간단한 멜로디를 반복할 구실로 이 반복 개념을 사용할 것이다.

우리는 1절과 같이 음악의 한 부분을 제작하고 그것을 계속 반복할 것이다. 전체로 보면 이렇게 하는 것이 흥미가 떨어지긴 하지만 원하는 만큼은 달성하는 셈이다. 노래의 1절만 반복하면 노래의 음정은 더 단조로워져 배경음에 묻히게 될 것이다. 그렇게 되면 플레이어는 게임에서 음악으로 흥미진진함을 느끼지 못한다는 점은 알아두기 바란다.

템포, 멜로디, 반복에 대한 기본을 알았으므로 간단한 음악을 만들 준비가 됐다. 절차적으로 노래를 생성할 것이기 때문에 이전에 했던 것처럼 알고리즘에 대한 계획을 세워야 한다. 이 작업을 통해 더 큰 작업으로 나갈 수 있다는 점을 명심하라.

 더 복잡한 절차식 음악 생성기의 좋은 예는 http://abundant-music.com/에서 경험할 수 있다. 이 도구를 조작해보고 절차적으로 생성된 음악을 만드는 데 영감을 얻길 바란다.

절차적으로 생성된 음악 알고리즘

알고리즘 설계는 템포부터 시작할 것이다. 앞에서 언급했듯이 간단한 타이머를 템포 개념으로 추상화할 수 있다. 그래서 타이머를 무작위 구간으로 지정할 것이다. 타이머가 0을 찍으면 사운드를 재생하고 타이머를 리셋한다.

이것은 아주 단순한 것 같지만 고려해야 할 것이 있는데, 바로 사운드의 재생 길이다. 사운드의 재생 길이를 변화시켜 사운드 재생을 언제 그리고 얼마나 오래할지 알아야 한다. 그냥 타이머를 안 쓸 수도 있지만, 그렇게 하면 노래가 반복될 때 사운드 재생 시간이 달라질 수 있다.

마디

마디measure라는 단일 구조로 전체 노래를 짜맞춘다고 생각할 수 있다. 마디는 반복하기에 앞서 해당 노래의 전체 시간 프레임이다. 템포를 유지하기 위해 노래가 재생할 작은 영역으로 마디 시간 프레임the measure time frame을 나눌 것이다.

다음 그림은 마디를 표시한 것이다. 여기에는 3개의 수평 시간 영역이 있는데 자체 시간 프레임 속에서 재생할 각 사운드를 나타낸다. 템포는 시간이 0에서 t로 늘어날 때(우리가 원하는 만큼) 템포는 왼쪽에서 오른쪽으로 이동할 것이다.

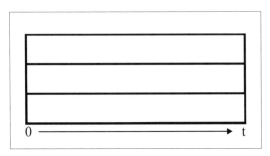

사운드의 마디 표시

사운드를 일정한 시간 프레임으로 제한하면 전체 노래의 하모니가 향상될 것이다. 그렇다고 너무 하모니를 강조하면 단조롭거나 싸구려 티가 나게 된다. 하지만 해당 마디는 노래가 타이밍을 놓치지 않게 되어 시간 초과로 변형되지 않아 좋긴 한데, 플레이어에게는 약간 거슬릴 수도 있다.

마디 분할

단순하게 하기 위해 우리 노래는 3개의 별도 사운드로 구성할 것이다. 원한다면 더 많은 사운드를 추가해도 된다. 각 사운드에 대해 제각각 마디를 나눌 것이다. 사운드 진동수와 재생 시간을 올바로 맞추기 위해 마디를 나누는 데 약간의 수학을 사용할 것이다.

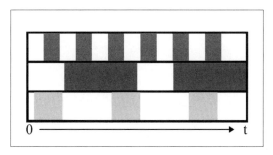

사운드 분할이 돼 있는 마디

해당 마디에서 몇 번이나 사운드를 재생할지 무작위로 선택할 수 있다. 그다음으로, 사운드 인스턴스의 재생 길이를 정해야 한다. 마디의 작은 분할 내에서는 사운드를 무작위로 재생할 수 있다. 해당 마디를 사운드가 재생되는 횟수로 나누면 사운드가 그 분할을 넘어서지 않게 재생할 수 있다.

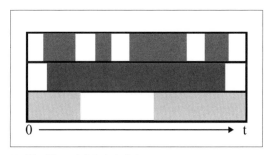

무작위 사운드 길이를 가진 마디

그러고 나서 사운드 재생 길이 사이에 공간(앞 그림에서 흰 공백)을 추가한다. 이런 분할로 사운드가 재생되지 않을 일정한 주기가 만들어진다. 이렇게 해서 해당 사운드 줄은 마디 내에 잘 짜맞춰지고 적절히 공간을 활용하게 된다.

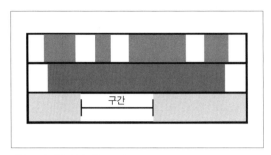

사운드가 재생되지 않는 구간

한 마디 내에 각기 분할된 여러 개의 사운드 줄을 추가해 해당 마디에 맞춰 넣을 수 있다. 타이머 템포를 따르면서 동일한 마디 내에서 재생하는 각 사운드의 레이어를 통해 우리 노래가 만들어질 것이다. 그다음으로는 사운드가 재생될 때마다 그냥 음 높낮이를 조작해 사운드 변형을 만들어낼 것이다.

이것으로 우리의 알고리즘을 아주 잘 정의했다. 이제 이 알고리즘을 코드로 작성해야 한다. 하나의 사운드로 시작해 끝까지 가보자.

베이스 라인

베이스 라인base line이란 자연스럽게 낮춘 사운드다. 하나의 저음을 사용해 마디 분할 내에 이런 베이스 라인을 만들 것이다. 그러나 먼저 SoundManager라는 스크립트를 셋업해야 한다.

스크립트 셋업

먼저 게임 음악을 구성할 사운드를 관리하는 GameObject를 셋업하자. GameManager 클래스와 아주 비슷한 SoundManager 클래스를 만들 것이다. 다음 단계를 통해 사운드 관리자를 만들 수 있다.

1. 비어 있는 새 GameObject를 생성한다.

2. 이 GameObject에 Sound Manager라는 이름을 지정한다.

3. Sound Manager GameObject에 3개의 오디오 소스 컴포넌트를 추가한다.

Sound Manager 게임 객체를 만든 후에 사운드 몇 개를 임포트해야 한다. 다운로드한 파일에서 Chapter 8 폴더에 3개의 주요 사운드가 있을 것이다. Sounds라는 폴더를 만들어 sound1.wav, sound2.wav, sound3.wav를 임포트한다.

그리고 나서 Sound Manager 게임 객체로 되돌아와 각 사운드를 3개 오디오 소스의 Audio Clip 영역에 추가한다. Sound Manager 셋업에 대한 일은 이것으로 끝난다. 사용할 3개 사운드 중 2개는 특별한 음질이 있다는 점을 알아둔다.

 이 3개의 사운드 모두 http://www.audiosauna.com/studio/의 **AudioSauna**라는 온라인 신시사이저를 사용해 만들었다.

이들 사운드의 wave 형식에는 시간 제한이 없기 때문에 sound1.wav와 sound2.wav는 좀 더 긴 시간 프레임(약 7초) 동안 녹음했다. 이 말은 어느 시간 후에 사라지는 sound3.wav와는 반대로 어느 시간 동안 일정한 비율로 이들 사운드를 재생할 수 있다는 뜻이다.

사운드 관리자 스크립트

모두 셋업이 됐으면 스크립트를 작성할 차례다. Scripts 폴더에 SoundManager.cs 스크립트를 생성한다. 그리고 나서 편집하기 위해 이 스크립트를 연다. 다음의 코드 8.1에는 새로운 SoundManager 클래스가 나타나 있다. 주의를 당부하자면, 다음 코드는 최종 코드가 아니며 이 장을 진행하면서 수정해나갈 것이다.

```
1  using UnityEngine;
2  using System;
3  using System.Collections;
4  using Random = UnityEngine.Random;
5
6  public class SoundManager : MonoBehaviour {
7
8      public static SoundManager instance = null;
9
10     public AudioSource highSource;
11     public AudioSource midSource;
12     public AudioSource lowSource;
13
14     public float lowPitchRange = 0.0f;
15     public float highPitchRange = 0.0f;
16
17     public float measure = 0.0f;
18
19     public float[] basePlayTime;
20     public float basePlayTimer = 0.0f;
21     public float baseInterval = 0.0f;
22     public float baseIntervalTimer = 0.0f;
23     public int baseCords;
24     private float[] basePitchRanges;
25     public int basePitchRangeCount = 0;
26
27     void Awake() {
28         if (instance == null)
29             instance = this;
30         else if (instance != this)
31             Destroy(gameObject);
32
33         DontDestroyOnLoad(gameObject);
34
35         lowPitchRange = 0.25f;
```

```
36    highPitchRange = 1.75f;
37
38    Init();
39  }
40
41  void Update() {
42
43    PlaySoundLine(lowSource,
44      basePlayTime,
45      ref basePlayTimer,
46      baseInterval,
47      ref baseIntervalTimer,
48      baseCords,
49      basePitchRanges,
50      ref basePitchRangeCount);
51  }
52
53  private void Init() {
54
55    measure = Random.Range(3.0f, 20.0f);
56    float playTotal = 0.0f;
57
58    baseCords = Random.Range(3, 7);
59    basePlayTime = new float[baseCords];
60    basePitchRanges = new float[baseCords];
61    for (int i = 0; i < baseCords; i++)
62    {
63      basePlayTime[i] = Random.Range(3.0f / baseCords, measure /
        baseCords);
64      playTotal += basePlayTime[i];
65      basePitchRanges[i] = Random.Range(lowPitchRange,
        highPitchRange);
66    }
67    basePlayTimer = basePlayTime[0];
68
69    baseInterval = (measure - playTotal) / baseCords;
```

```
70    baseIntervalTimer = baseInterval;
71  }
72
73  private void PlaySoundLine(AudioSource audio,
74    float[] playTime,
75    ref float playTimer,
76    float interval,
77    ref float intervalTimer,
78    int cords,
79    float[] pitchRanges,
80    ref int pitchRangeCount)
81    {
82      if (pitchRangeCount >= cords)
83      {
84        pitchRangeCount = 0;
85      }
86
87      if (playTimer > 0)
88      {
89        playTimer -= Time.deltaTime;
90        if (!audio.isPlaying)
91        {
92          audio.pitch = pitchRanges[pitchRangeCount];
93          audio.Play();
94          pitchRangeCount++;
95        }
96      }
97      else if (playTimer <= 0)
98        {
99          audio.Stop();
100
101          if (intervalTimer > 0)
102          {
103            intervalTimer -= Time.deltaTime;
104            }
```

```
105            else if ( intervalTimer <= 0)
106            {
107                playTimer = playTime[pitchRangeCount];
108                intervalTimer = interval;
109            }
110        }
111    }
112 }
```

이 코드는 조금 큰 코드 블록으로 돼 있으므로 블록 단위로 살펴볼 것이다. 먼저 선언부를 알아보고 나서 Awake 함수, 그다음으로 Init와 PlaySoundLine로 건너뛰고 마지막으로 Update 함수로 되돌아올 것이다. 이 순서로 SoundManager 코드 설명을 살펴보자.

- 1~4행: 이 부분은 이 책을 통해 봐왔던 일반적인 using 디렉티브다.

- 8~25행: 이들 행은 변수 선언이며 꽤 많이 있다. 각 변수에 대해서는 간략히 설명할 것이다. SoundManager 인스턴스(SoundManager 클래스)는 싱글턴으로 할 것이므로 GameManager 클래스와 꼭 같게 셋업한다.

- 10~12행: 여기는 AudioSource 참조다. 각 사운드는 Sound Manager 프리팹에 부착시킨 AudioSource로부터 호출될 것이다. 지금 당장은 lowSource 인스턴스로만 작업할 것이다.

- 14~15행: 사운드가 가질 수 있는 높낮이 범위다. 이 값을 동적으로 변경할 것이므로 일단 0으로 초기화했다.

- 17행: 이것은 마디 변수인데, 모든 사운드가 재생되는 시간 프레임을 표현하는 single float 값으로 할 것이다.

- 19행: lowSource 인스턴스에 대한 재생 시간. 다른 사운드가 따를 템포/리듬을 이 변수가 구성할 것이기 때문에 이 변수를 바탕 사운드로 참조할 것이다. 사운드가 하나의 마디로 여러 번, 그리고 다른 길이로 재생할 것이기 때문에 basePlayTime은 배열로 했다.

- 20행: basePlayTimer는 재생 타이머다. 현재 lowSource 사운드의 재생 길이를 맞출 전용 변수가 필요하다. 이와 같은 변수를 여러 개 둘 것이다.

- 21행: baseInterval은 내부 시간 프레임이다. 이 구간은 사운드 재생 사이의 시간의 양이다. 알고리즘 설계에서 이 값을 사용해 다른 값을 계산할 것이라고 한 점을 기억하라.

- 22행: baseIntervalTimer은 또 다른 전용 타이머다. 이것은 내부 또는 사운드 재생 사이의 대기 구간을 맞추는 용도로 쓴다.

- 23행: baseCords는 한 마디 내에서 재생할 횟수다. 이 숫자는 basePlayTimes와 basePitchRanges 배열의 길이가 될 것이다.

- 24행: basePitchRanges는 basePlayTimes와 관련한 높낮이 범위 값을 저장하는 배열이다.

- 25행: 마지막으로 어느 값을 사운드에 부착시켜야 하는지를 알아내기 위해 pitchRangeCount를 사용할 것이다.

- 27~39행: 이들 변수 선언 다음에 Awake 함수가 있다. 여기서 GameManager 클래스에서 하던 것처럼 SoundManager 클래스를 싱글턴으로 셋업할 것이다. 그러고 나서 높낮이 범위의 초기 값을 지정하고 마디 내의 사운드를 계산할 Init 함수를 호출한다.

- 53~71행: Init 함수에서 마디의 길이를 정하고 그 마디 내에서 사운드를 어떻게 재생할 것인지 계산한다. 먼저 마디 길이를 무작위로 정하고 나서 사운드 재생에 그 마디를 전체 몇 번을 사용할 것인지 알아내는 도우미 변수를 선언한다.

- 58~60행: baseCords로 사운드 재생 횟수를 무작위로 정한다. 그러고 나서 그 수를 사용해 basePlayTimes와 basePitchRanges 배열을 초기화한다.

- 61~66행: basePlayTimes을 계산할 때 수학이 약간 들어간다. basePlayTimes 배열이 무작위로 결정되게 할 것이지만 너무 길게 하면 안 된다. 그렇게 되면 마디 타이밍에 문제가 생긴다. 그래서 최소 범위는 (마디의 최소 길이) ÷ (원하는

사운드 재생 횟수) 값 이상 동안 사운드를 재생하게 지정한다. 마찬가지로 (마디의 전체 길이) ÷ (사운드 재생 횟수) 값 이하 동안 사운드를 재생할 수 있다. 이렇게 하면 사운드가 그 마디 내에 잘 맞춘 구간으로 재생되게 제한한다. 그러고 나서 이렇게 계산된 재생 시간을 playTotal의 합계에 추가하고 사운드 재생을 위한 높낮이를 무작위화한다.

- 67행: basePlayTimer 배열을 초기화해 첫 번째 재생 시간을 저장한다.

- 69~70행: 마지막으로 baseInterval 배열을 계산해 사운드가 재생하지 않을 나머지 시간을 균등하게 배분한다. 이렇게 하기 위해 전체 마디 시간에서 전체 재생 시간을 뺀 후 사운드 재생 횟수로 나눈다.

- 73~112행: PlaySoundLine 함수로 이동하는데, 이 함수에서 AudioSource 메서드를 호출하고 재생 타이머가 실행할 것이다. lowSource 사운드에 대해 추적하는 모든 변수를 이 함수에게 전달한다. 이들 변수 중 몇 개, 즉 주로 타이머는 ref로 전달되는데, 이 말은 그 값이 스크립트에서 전역으로 업데이트될 것이라는 뜻이다.

- 82~85행: 여기는 pitchRangeCount 변수를 리셋하는 점검 부분이다. pitchRangeCount 변수는 어느 높낮이가 사운드에 적용될지를 나타내며 시간이 지나면서 커지게 된다.

- 87~96행: 이곳의 첫 번째 점검에서는 playTimer이 실행 중인지를 알아본다. 타이머가 아직 0에 도달하지 않으면 시간을 감소시킨다. 그러고 나서 사운드가 재생 중인지를 점검한다. 재생 중이 아니면 선택된 높낮이로 재생하고 다음번 재생을 위해 pitchRangeCount를 조정한다. 사운드가 재생 중이면 그 노래 재생을 건너뛸 수 있는지를 알아보고 처음부터 시작하지 않게 한다.

- 97~111행: playTimer 변수가 0이 되면 사운드를 멈춘다. 또한 대기 구간을 시작할 것이다. intervalTimer 변수가 0이 된 후 사운드 재생 동안 조정된 pitchRangeCount 값과 같게 playTime 값을 지정한다. pitchRangeCount을 동적인 값으로, cords를 상수로 사용해 리셋한다.

- 14~51행: 마지막으로 Update 함수는 PlaySoundLine 함수를 호출한다. Update 함수는 프레임당 한 번 호출되는데, 게임에서 1초 내에 여러 번 발생하므로 타이밍 사용에 이상적이다.

이후로 Sound Manager 프리팹에 이 스크립트를 추가한다. Sound Manager 컴포넌트에 있는 3개 오디오 소스를 SoundManager 스크립트의 소스 위치에 추가해야 한다. 그러고 나서 게임을 실행해본다. 낮은 베이스 사운드가 들려야 한다. 게임을 여러 번 중단했다가 시작해보고 사운드가 어떻게 변하는지 들어보라.

좀 괜찮게 들리긴 하겠지만 다 끝난 것이 아니다. 단 하나의 사운드 재생만으로 노래가되는 것이 아니다. 그래서 다음에는 두 개의 다른 사운드를 추가할 것이다. 그에 앞서먼저 좋은 코딩 습관을 알아보자.

지금 바로 우리 스크립트에 사운드를 쉽게 추가할 수 있지만 그렇게 하면 괜찮은 코드로 구성되지 않을 것이다. 기반 사운드에 대해 많은 수의 변수가 들어가며 새 사운드당그 수만큼의 변수를 추가해야 할 것이다. 예를 들기 위해 다음의 코드 8.2를 살펴보자.

```
1 public float basePlayTime = 0.0f;
2 public float basePlayTimer = 0.0f;
3 public float baseInterval = 0.0f;
4 public float baseIntervalTimer = 0.0f;
5 public int baseCords;
6 private float[] basePitchRanges;
7 public int basePitchRangeCount = 0;
8
9 public float midPlayTime = 0.0f;
10 public float midPlayTimer = 0.0f;
11 public float midInterval = 0.0f;
12 public float midIntervalTimer = 0.0f;
13 public int midCords;
14 private float[] midPitchRanges;
15 public int midPitchRangeCount = 0;
```

```
16
17 public float highPlayTime = 0.0f;
18 public float highPlayTimer = 0.0f;
19 public float highInterval = 0.0f;
20 public float highIntervalTimer = 0.0f;
21 public int highCords;
22 private float[] highPitchRanges;
23 public int highPitchRangeCount = 0;
24
25 void Update ( ) {
26     PlaySoundLine (lowSource,
27         basePlayTime,
28         ref basePlayTimer,
29         baseInterval,
30         ref baseIntervalTimer,
31         baseCords,
32         basePitchRanges,
33         ref basePitchRangeCount);
34
35     PlaySoundLine (midSource,
36         midPlayTime,
37         ref midPlayTimer,
38         midInterval,
39         ref midIntervalTimer,
40         midCords,
41         midPitchRanges,
42         ref midPitchRangeCount);
43
44     PlaySoundLine (highSource,
45         highPlayTime,
46         ref highPlayTimer,
47         highInterval,
48         ref highIntervalTimer,
49         highCords,
50         highPitchRanges,
51         ref highPitchRangeCount);
```

```
52
53 }
```

보다시피 코드 내에서 다량으로 반복되며 불필요하게 파일이 커지게 된다. 이렇게 하지 않고 좀 더 모듈식으로도 만들 수 있다. 사운드 변수, 사운드 계산, 사운드 재생을 캡슐화하는 클래스를 하나 추가하면 새 사운드를 추가할 때 단 몇 줄의 코드만 쓰면 된다. 이렇게 하면 사운드를 동적으로 추가할 수 있는 시스템을 고안할 수 있기 때문에 스크립트의 규모를 더 좋게 만들 수 있다.

우리가 할 일은 단지 Sound Manager 내에 클래스 하나를 선언하고 나서 이 새 클래스 속에 해당 기능을 복사해 넣으면 된다. 그리고 나서 클래스 메서드를 호출하기 위해 함수들을 약간 고친다. 이 작업을 어떻게 하는지 알아보기 위해 다음의 코드 8.3을 살펴보자.

```
1 public class SoundManager : MonoBehaviour {
2
3     [Serializable]
4     public class AudioCtrl
5     {
6         public float[] pitchRanges;
7         public float[] playTimes;
8         public float playTimer;
9         public float interval;
10        public float intervalTimer;
11        public int cordCount;
12        public int rangeCount;
13
14        public AudioCtrl () {
15            playTimer = 0.0f;
16            interval = 0.0f;
17            intervalTimer = 0.0f;
18            cordCount = 0;
```

```
19              rangeCount = 0;
20          }
21
22      public void CalculateAudio (float measure, int minFreq, int
        maxFreq, float low, float high) {
23          float playTotal = 0.0f;
24
25          cordCount = Random.Range (minFreq, maxFreq);
26          playTimes = new float[cordCount];
27          pitchRanges = new float[cordCount];
28          for (int i = 0; i < cordCount; i++) {
29              playTimes[i] = Random.Range (minFreq/cordCount, measure/
                cordCount);
30              playTotal += playTimes[i];
31              pitchRanges[i] = Random.Range(low, high);
32          }
33          playTimer = playTimes[0];
34
35          interval = (measure - playTotal) / cordCount;
36          intervalTimer = interval;
37      }
38
39      public void PlaySoundLine (AudioSource source) {
40
41          if (rangeCount >= cordCount) {
42              rangeCount = 0;
43          }
44
45          if (playTimer > 0){
46              playTimer -= Time.deltaTime;
47              if (!source.isPlaying) {
48                  source.pitch = pitchRanges[rangeCount];
49                  source.Play();
50                  rangeCount++;
51              }
52          }
```

```
53          else if (playTimer <= 0){
54              source.Stop();
55
56              if (intervalTimer > 0){
57                  intervalTimer -= Time.deltaTime;
58              }
59              else if (intervalTimer <= 0){
60                  playTimer = playTimes[rangeCount];
61                  intervalTimer = interval;
62              }
63          }
64      }
65  }
66
67  public static SoundManager instance = null;
68
69  public AudioSource highSource;
70  public AudioSource midSource;
71  public AudioSource lowSource;
72
73  public float lowPitchRange = 0.0f;
74  public float highPitchRange = 0.0f;
75
76  public float measure = 0.0f;
77
78  public AudioCtrl baseAudio;
79  public AudioCtrl midAudio;
80  public AudioCtrl highAudio;
81
82  void Awake () {
83      if (instance == null)
84          instance = this;
85      else if (instance != this)
86          Destroy (gameObject);
87
88      DontDestroyOnLoad (gameObject);
```

```
89
90        lowPitchRange = 0.25f;
91        highPitchRange = 1.75f;
92
93        baseAudio = new AudioCtrl();
94        midAudio = new AudioCtrl();
95        highAudio = new AudioCtrl();
96
97        FormAudio();
98    }
99
100   void Update () {
101       baseAudio.PlaySoundLine (lowSource);
102       midAudio.PlaySoundLine (midSource);
103       highAudio.PlaySoundLine (highSource);
104   }
105
106   public void FormAudio () {
107       measure = Random.Range (1.0f, 20.0f);
108
109       baseAudio.CalculateAudio(measure, 3, 7, lowPitchRange,
          highPitchRange);
110       midAudio.CalculateAudio(measure, 2, 6, lowPitchRange,
          highPitchRange);
111       highAudio.CalculateAudio(measure, 5, 10, lowPitchRange,
          highPitchRange);
112
113   }
114 }
```

또 다시 큰 코드 블록이 나왔지만 이 코드는 기능 추가보다 코드 재배열이 더 많다는
점을 명심하라. 이 코드의 주요 작업은 더 많은 사운드를 쉽게 추가할 수 있게 사운드
효과를 모듈화한 것이다. 어떤 동작을 하는지 코드를 살펴보자.

- 3~4행: 여기는 새로운 AudioCtrl 도우미 클래스의 선언부다. 유니티 편집기에서 해당 변수를 직접 지정할 수 있게 클래스를 Serializable로 지정했다.
- 6~12행: AudioCtrl 클래스의 이 행들은 바탕 사운드를 관리하는 데 사용했던 변수들이다. 이 변수들이 현재 어떠한 AudioCtrl 사운드에 대해 보편적으로 쓰일 것이기 때문에 이름을 약간 고쳤다.
- 14~20행: 이것은 AudioCtrl 생성자다. 그냥 모든 값을 0으로 초기화한다. 배열들은 클래스의 뒤쪽에서 초기화될 것이다.
- 22~37행: AudioCtrl 클래스의 CalculateAudio 메서드는 사운드 변수들을 사용해 마디에 따른 사운드의 재생 시간을 계산할 것이다. 이것은 바로 전 코드의 Init 함수다.
- 38~63행: PlaySoundLine 함수 또한 이전 코드의 PlaySoundLine 함수다. AudioCtrl 내부 변수들을 사용하기 위해 변수 이름을 약간 바꿨다.
- 67~80행: AudioCtrl 클래스 선언 이후에 SoundManager 클래스에 대한 일반 변수 선언을 둔다. 여기서 차이점이라면 각 사운드 소스에 대한 한 무리의 변수를 선언하는 대신에 새 AudioCtrl 인스턴스를 선언한 것이다.
- 82~98행: Awake 함수 내에서 AudioCtrl 인스턴스를 초기화하고 FormAudio라는 새 함수를 호출한다.
- 100~104행: Update 함수는 여전히 3개 함수만 호출해 다른 사운드를 추가하지만, 이들 함수는 효율적으로 분류된 것보다 훨씬 더 간결하다.
- 106~113행: 마지막으로, FormAudio 함수는 각 AudioCtrl 인스턴스의 CalculateAudio를 호출하기 위한 구동자driver 역할만 한다. 마디 길이도 여기서 정한다. 이 함수 호출에서 숫자는 마디 내에서 몇 번 사운드를 재생하는지에 대한 최소와 최대 범위를 나타낸다. 이 숫자를 여러 값으로 변경해서 괜찮은 사운드 조합을 만들어보라.

이제 코드를 정리했고 동시에 우리의 노래에 2개 이상의 사운드를 추가했다. 유니티 편집기로 되돌아가 새 셋업을 테스트해본다. 게임 객체에 있는 SoundManager 스크립트의 오디오 소스를 리셋해야 할지도 모른다.

게임을 중지했다가 시작해 새 노래가 나오게 한다. 가끔 노래가 빠르거나 느리다는 점을 알아챌 것이다. 노래의 페이스pace와 템포가 FormAudio 함수에서 지정한 마디 범위로 제어된다.

게임 도중에 마디를 조작해 음악의 템포를 변경할 수 있다면 재미있는 조정이 될 것이다. 보통, 게임에서 이동할 때는 단조로운 음악이 나오다가 전투나 그와 유사한 상황을 만나면 음악이 긴장감 있고 템포가 증가한다. 게임 내에서 하는 일에 따라 노래의 템포를 변경하는 기능을 추가해보자. 또한 노래의 멜로디 특성도 늘어나게 조정할 수 있다.

긴장감의 추가

이런 추가는 당연히 GameManager 클래스에다가 해야 하지만 SoundManager 클래스에서 시작할 것이다. 먼저 노래에 더 많은 멜로디를 추가할 것이다. 음악에는 높낮이 성질이 있다. 사운드는 높낮이로 리듬을 생성한다.

높낮이 제어를 추가해 비슷한 효과를 시도할 것이다. 이런 변경은 SoundManager 클래스의 CalculateAudio 함수에서 할 것이다. 다음의 코드 8.4를 살펴보고 변경 사항을 알아보자.

```
1 public void CalculateAudio (float measure, int minFreq, int
  maxFreq, float low, float high) {
2     float playTotal = 0.0f;
3     float lastPitch = Random.Range(low, high);
4     int switchPitchCount = Random.Range(3, maxFreq);
5     int switchPitch = 0;
6     int pitchDir = Random.Range(0, 2);
7
```

```
8       cordCount = Random.Range (minFreq, maxFreq);
9       playTimes = new float[cordCount];
10      pitchRanges = new float[cordCount];
11      for (int i = 0; i < cordCount; i++) {
12          playTimes[i] = Random.Range (minFreq/cordCount,
            measure/cordCount);
13          playTotal += playTimes[i];
14          if (pitchDir == 0) {
15              lastPitch = pitchRanges[i] = Random.Range(low, lastPitch);
16          }
17          else if (pitchDir == 1) {
18              lastPitch = pitchRanges[i] = Random.Range(lastPitch,
                high);
19          }
20          switchPitch++;
21          if (switchPitch == switchPitchCount) {
22              if (pitchDir == 0)
23                  pitchDir = 1;
24              else
25                  pitchDir = 0;
26          }
27      }
28      playTimer = playTimes[0];
29
30      interval = (measure - playTotal) / cordCount;
31      intervalTimer = interval;
32 }
```

높낮이를 알아낼 새 지역 변수를 추가했다. 그러고 나서 피치pitch를 낮추거나 높이게 조정할 것인지 지시할 몇 가지 점검을 추가했다. 이제 코드를 살펴보자.

- 3행: lastPitch은 현재 피치 값이 될 것이다.
- 4행: switchPitchCount은 피치 값이 변하는 횟수다.
- 5행: switchPitch은 피치의 증가나 감소를 전환하는 것을 나타내는 플래그다.

- 6행: pitchDir는 피치가 증가하거나 감소할 표시기다. 증가하면 1, 감소하면 0이다.
- 14~19행: 플레이 시간으로 사운드의 피치를 계산할 것이다. 먼저, 피치가 어느 방향으로 갈지 알아본다. 0이면 피치를 그대로 두거나 낮춘다. 1이면 피치를 그대로 두거나 높인다.
- 20~26행: 피치나 사운드 재생을 선택한 후에 피치 방향의 카운트다운에 추가한다. 피치 방향을 변경할 시간이 되면 pitchDir를 조정한다.

빠르게 변경해 음악에 좀 더 멜로디를 준다. PlaySoundLine 호출에서 이것을 사용하고 빈도 값을 조정해 원하는 일반적인 사운드를 생성한다. 이제 게임 중에 마디를 조정하는 곳으로 이동할 것이다.

여전히 SoundManager 클래스 속에 약간 변경할 게 있다. FormAudio 함수에 플래그에 대한 점검을 추가할 것이다. 그러고 나서 GameManager에서 플래그 활성화와 함께 FormAudio 호출하거나 템포를 변경하지 않기 위해서도 FormAudio를 호출할 수 있다.

적을 만나면 긴장감을 불러올 플래그를 지정할 것이다. FormAudio에서 마디가 선택할 수 있는 범위만 조정할 것이다. 다음의 코드 8.5에서 이 사항을 볼 수 있다.

```
1 public void FormAudio (bool tension) {
2
3    if (tension) {
4        measure = Random.Range (1.0f, 3.0f);
5    } else {
6        measure = Random.Range (10.0f, 20.0f);
7    }
8
9    baseAudio.CalculateAudio(measure, 3, 7, lowPitchRange,
     highPitchRange);
10   midAudio.CalculateAudio(measure, 2, 6, lowPitchRange,
     highPitchRange);
```

```
11      highAudio.CalculateAudio(measure, 5, 10, lowPitchRange,
        highPitchRange);
12
13 }
```

3~7행에서는 필요한 점검을 보여준다. Tension 플래그가 지정되면 measure는 마디 시간 프레임의 더 낮은 범위에서 선택하는데, 이렇게 되면 사운드 재생의 진동수가 커진다. 그러면 템포와 노래의 긴장감이 증가한다.

함수의 호출 방식과 위치도 변경해야 한다. SoundManager 클래스의 Awake 함수에서 FormAudio 호출을 FormAudio(false)로 변경한다. 그러고 나서 GameManager 스크립트를 열어 FormAudio 호출을 추가해야 한다. GameManager 클래스에 대한 변경 사항은 다음의 코드 8.6에 나타나 있다.

```
14 public void AddEnemyToList(Enemy script)
15 {
16      enemies.Add(scri pt);
17      SoundManager.instance.FormAudio (true);
18 }
19 public void RemoveEnemyFromList(Enemy script)
20 {
21      enemies.Remove(scri pt);
22      if (enemies.Count == 0) {
23          SoundManager.instance.FormAudio (false);
24      }
25 }
...
26 public void exitDungeon () {
27      boardScript.SetWorldBoard ();
28      playerScript.dungeonTransition = false;
29      playerInDungeon = false;
30      enemies.Clear ();
31
```

```
32     SoundManager.instance.FormAudio (false);
33 }
```

조정한 것은 그리 많지 않지만 게임 플레이에서는 좋은 효과를 줄 것이다. AddEnemyToList, RemoveEnemyFromList, exitDungeon 함수에 SoundManager. instance.FormAudio 호출을 추가했을 뿐이다. 모든 적이 제거됐는지를 점검하는 RemoveEnemyFromList 함수에 점검을 추가해야 한다.

이제 게임을 해 보면 노래 템포는 더 느리며 더 멜로디 있게 재생할 것이다. 적을 찾으면 노래의 템포가 증가할 것인데, 좀 긴장감 있게 들릴 것이다. 따라서 게임의 전체 재미가 더욱 커질 것이다.

▌ 요약

이렇게 이 장의 제작을 마치며 우리의 로그라이크 게임을 완료했다. 게임이 완벽한 것은 아니지만 훨씬 게임하기 좋아졌다. 이 게임은 여러분 스스로 해낼 수 있는 아주 멋진 출발 프로젝트다. 이 프로젝트의 모든 부분은 PCG 이론을 사용해 만들었지만 여러분들이 더 발전시킬 수 있을 것이다.

예를 들어 이 장에 나온 음악을 통해 더 많은 사운드를 쉽게 사용할 수 있다. 심지어 Sound Manager에 큰 리스트의 사운드를 추가해 5~10개 사운드를 선택하게 만들 수도 있다. 여러분의 상상력을 동원해 PCG로 계속 제작해보자.

간단한 음악 이론을 배웠다. 복잡한 주제를 알고리즘으로 변경하는 방법을 배웠다. 마지막으로 시간을 들여 코드를 모듈화해서 더 깔끔하고 재사용 가능하게 만들었다.

비주얼 아트나 음악 분야에서 PCG는 결코 정적인 것이 아니라는 점을 기억하라. PCG를 다룰 때 창의력을 발휘하라. 어느 것이든 절차적으로 만들어낼 수 있다. 스토리, AI

행동, 사운드, 사용자 인터페이스, 애니메이션, 그 외 어떤 것이라도 절차적으로 생성할 수 있는 방법을 생각하라!

지금은 2D 로그라이크 게임을 끝냈지만 언급할 주제가 하나 더 남아 있다. 3D 공간에서의 PCG에 대해 간단하게 알아볼 것이다. 9장에서는 행성 생성기를 제작해 PCG 세계를 탐험할 것이다.

9

3D 행성의
생성

이 장에서 다루는 내용

- 세 번째 차원의 추가
- 멀티 메시 행성
- 행성 탐험
- 요약

지금까지는 2D 콘텐트 생성과 조금 복잡한 사운드 생성을 다뤘다. 플레이어가 살아남는 한 계속 게임 콘텐트를 생성할 수 있는 2D 로그라이크 게임을 만들어봤는데, 이어서 PCG 학습에 또 다른 차원을 추가해 3D로 나아가는 시간을 가져보자.

이 장에서는 3D 행성을 절차적으로 생성해볼 것이다. 다음 그림에서 절차적으로 생성된 모형을 볼 수 있다. 그냥 재미로 이 행성을 최초 인간의 시선으로 거닐어보는 데 필요한 스크립트를 추가할 것이다. 하지만 3D에 PCG를 적용할 때는 새롭게 고려해야 할 것들이 있다. 다음은 이 장에서 배울 내용이다.

- 2D 대 3D 표현
- 3D 객체 생성에 대한 공간과 시간 복잡도
- PCG에서의 3D의 기하학적 고찰

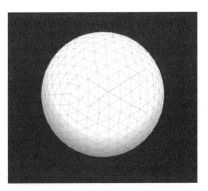

절차적으로 생성된 구

3D 객체 생성은 기본적으로 그래픽 프로그래밍이다. 기하학적 관점에서 우리 주위의 모든 것을 수학을 사용해 묘사할 수 있다. 그리고 나서 그 수학을 그래프의 점과 선을 그리는 알고리즘으로 만들어 화면에 나타낼 것이다. 그래픽 프로그래밍은 전산 과학 중에서도 아주 흥미롭고 멋진 분야지만 좋은 결과물을 얻으려면 고급 수학을 많이 공부해야 한다.

앞의 장들보다 이 장에서 수학을 좀 더 많이 다룰 것이다. 하지만 그래픽 프로그래밍은 이미 많은 책에서 다루는 광범위한 주제기 때문에 여기서는 수학적 설명을 간단히 할 것이다. 여기서 다룰 설명은 단지 여가 시간에 찾아서 공부할 수 있는 방정식뿐이다. 그러므로 주저하지 말고 3D에서의 PCG를 배워보자.

▌ 세 번째 차원의 추가

유니티를 사용하면 2D 게임 개발이 아주 쉽다. 하지만 유니티 사용자 인터페이스 이면에는 많은 계산이 이뤄진다는 점을 잊지 말라. 여타 많은 그래픽 렌더링 엔진에서는 2D 정사각형을 만들고 나서 거기다 스프라이트를 그릴 수 있는 코드를 작성했을 것이다. 유니티에서는 그냥 한두 컴포넌트를 추가하기만 하면 된다. 다음 그림에서는 3D 관점으로 2D 스프라이트를 볼 수 있다. 결국 스프라이트란 카메라를 마주한 채 표현되는 사각형일 뿐이다.

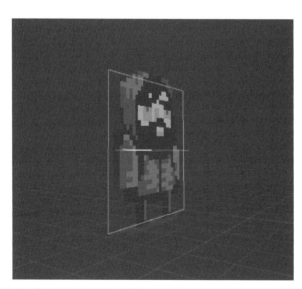

스트라이트가 그려진 2D 사각형

유니티를 사용하면 3D 게임 개발 또한 더 쉽게 할 수 있다. 스프라이트 렌더링을 위해 사각형을 사용하는 대신에 3D에서는 3D 모델로 작업한다. 3D 모델이란 3D 공간 속에서 꼭지점과 선으로 이루어진 집합체다. 점과 점을 연결해 면이나 삼각형을 만든다. 이렇게 해서 모델의 와이어프레임 구조나 표면을 구성한다.

대부분의 게임에서는 3D 모델링 프로그램이나 소프트웨어로 3D 모델을 만들어 유니티로 임포트한다. 그리고 나서 임포트된 모델에 적절한 컴포넌트를 적용한다. 그러면 3D 모델을 애니메이션과 물리학으로 쉽게 조작할 수 있다. 알고리즘을 프로그래밍해 복잡한 3D 모델을 만드는 것은 어렵거니와 시간도 많이 들기 때문에 모델을 이용하는 게 편하다.

하지만 우리는 프로그래밍 방법을 쓸 것이다. 모델링 과정을 통하지 않고 스크립트를 작성해 모델을 만들 것이다. 그렇게 하는 까닭은 무작위 요소를 도입하기 위해서다. 하지만 앞서 언급한 바와 같이 이 작업은 시간이 아주 많이 들고 복잡할 것이다. 2D와는 반대로 3D에 PCG를 적용하려면 완전히 뒤바꿔야 하는 것들이 좀 있다.

3D 대 2D

3D 객체는 아주 급속도로 복잡해질 수 있기 때문에 알고리즘을 작성할 때 시간과 공간이라는 두 가지를 염두에 둬야 한다. 컴퓨터가 처리할 게 많고 어떤 작업은 메모리 공간을 많이 차지할 수 있기 때문에 특정 작업에 오랜 시간이 걸릴 수 있다는 점을 알아야 한다. 전산 과학에서 이것은 **시간 복잡도**time complexity와 **공간 복잡도**space complexity를 고려하는 학문이 된다.

3D 객체에는 많은 객체가 있기 때문에 3D 객체의 생성과 관리에 오랜 시간이 걸릴 수 있는 점을 이해해야 한다. 모든 점의 위치를 계산해 그 점을 이어 모든 삼각형을 그려야 한다. 결국 로딩 시간이 길어지고 또는 게임 플레이가 느려질 수 있다.

3D 객체를 생성할 때 공간 관리도 걱정거리가 된다. 객체가 더 복잡해질수록 계산에 더 많은 메모리가 사용될 것이다. 3D 객체를 저장할 때 모든 점, 삼각형 등의 정보가 어딘가에 저장돼야 한다. 화면에 그려지는 3D 객체가 많을수록 더 많은 메모리를 사용하므로 게임 플레이는 느려지게 될 것이다.

다행스럽게도 그래픽 프로그래밍은 널리 연구되고 발전된 분야다. 광범위한 3D 객체 생성에 도움을 주는 많은 온라인 참고 자료가 있다. 3D 프리미티브(정육면체, 원기둥, 구, 다각형 등등) 모두는 이미 효율적인 알고리즘으로 만든 방정식이 있다. 보통, 형태를 만드는 방식은 여러 가지가 있으며 이 중 우리의 필요에 잘 맞는 것도 있다는 점을 명심한다.

기하학 지식

이 장에서는 구sphere를 가지고 작업할 것이다. 특히 구는 상당수의 프리미티브와 그 외 다각형으로 표현될 수 있다. 유니티의 프리미티브 구는 실제로 정육면체인데 여기에 꼭지점을 보충하고 가장자리를 미세하게 곡선으로 만들어 나타낸 것이다. 다음과 같이 구의 와이어프레임에서 정육면체의 모서리를 볼 수 있다.

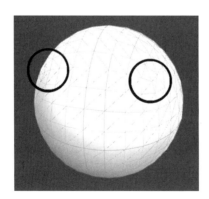

구를 형성한 3D 정육면체

유니티 프리미티브 구 작업

유니티 3D 프리미티브 형태는 아주 많이 사용되지 않는다. 주로 자리만 확보해 놓은 것으로서 기준 형태로 활용될 것이다. 보통, 게임에 사용되는 것은 스펙에 따라 설계해 모델로 만든다. 그러므로 유니티 프리미티브로 시작해서 이것이 어떻게 동작하는지 그리고 이것 대신에 왜 다른 것을 사용해야 하는지를 알아볼 것이다.

유니티 프리미티브 구에는 약간 조작을 어렵게 하는 특성이 있다. 구를 구성하는 삼각형은 제각각 분리돼 있다. 각 삼각형에는 자체 꼭지점이 있고 삼각형이 만나는 곳에 별도의 꼭지점 모음이 있다. 이 삼각형들을 이동시키면 모델의 이음새가 뜯어지면서 벌어진다. 보통, 메시meshes는 3D 모델의 한 면만을 표현한다. 그래서 뜯어진 메시는 삼각형의 뒤로 투명하게 나타날 것이다. 다음 그림에서 이 효과를 볼 수 있다.

이동할 때 뜯어지는 구의 삼각형

이 문제를 해결하려면 꼭지점을 모아주는 기능을 추가해야 한다. 이 기능을 추가하면 하나의 꼭지점이 움직일 때 같은 위치의 모든 꼭지점이 동일한 새 위치로 이동할 것이다. 메시가 너무 변형돼서 부적절해지지 않도록 하면서 꼭지점을 무작위로 만드는 스크립트를 작성해보자.

3D 모드의 새 신으로 새 프로젝트를 만든다. MoveVertices라는 C# 스크립트를 만들고 편집하기 위해 연다. 다음의 코드 9.1에 이 스크립트가 나타나 있다.

```
1 using UnityEngine;
2 using System;
3 using System.Collections.Generic;
4 using Random = UnityEngine.Random;
5
6 public class MoveVertices : MonoBehaviour {
7
8     Mesh mesh;
9     Vector3[] vertices;
10
11    void Start () {
12        mesh = GetComponent<MeshFilter>().mesh;
13        vertices = mesh.vertices;
14
15        mesh.vertices = Randomize(vertices);
16    }
17
18    Vector3[] Randomize(Vector3[] verts) {
19        Dictionary<Vector3, List<int>> dictionary = new
           Dictionary<Vector3, List<int>>();
20
21        for (int x = 0; x < verts.Length; x++) {
22            if (!dictionary.ContainsKey(verts[x])) {
23                dictionary.Add(verts[x], new List<int>());
24            }
25
26            dictionary[verts[x]].Add(x);
27        }
28
29        foreach (KeyValuePair<Vector3, List<int>> pair in dictionary) {
30            Vector3 newPos = pair.Key * Random.Range(0.9f, 1.1f);
31                foreach (int i in pair.Value) {
```

278

```
32              verts[i] = newPos;
33          }
34      }
35
36      return verts;
37  }
38 }
```

스크립트를 작성한 후에 GameObject ❯ 3D Object ❯ Sphere 메뉴로 이동해 편집기에서 구 프리미티브를 만들 수 있다. 그리고 나서 이 스크립트를 그 객체에 붙여 실행해 효과를 알아본다. 꼭지점의 무작위화로 구 표면에 울퉁불퉁하게 땅이 만들어진다. 이제 코드에서 어떤 작용을 하는지 알아보자.

- 1~4행: 일반적인 using 문이다. 딕셔너리 클래스를 위해 Generic을 사용하고 Random을 Unity.Random으로 지정한다.

- 8~9행: 구의 Mesh 컴포넌트, 그리고 그 메시가 구성하는 꼭지점 세트, 이 두 개의 멤버로 작업할 것이다.

- 11~16행: Start 함수에서 Mesh 컴포넌트에 대한 참조를 설정하고 그 메시로부터 꼭지점을 잡고 Randomize 함수를 호출한다.

- 18~19행: Randomize 함수는 Vector3 객체 배열을 받는다. 딕셔너리를 배치해 꼭지점 위치를 키^{key}로 저장해 동일한 위치를 공유하는 리스트로 매핑할 것이다.

- 21~27행: 모든 꼭지점에 대해 루프를 돌려 딕셔너리에 그 위치를 추가한다. 꼭지점 위치가 아직 추가되지 않았으면 추가하고, 위치가 추가돼 있으면 해당 꼭지점을 그 위치의 꼭지점 리스트에 추가한다.

- 29~34행: 꼭지점 그룹의 딕셔너리가 준비되면 각 꼭지점 위치에 대해 루프를 돌린다. 각 꼭지점 위치에 대해 새로운 무작위 위치를 선택해 현재 위치에 있는 모든 꼭지점에 대해 루프를 돌려 새 위치로 변경한다.

이제 구에는 울퉁불퉁한 구조가 생긴다. 구의 크기와 무작위 범위를 변경하면 다른 결과가 나올 것이다. 이 스크립트로 실험해보고 어떤 일이 생기는지 알아보자.

유니티 프리미티브를 사용할 때 발생하는 주요 문제는 자연스런 크기를 선택하거나 해당 메시에서 얼마나 많은 꼭지점을 필요로 할지 선택할 수 없다는 점이다. 그래서 자체적으로 구를 생성하는 것이 더 낫다. 하지만 그렇게 하면 시스템이 느려지게 될 것이다. MoveVertices 스크립트에 관해 커다란 꼭지점 집합을 여러 번 루프로 돌렸다. 꼭지점의 수와 루프는 성능에 영향을 미친다.

구의 생성

앞에서 언급한 바와 같이 구를 생성할 때는 방정식으로 점을 찍는다. 방정식은 기하학에 기반을 두며 알고리즘으로 만들어 꼭지점을 찍는다. 그래픽 프로그래밍은 기본을 다루는 것만으로 책 한 권을 쓰는 데 충분할 것이다. 그러므로 수학에 대한 설명은 간단히 할 것이다.

구를 만드는 데에는 많은 방법이 있다. 단순한 3D 형태를 잡아 구조화된 방식으로 꼭지점을 보충해 넣거나 크게 늘려 둥글게 만든다. 온라인에는 이용 가능한 많은 알고리즘이 있으며 약간씩 다른 종류의 구를 만들 수 있다.

우리가 사용할 알고리즘은 유니티 위키 페이지인 http://wiki.unity3d.com/index.php/ProceduralPrimitives에 있는 것이다. 이 페이지에는 우리가 만들 수 있는 다른 3D 프리미티브도 있다. 우리가 만들 구는 일반 구^{sphere}인 폴라 스피어$^{polar\ sphere}$다. 이제 ProceduralSphere.cs라는 C# 스크립트의 생성과 편집을 위해 연다. 코드 9.2에 이 스크립트가 나타나 있다.

```
1 using UnityEngine;
2 using System.Collections;
3 using System.Collections.Generic;
4 using Random = UnityEngine.Random;
```

```
5
6 public class ProceduralSphere : MonoBehaviour {
7
8     private Mesh mesh;
9     private MeshFilter filter;
10
11    void Start () {
12        GenerateSphere(5f, 16, 16);
13    }
14
15    private void GenerateSphere (float radius, int nbLong, int
       nbLat) {
16        filter = gameObject.AddComponent<MeshFilter>();
17        mesh = filter.mesh;
18        mesh.Clear();
19
20        #region Vertices
21        Vector3[] vertices = new Vector3[(nbLong + 1) * nbLat +
           2];
22        float _pi = Mathf.PI;
23        float _2pi = _pi * 2f;
24
25        vertices[0] = Vector3.up * radius;
26        for (int lat = 0; lat < nbLat; lat++)
27        {
28            float a1 = _pi * (float)(lat + 1) / (nbLat + 1);
29            float sin1 = Mathf.Sin(a1);
30            float cos1 = Mathf.Cos(a1);
31
32            for (int lon = 0; lon <= nbLong; lon++)
33            {
34                float a2 = _2pi * (float)(lon == nbLong ? 0 :
                   lon) / nbLong;
35                float sin2 = Mathf.Sin(a2);
36                float cos2 = Mathf.Cos(a2);
37
```

```
38          vertices[lon + lat * (nbLong + 1) + 1] = new
            Vector3(sin1 * cos2, cos1, sin1 * sin2) *
            radius;
39        }
40      }
41      vertices[vertices.Length - 1] = Vector3.up * -radius;
42      #endregion
43
44      #region Normales
45      Vector3[] normales = new Vector3[vertices.Length];
46      for (int n = 0; n < vertices.Length; n++)
47          normales[n] = vertices[n].normalized;
48      #endregion
49
50      #region UVs
51      Vector2[] uvs = new Vector2[vertices.Length];
52      uvs[0] = Vector2.up;
53      uvs[uvs.Length - 1] = Vector2.zero;
54      for (int lat = 0; lat < nbLat; lat++)
55          for (int lon = 0; lon <= nbLong; lon++)
56              uvs[lon + lat * (nbLong + 1) + 1] = new
                Vector2((float)lon / nbLong, 1f - (float)(lat +
                1) / (nbLat + 1));
57      #endregion
58
59      #region Triangles
60      int nbFaces = vertices.Length;
61      int nbTriangles = nbFaces * 2;
62      int nbIndexes = nbTriangles * 3;
63      int[] triangles = new int[nbIndexes];
64
65      //Top Cap
66      int i = 0;
67      for (int lon = 0; lon < nbLong; lon++)
68      {
69          triangles[i++] = lon + 2;
```

```
70              triangles[i++] = lon + 1;
71              triangles[i++] = 0;
72          }
73
74          //Middle
75          for (int lat = 0; lat < nbLat - 1; lat++)
76          {
77              for (int lon = 0; lon < nbLong; lon++)
78              {
79                  int current = lon + lat * (nbLong + 1) + 1;
80                  int next = current + nbLong + 1;
81
82                  triangles[i++] = current;
83                  triangles[i++] = current + 1;
84                  triangles[i++] = next + 1;
85
86                  triangles[i++] = current;
87                  triangles[i++] = next + 1;
88                  triangles[i++] = next;
89              }
90          }
91
92          //Bottom Cap
93          for (int lon = 0; lon < nbLong; lon++)
94          {
95              triangles[i++] = vertices.Length - 1;
96              triangles[i++] = vertices.Length - (lon + 2) - 1;
97              triangles[i++] = vertices.Length - (lon + 1) - 1;
98          }
99          #endregion
100
101         mesh.vertices = vertices;
102         mesh.normals = normales;
103         mesh.uv = uvs;
104         mesh.triangles = triangles;
105
```

```
106          mesh.RecalculateBounds( );
107          mesh.Optimize( );
108     }
109 }
```

보다시피 보기에는 단순한 구를 생성하는 것이지만 들어가는 것이 꽤 많다. 다행스럽게도 처음부터 이 알고리즘을 작성할 필요가 없다. 프리미티브 형태는 아주 잘 정의돼 있으므로 다른 곳에서도 문서화된 것을 찾을 수 있다. 하지만 더 복잡한 메시에 대해서는 여러분 스스로 처리해야 한다.

코드 9.2의 초반에는 Mesh와 Mesh Filter를 설정한다. 메시 객체는 렌더링 대상이지만 일반적인 메시 조작을 위해서는 메시 필터를 사용한다. 다음과 같이 Start 함수에서 GenerateSphere 함수를 호출해 반지름, 위도, 경도 선을 전달한다.

- 15~18행: GenerateSphere 함수에서 MeshFilter 컴포넌트를 추가하고 이 컴포넌트를 비워 시작할 준비를 한다.

- 20~42행: 이 스크립트는 좀 더 읽기 쉽게 하기 위해 영역으로 구분해 놓았다. Vertices 영역에서 점을 찍고 나서 삼각형을 생성할 것이다. 이 알고리즘은 Vector3 위치 배열을 만들어 꼭지점을 나타낸다. 경도와 위도 선을 사용해 곡선 그리드로 꼭지점을 계산한다. 그 곡선은 삼각함수인 sin과 cos을 사용해 계산한다.

- 44~48행: Normals 영역에서는 각 꼭지점의 법선normal을 계산한다. 이런 작업용으로 normalized라는 유니티의 내장 함수가 있다. 꼭지점의 법선이란 꼭지점으로 만들어지는 표면이 향하는 방향이다.

- 50~57행: UV 영역에서는 텍스처로 감싸기 위해 매핑을 지정한다. 3D 객체 주위로 텍스처를 둘러싸기 위해 텍스처는 좌표 세트를 사용한다.

- 59~99행: Triangles 영역에서는 객체가 표현할 삼각형의 리스트를 생성한다. 삼각형은 객체의 면이 될 것이다. 각 삼각형은 3개의 꼭지점 위치를 사용

해 주어진 물질로 표현된다. 이 알고리즘은 맨 위, 중간, 맨 아래의 3개 부분으로 삼각형을 만든다.

- 101~104행: 계산의 끝에서는 Mesh Filter에서 Mesh까지 조각을 지정한다.
- 106~107행: 마지막으로 2개의 Mesh 메서드를 호출해 생성된 구를 끝낸다. RecalculateBounds는 새로운 메시의 볼륨을 올바르게 계산하고 최적화를 통해 화면에 객체 랜더링을 더 빠르게 할 것이다. 객체의 Material에 대한 컴포넌트와 Mesh Renderer는 추가해야 한다. 또한 아무것도 나타나지 않으면 객체가 카메라 뷰 안에 있는지 확인한다. 플레이 모드에 있는 동안 Scene 뷰에서 구를 살펴볼 수도 있다. 이제 빈 GameObject를 만들어 이 스크립트를 추가하고 신을 플레이해보자. 다음과 같은 구가 나타나야 한다.

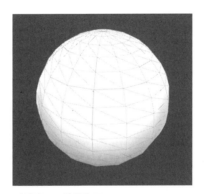

절차적으로 생성된 구

무작위화 추가

이제 유니티 프리미티브 구에 했던 것과 동일한 무작위화를 이 구에 추가해볼 것이다. ProceduralSphere.cs 스크립트 끝에 Randomize 함수를 추가해주기만 하면 된다. 코드 9.3에는 그렇게 한 작업이 나타나 있다.

```
1 public class ProceduralSphere : MonoBehaviour {
2

...

3
4        mesh.vertices = vertices;
5        mesh.normals = normales;
6        mesh.uv = uvs;
7        mesh.triangles = triangles;
8
9        mesh.RecalculateBounds();
10       mesh.Optimize();
11
12       mesh.vertices = Randomize(vertices);
13   }
14
15   private Vector3[] Randomize(Vector3[] verts) {
16       Dictionary<Vector3, List<int>> dictionary = new
         Dictionary<Vector3, List<int>>();
17
18       for (int x = 0; x < verts.Length; x++) {
19
20           if (!dictionary.ContainsKey(verts[x])) {
21               dictionary.Add(verts[x], new List<int>());
22           }
23           dictionary[verts[x]].Add(x);
24       }
25
26       foreach (KeyValuePair<Vector3, List<int>> pair in
         dictionary) {
27           Vector3 newPos = pair.Key * Random.Range(0.9f,
             1.1f);
28           foreach (int i in pair.Value) {
29
30               verts[i] = newPos;
31           }
32       }
```

```
33
34          return verts;
35      }
```

ProceduralSphere 스크립트의 업데이트 사항은 파일 끝에 Randomize 함수를 추가하고 GenerateSphere 함수의 끝에 이 함수를 호출했을 뿐이다. 이렇게 해서 이 구는 유니티 프리미티브 구로 보이는 아주 비슷한 효과를 얻을 것이다. 하지만 이 구를 절차적으로 생성했기 때문에 이렇게 하는 것은 항상 시스템을 무리하게 사용하는 안 좋은 함수 호출 방법이다.

좋지 않은 시간 복잡도와 공간 복잡도

한 번만 움직여도 각 꼭지점마다 일일이 작업을 수행해야 한다고 생각해보자. 그러면 꼭지점의 전체 세트에 대해 루프를 여러 번 돌려야 할 것이다. 어차피 더 복잡한 구를 만드는 데에도 시간이 많이 들어가는데 시간적인 면에서 억울하다. 이런 스크립트로는 결국 게임 성능 저하로 이어질 것이다.

좋지 않은 시간 복잡도의 설명에 따라 코드를 약간 업데이트해 각 꼭지점 이동에 대해 여분의 작업을 수행하게 하자.

 유니티가 먹통이 될 수 있으니, 이 스크립트를 실행하기에 앞서 신과 프로젝트를 저장하자!

다음의 코드 9.4는 데모용으로 업데이트한 사항을 보여준다.

```
1 void Start () {
2     GenerateSphere(1f, 10, 10);
3 }
```

```
4
...
5
6 private Vector3[] Randomize(Vector3[] verts) {
7     Dictionary<Vector3, List<int>> dictionary = new
      Dictionary<Vector3, List<int>>();
8
9     for (int x = 0; x < verts.Length; x++) {
10
11        if (!dictionary.ContainsKey(verts[x])) {
12            dictionary.Add(verts[x], new List<int>());
13        }
14        dictionary[verts[x]].Add(x);
15    }
16
17    foreach (KeyValuePair<Vector3, List<int>> pair in
      dictionary) {
18        Vector3 newPos = pair.Key * Random.Range(0.9f,
          1.1f);
19        foreach (int i in pair.Value) {
20
21            verts[i] = newPos;
22            for (int j = 0; j < mesh.vertexCount; j++) {
23                Debug.Log("loading...");
24            }
25        }
26    }
27
28    return verts;
29 }
```

이 스크립트는 처리하는 데 아주 부담이 되기 때문에 구의 경도와 위도 부분의 수를 줄였다. 그런 다음 22~24행을 추가한다. 이것은 구를 구성하는 꼭지점 세트에 대한 루프다. 작업 수행을 알 수 있게 Debug.Log 호출을 넣었다.

이 스크립트를 실행하면 여러분의 컴퓨터는 30초에서 1초 정도의 처리 시간이 지나 화면에 구를 나타내야 한다. 어떠한 시간 지연이 없으면 여러분은 아주 좋은 컴퓨터를 보유하고 있는 것이다. 경도와 위도 선을 1씩 증가시켜봐도 된다.

Debug.Log 호출은 실제로 시간이 좀 걸려 완료되는데, 그 이유는 여러분이 생각하는 것보다 더 많은 작업이 포함돼 있기 때문이다. 이렇게 이 예제는 좀 과장되게 수행하게 했지만 여전히 고려할 점이 있다. 여분의 루프 때문에 구를 표현하는 데 걸리는 시간의 양이 기하급수적으로 늘어난다. 이렇게 커지는 시간 복잡도를 알고 있어야 한다.

공간적인 면에서도 이런 종류의 문제가 발생할 수 있다. 공간이라면, 여러분의 컴퓨터가 한 번에 저장할 수 있는 메모리를 의미한다. 좋지 않은 공간 복잡도의 예를 알아보기 위해 다루기 힘든 레벨까지 구의 복잡도를 크게 해보자. 코드 9.4의 22~24행에 있는 루프를 제거한다. 그리고 나서 2행의 GenerateSphere 호출에서 경도와 위도 인자를 300 이상으로 올린다. 이렇게 업데이트한 코드를 실행하면 꼭지점 최대 수를 초과했다는 에러가 나올 것이다.

3D로 작업할 때 알아야 할 것들이 있다. 보다시피 여러분의 시스템을 아주 느리게 하거나 완전히 다운시킬 코드를 자칫하면 추가할 수 있다. 훌륭한 프로그래머는 항상 시간과 공간 복잡도를 염두에 둬 가능한 한 성능을 높게 유지시킨다.

▌ 멀티 메시 행성

이제 구를 만들 수 있고 3D 렌더링의 함정을 이해했으므로 우리 행성을 만들 준비가 됐다. 보통, 행성 제작 방법은 구를 생성하고 나서 높이 맵height map이라는 무작위 텍스처를 생성하는 것이다. 이 맵은 무료 온라인 자원으로 잘 다뤄지고 있으며 문서화돼 있다. 이 맵에는 상당한 작업과 여분의 플러그인이 들어가므로 여러분 스스로 연구할 수 있게 남겨둘 것이다. 우리는 스크립트로 쉽게 작성할 수 있는 다른 방법을 사용할 것이다.

여러 개의 구를 만들어 그 구에 각각의 고유 특성을 부여하기 위해 기하학 조작을 수행할 것이다. 또한 이 작업에는 다른 종류의 구를 사용할 것이다. 이 구는 20면체라는 폴리곤으로 만들 것이다. 이 프리미티브를 위한 알고리즘은 유니티 위키 페이지인 http://wiki.unity3d.com/index.php/ProceduralPrimitives에 나와 있다.

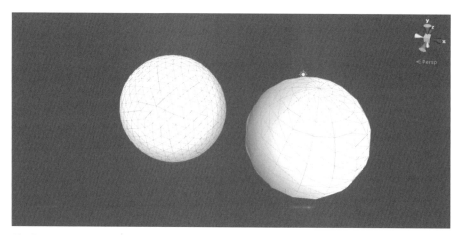

왼쪽은 20면체 구, 오른쪽은 폴라 스피어

20면체 구icosahedron sphere는 이음새가 없이 생성되는데, 이 말은 더 적은 수의 꼭지점을 둬 기능을 그룹화하는 꼭지점을 없앨 수 있다는 뜻이다. 이렇게 하면 전체적인 성능을 향상시킬 수 있다. 폴라 스피어에서도 이렇게 할 수 있지만 아이코스피어icosphere1는 더 많은 균일한 형태를 지니고 있어 다음 예제에서 더 잘 동작한다. 20면체 구를 생성하는 코드는 폴라 스피어와 같은 유니티 위키 페이지에 나와 있다.

특성들을 사용하고 조작해 생성된 행성의 땅, 물, 하늘을 만들 수 있는 스크립트 하나를 작성할 것이다. 스크립트를 작성하기 전에 우리의 구를 구분할 수 있게 몇 가지 재료를 만들어야 한다. Assets 폴더에 Materials 폴더를 만든다.

---

1   일반 20면체의 삼각형을 더 작은 삼각형으로 나누어 만든 구. – 옮긴이

Materials 폴더에 새 Material를 생성한다. 그 재료 이름을 Land로 한다. 그러고 나서 다음 단계를 따라한다.

1. Shader를 Standard로 지정한다.
2. Rendering Mode를 Opaque로 지정한다.
3. Smoothness를 0으로 지정한다.

이렇게 하면 멋진 평평한 육지 재료가 된다. 그다음으로 물을 만들 것이다. 파란 색과 다음 특성을 가진 새 재료를 만든다.

1. Shader를 Standard로 지정한다.
2. Rendering Mode를 Transparent로 지정한다.
3. Smoothness를 0.7로 지정한다.

마지막으로 밝은 청색과 다음 특성을 가진 하늘 재료를 만들 것이다.

1. Shader를 Standard로 지정한다.
2. Rendering Mode를 Transparent로 지정한다.
3. Smoothness를 0.2로 지정한다.

이제 편집기에서 4개의 새 GameObject를 만들어 각각 Land1, Land2, Water, Sky로 이름을 붙인다. 이들의 XYZ 위치는 정확히 같게 한다. 각 객체에 Mesh Renderer 컴포넌트를 추가한다. Land1과 Land2 컴포넌트에는 Mesh Collider 컴포넌트도 추가한다. 그리고 이들 GameObject에다가 앞서 만든 해당 재료를 추가한다.

이제 새 스크립트를 작성할 준비가 됐다. ProceduralPlanet.cs라는 새 스크립트를 생성한다. 그러고 나서 편집하기 위해 이 스크립트를 연다. 다음의 코드 9.5에 새 스크립트 전체가 나타나 있다.

```
1 using UnityEngine;
2 using System.Collections;
```

```
3 using System.Collections.Generic;
4 using Random = UnityEngine.Random;
5
6 public class ProceduralPlanet : MonoBehaviour {
7
8     private struct TriangleIndices {
9         public int v1;
10         public int v2;
11         public int v3;
12
13         public TriangleIndices(int v1, int v2, int v3) {
14             this.v1 = v1;
15             this.v2 = v2;
16             this.v3 = v3;
17         }
18     }
19
20     private Mesh mesh;
21
22     public bool randomize;
23     public bool offset;
24     public bool invert;
25     public float rad;
26     public int detail;
27     public MeshCollider meshCollider;
28
29     // Use this for initialization
30     void Start () {
31         Create(rad, detail);
32
33         if (offset) {
34             Offset();
35         }
36
37         if (meshCollider) {
38             meshCollider.sharedMesh = mesh;
```

```
39        }
40
41    }
42
43    private void Offset () {
44        int offset = Random.Range(1, 7);
45
46        int offsetMod = Random.Range(0, 2);
47        if (offsetMod == 0) {
48            offsetMod = -1;
49        }
50
51        Vector3 offsetVec = new Vector3();
52        switch (offset) {
53            case 1:
54                offsetVec = new Vector3(Random.Range(0.01f,
                    0.05f), 0, 0) * offsetMod;
55                break;
56            case 2:
57                offsetVec = new Vector3(0, Random.Range(0.01f,
                    0.05f), 0) * offsetMod;
58                break;
59            case 3:
60                offsetVec = new Vector3(0, 0,
                    Random.Range(0.01f, 0.05f)) * offsetMod;
61                break;
62        }
63        transform.position = transform.position += offsetVec;
64    }
65
66    // return index of point in the middle of p1 and p2
67    private int getMiddlePoint(int p1, int p2, ref List<Vector3>
       vertices, ref Dictionary<long, int> cache, float radius) {
68        // first check if we have it already
69        bool firstIsSmaller = p1 < p2;
70        long smallerIndex = firstIsSmaller ? p1 : p2;
```

```
71          long greaterIndex = firstIsSmaller ? p2 : p1;
72          long key = (smallerIndex << 32) + greaterIndex;
73
74          int ret;
75          if (cache.TryGetValue(key, out ret)) {
76              return ret;
77          }
78
79          // not in cache, calculate it
80          Vector3 point1 = vertices[p1];
81          Vector3 point2 = vertices[p2];
82          Vector3 middle = new Vector3
83          (
84              (point1.x + point2.x) / 2f,
85              (point1.y + point2.y) / 2f,
86              (point1.z + point2.z) / 2f
87          );
88
89          // add vertex makes sure point is on unit sphere
90          int i = vertices.Count;
91          vertices.Add(middle.normalized * radius);
92
93          // store it, return index
94          cache.Add(key, i);
95
96          return i;
97      }
98
99      public void Create(float radius, int recursionLevel) {
100         MeshFilter filter =
            gameObject.AddComponent<MeshFilter>();
101         mesh = filter.mesh;
102         mesh.Clear();
103
104         List<Vector3> vertList = new List<Vector3>();
105         Dictionary<long, int> middlePointIndexCache = new
```

```csharp
        Dictionary<long, int>();
106
107     // create 12 vertices of a icosahedron
108     float t = (1f + Mathf.Sqrt(5f)) / 2f;
109
110     vertList.Add(new Vector3(-1f, t, 0f).normalized *
        radius);
111     vertList.Add(new Vector3(1f, t, 0f).normalized *
        radius);
112     vertList.Add(new Vector3(-1f, -t, 0f).normalized *
        radius);
113     vertList.Add(new Vector3(1f, -t, 0f).normalized *
        radius);
114
115     vertList.Add(new Vector3(0f, -1f, t).normalized *
        radius);
116     vertList.Add(new Vector3(0f, 1f, t).normalized *
        radius);
117     vertList.Add(new Vector3(0f, -1f, -t).normalized *
        radius);
118     vertList.Add(new Vector3(0f, 1f, -t).normalized *
        radius);
119
120     vertList.Add(new Vector3(t, 0f, -1f).normalized *
        radius);
121     vertList.Add(new Vector3(t, 0f, 1f).normalized *
        radius);
122     vertList.Add(new Vector3(-t, 0f, -1f).normalized *
        radius);
123     vertList.Add(new Vector3(-t, 0f, 1f).normalized *
        radius);
124
125
126     // create 20 triangles of the icosahedron
127     List<TriangleIndices> faces = new
        List<TriangleIndices>();
```

```
128
129        // 5 faces around point 0
130        faces.Add(new TriangleIndices(0, 11, 5));
131        faces.Add(new TriangleIndices(0, 5, 1));
132        faces.Add(new TriangleIndices(0, 1, 7));
133        faces.Add(new TriangleIndices(0, 7, 10));
134        faces.Add(new TriangleIndices(0, 10, 11));
135
136        // 5 adjacent faces
137        faces.Add(new TriangleIndices(1, 5, 9));
138        faces.Add(new TriangleIndices(5, 11, 4));
139        faces.Add(new TriangleIndices(11, 10, 2));
140        faces.Add(new TriangleIndices(10, 7, 6));
141        faces.Add(new TriangleIndices(7, 1, 8));
142
143        // 5 faces around point 3
144        faces.Add(new TriangleIndices(3, 9, 4));
145        faces.Add(new TriangleIndices(3, 4, 2));
146        faces.Add(new TriangleIndices(3, 2, 6));
147        faces.Add(new TriangleIndices(3, 6, 8));
148        faces.Add(new TriangleIndices(3, 8, 9));
149
150        // 5 adjacent faces
151        faces.Add(new TriangleIndices(4, 9, 5));
152        faces.Add(new TriangleIndices(2, 4, 11));
153        faces.Add(new TriangleIndices(6, 2, 10));
154        faces.Add(new TriangleIndices(8, 6, 7));
155        faces.Add(new TriangleIndices(9, 8, 1));
156
157
158        // refine triangles
159        for (int i = 0; i < recursionLevel; i++) {
160            List<TriangleIndices> faces2 = new
                   List<TriangleIndices>();
161            foreach (var tri in faces) {
162                // replace triangle by 4 triangles
```

```
163            int a = getMiddlePoint(tri.v1, tri.v2, ref vertList, ref
               middlePointIndexCache, radius);
164            int b = getMiddlePoint(tri.v2, tri.v3, ref vertList, ref
               middlePointIndexCache, radius);
165            int c = getMiddlePoint(tri.v3, tri.v1, ref vertList, ref
               middlePointIndexCache, radius);
166
167            faces2.Add(new TriangleIndices(tri.v1, a, c));
168            faces2.Add(new TriangleIndices(tri.v2, b, a));
169            faces2.Add(new TriangleIndices(tri.v3, c, b));
170            faces2.Add(new TriangleIndices(a, b, c));
171        }
172        faces = faces2;
173    }
174
175    mesh.vertices = vertList.ToArray();
176
177    List<int> triList = new List<int>();
178    for (int i = 0; i < faces.Count; i++) {
179        triList.Add(faces[i].v1);
180        triList.Add(faces[i].v2);
181        triList.Add(faces[i].v3);
182    }
183
184    mesh.triangles = triList.ToArray();
185    mesh.uv = new Vector2[mesh.vertices.Length];
186
187    Vector3[] normales = new Vector3[vertList.Count];
188    for (int i = 0; i < normales.Length; i++)
189        normales[i] = vertList[i].normalized;
190
191
192    mesh.normals = normales;
193
194    if (invert) {
195        // Reverse the triangles
```

```
196            int[] triangles = mesh.triangles;
197            for (int i = 0; i < triangles.Length; i += 3) {
198                int j = triangles[i];
199                triangles[i] = triangles[i + 2];
200                triangles[i + 2] = j;
201            }
202            mesh.triangles = triangles;
203
204            // Reverse the normals;
205            Vector3[] normals = mesh.normals;
206            for (int i = 0; i < normals.Length; i++)
207                normals[i] = -normals[i];
208            mesh.normals = normals;
209        }
210
211        mesh.RecalculateBounds();
212        mesh.Optimize();
213
214        if (randomize)
215            mesh.vertices = Randomize(mesh.vertices);
216    }
217
218    Vector3[] Randomize(Vector3[] verts) {
219
220        for (int x = 0; x < verts.Length; x++) {
221            Vector3 newPos = verts[x] * Random.Range(0.95f,
                   1.03f);
222            verts[x] = newPos;
223        }
224
225        return verts;
226    }
227 }
```

이 스크립트의 대부분은 20면체 구를 생성하기 위한 알고리즘이다. 그리고 맨 아래에 꼭지점 그룹화 기능이 없는 Randomize 함수가 있다. 스크립트의 크기에도 불구하고 이들 컴포넌트에 대한 설명은 간단하다. 20면체의 기하학적 제작에 관해 수학을 공부하고 이해하는 것은 여러분 몫으로 남겨놓는다. 코드 9.5를 간략히 알아보자.

- 8~18행: TriangleIndices 구조체는 20면체의 삼각형에 대한 정보를 저장하기 위한 도우미 클래스로 사용된다.
- 20~27행: 여기서는 Mesh에 대한 참조를 설정하고 구의 특성을 정하는 데 사용될 퍼블릭 변수들을 설정한다.
  - bool randomize에는 땅을 생성하기 위해 꼭지점의 위치를 무작위화할 것인지를 지정할 것이다.
  - bool offset에는 구들이 완전하게 겹치지 않게 구의 위치를 약간 변경할지를 지정할 것이다. 육지에 대해 이렇게 해서 행성 땅의 여러 면을 험하게 만든다.
  - bool invert은 삼각형을 뒤집어 재료가 구의 안쪽에 그려지게 할 것이다. 이것은 하늘 용도로 사용될 것이다.
  - float rad는 구의 반지름이다.
  - int detail은 구에다가 얼마나 많은 삼각형을 생성할 것인지에 관한 변수다. 이 변수는 배율이며 값이 아니다.
  - MeshCollider meshCollider는 캐릭터가 메시 위를 걸을 수 있는지 아닌지를 결정할 것이다.
- 43~64행: Offset 함수는 offset이 true로 설정되면 실행될 것이다. 이 함수는 구가 -X, X, -Y, Y, -Z, Z 중에서 하나로 오프셋될 방향에 해당하는 수를 무작위로 선택할 것이다. 그러고 나서 구는 작은 무작위 양만큼 그 방향으로 오프셋된다. 이렇게 하면 땅이 물에 비치게 한다.

- 67~97행: GetMiddlePoint은 Create 함수에 대한 도우미 함수다. 이 함수는 보간법interpolation method2으로 사용된다.
- 99~216행: Create 메서드는 구에 20면체 생성과 보간법을 실행한다.
- 218~226행: 마지막은 꼭지점 그룹화가 없는 Randomize 함수인데, 적당량의 메모리가 있다면 훨씬 빠른 솔루션이 된다.

이제 이 스크립트를 각각의 빈 GameObject인 Land1, Land2, Water, Sky에 추가할 수 있다. 각 객체는 퍼블릭 특성의 사용이 각기 다를 것이다. 그래서 스크립트를 각 객체에 추가한 후에 이들 특성 값을 설정해야 한다. Land1와 Land2에 대해서는 다음 값을 지정한다.

- Randomize에 체크한다.
- Offset에 체크한다.
- Rad를 5로 지정한다.
- Detail을 2로 지정한다.
- Mesh Collider 컴포넌트를 Mesh Collider 필드에 추가한다.

Water에 대해서는 다음과 같이 지정한다.

- Rad를 4.92로 지정한다.
- Detail를 5로 지정한다.

Sky에 대해서는 다음과 같이 지정한다.

- Invert에 체크한다.
- Rad를 6.5로 지정한다.
- Detail를 5로 지정한다.

---

2 중간 값을 구하는 방법을 의미한다. 예를 들어 포토샵에서 이미지의 크기를 늘리면 중간의 빈 영역을 채워줘야 한다. 이렇게 채워주는 방법을 보간법이라 한다. – 옮긴이

빈 객체가 카메라 뷰 안에 확실히 있도록 하고 플레이를 누른다. 절차적으로 생성된 행성이 보여야 한다. 여러 특성으로 실험해보거나 더 많은 객체를 추가해 어떤 일이 일어나는지 알아볼 수 있다.

절차적으로 생성된 행성

▌행성 탐험

행성을 만들었는데 그 표면을 둘러볼 수 있다면 정말 멋질 것이다. 재미있는 보너스로써 최초의 인간 시선 제어기를 추가해 행성을 탐험할 수 있다. 다행스럽게도 누군가가 유니티에 구형 중력 문제를 이미 처리해 놓았으므로 우리는 그저 그걸 가져다 쓰면 된다.

예제 파일이나 SebLague가 제작한 https://github.com/SebLague/Spherical-Gravity에 있는 소스에서 이 부분을 우리 스크립트로 가져다 넣을 수 있다. 이 링크에는 그 스크립트가 어떻게 동작하는지 알 수 있는 영상도 있다. 다운로드 파일에 포함된 스크립트는 FirstPersonController.cs, GravityAttractor.cs, GravityBody.cs다.

이들 스크립트의 코드에 대한 설명이 필요하다면 그 영상을 볼 것을 권한다. 우리는 그 코드를 있는 그대로 가져다 쓸 것이다. Water 객체에 GravityAttractor 스크립트를 추가한다. Water 구에 대한 태그를 Planet으로 지정한다. 그리고 나서 맨 위 메뉴의 GameObject > 3D Object > Capsule로 가서 최초 인간 제어기에 대한 캡슐을 만들고 그 이름을 Player로 붙인다.

메인 카메라를 Player 객체의 자식으로 놓는다. 눈 역할을 할 카메라를 캡슐의 위쪽 부분에 둘 것이다. 예를 들어 플레이어를 0.055 스케일로 하면 괜찮을 것이다. 또한 메인 카메라의 Field of View를 32로 지정하고 Clipping Planes to Near: 0.01 그리고 Far: 7.54로 지정한다. 이렇게 하면 우리가 사용할 행성의 크기에 잘 맞을 것이다.

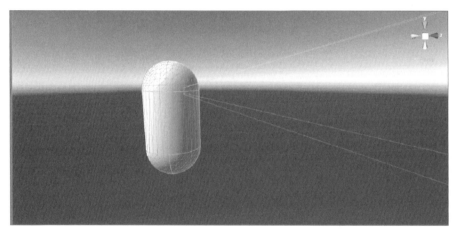

최초 인간 카메라의 배치

플레이어에 GravityBody와 FirstPersonController를 추가한다. FirstPersonController에 대해서는 Mouse Sensitivity X & Y를 1, Walk Speed를 0.5로 지정하는 것이 괜찮았다. 플레이어를 행성의 반지름 바깥에 확실히 둔다. 그렇지 않으면 collider meshes를 올바로 읽지 못할 것이다. 그리고 나서 신을 플레이해 행성을 돌아다녀보라.

최초 인간으로서 행성을 바라본 전경

하늘이 투명하기 때문에 하늘을 투과해서 볼 수 있다. 물 지역도 약간 투과해서 볼 수 있다. 물 메시^{water mesh}에는 충돌자^{collider}가 없으므로 이 지역을 통과해서 걸을 수도 있다. 어떤 경우에는 물 메시 아래로도 갈 수도 있는데, 메시의 뒤쪽으로는 재료가 랜더링되지 않으므로 마치 거기에는 아무 것도 없는 것처럼 보일 것이다.

▌요약

이렇게 PCG의 3D 영역에 대한 탐험을 마쳤다. 여기서 할 것과 알아볼 것이 더 많이 있지만 대부분은 그래픽 프로그래밍과 수학에 대한 확고한 기반이 있어야 한다. 이 책에서 배운 기술로 실험해 3D 객체를 생성하고 가능하다면 이런 저런 방법으로 무작위화해보자.

스스로 학습하려면 행성의 색을 절차적으로 변경하는 것부터 하는 것이 좋다. 5장, '무작위 아이템'에서 했던 것처럼 행성의 재료에 대한 색상을 무작위로 만들 스크립트를 작성할 수 있는지 알아보라. 또한 육지 생성 과정을 다듬어 모듈식 대륙도 만들어 볼 수 있다.

이 장에서는 2D 대 3D 표현에서의 변경 사항을 알아봤다. 더불어 공간과 시간 복잡도의 중요성에 관해서 배웠다. 3D 객체를 만드는 데 항상 여러 방법이 있다는 점도 배웠다. 마지막으로 3D에서 PCG를 사용하려면 아주 높은 수준의 수학이 필요하다는 점을 배웠다.

이제 2D와 3D에서 PCG에 관한 모든 것을 배웠다. 이 책에서 제공되는 프로그래밍 모두를 완료한 것이다. 10장에서는 PCG의 미래와 PCG의 용도를 논의할 것이기 때문에 PCG 코딩에 관한 내용은 없다.

10

미래의 생성

이 장에서 다루는 내용

- 모델
- 아이템
- 레벨
- 텍스처
- 지형
- 물리학
- 애니메이션
- AI
- 스토리
- 플레이어 샌드박스
- 요약

이 책을 통해 PCG의 개념 및 PCG의 여러 형식에 관해 많은 것을 배웠다. 또한 PCG 알고리즘을 설계하고 구현해 직접 PCG를 체험해볼 기회도 가졌다. 콘텐트를 끝없이 생성할 수 있는 2D 로그라이크 게임의 핵심 게임 플레이도 제작해봤다. 아주 멀리서 좋게 보이기도 하지만 최초의 인간으로 탐험할 수 있는 3D 행성 생성기도 구현했다.

하지만 그게 PCG의 전부가 아니다. 텍스처와 스토리 라인 제작이나 플레이어의 콘텐트 생성과 같이 여전히 다루지 않은 주제들이 많다. 게임용 PCG 세계에서 할 수 있고 해야 할 일들이 많은 것이다.

이 장에서는 게임 콘텐트의 주요 카테고리를 살펴보고 이런 아주 다른 영역을 어떻게 절차적으로 생성할 수 있는지 논의할 것이다. 이 장을 통해 여러분의 향후 PCG 학습을 어떻게 할 것인지에 대해 기본 아이디어를 갖게 될 것이다. 그다음으로, 절차적 생성으로는 생각하기 어려운 콘텐트 카테고리를 언급할 것이다. 그래서 바라건대 이 장을 통해 게임 개발에 있어서 새로운 PCG 기술을 시도하는 영감을 얻었으면 한다.

다음은 이 장에서 다룰 카테고리다.

- 모델
- 아이템
- 레벨
- 텍스처
- 지형
- 물리학
- 애니메이션
- AI
- 스토리
- 플레이어 샌드박스

PCG는 게임 개발 초기부터 존재했었다. 그 이유는 프로그래머들이 비디오 게임을 만들었기 때문이다. 아주 초기에 모든 것은 절차적으로 만들어야 했다. 컴퓨팅의 초창기 시절에는 지금처럼 현대적인 자원을 사용할 수 없었다. 초기 컴퓨터는 캐릭터와 레벨용 게임 모델을 저장하기에 메모리가 부족했고 성능은 너무 제한적이어서 복잡한 그래픽을 나타낼 수 없었다. PCG는 일찍부터 있었지만 기술 진보 덕택에 이전보다 현재 더 밝은 미래를 갖게 됐다.

▌모델

9장, '3D 행성의 생성'에서 보았듯이 3D 모델은 엄청나게 복잡할 수 있다. 3D 모델을 생성하는 알고리즘을 만들려고 노력하기보다는 디자이너가 디지털 3D 공간에서 입체적으로 생성하게 하는 프로그램을 만드는 것이 낫다. 단순한 구^{sphere}라도 독자적으로 만들려면 수천 줄의 코드가 필요하다.

한 사람에게 모델 생성을 해보라고 한다면 엄청난 정밀도를 요한다. 너무 오래 걸려서 시도조차할 수 없기 때문에 게임에서는 모든 3D 모델을 절차적으로 생성하는 것이다. 그래서 보통, 모델을 절차적으로 조작하기를 고수한다.

그 방식은 작은 조각을 만들어 놓았다가 실시간으로 절차에 따라 전체 모델로 꾸미는 것이다. 그 효과로 우리는 고유의 플레이를 펼치는 게임 세계를 만드는 것이다. 그 게임 세계는 플레이어가 새 게임을 시작할 때마다 바뀌거나 플레이어마다 제 각각의 게임 세계가 가능할 수 있다.

왼쪽: 모듈로 만든 단순한 모델, 오른쪽: 같은 모듈을 가진 복잡한 모델

게임을 모듈화하는 방법에는 장단점이 있다. 디자이너는 더 작은 조각을 설계할 것이지만 그만큼 많은 일을 하며 게임을 채울 만큼 충분한 모듈을 만들어야 한다. 개발자도 플레이어가 알아볼 수 있게 이러한 모듈을 올바로 놓을 여분의 작업을 해야 한다. 이렇게 하면 각 플레이어마다 독특한 환경을 둘 수 있고 모든 단일 모델에 대해 정확한 기하학을 프로그래밍할 필요가 없다. 레벨 레이아웃을 만들 때도 아주 쉽게 무작위로 모델 모듈을 교체해 넣을 수 있다.

또한 아이템과 캐릭터를 포함한 모든 3D 모델에 무작위 방법을 적용할 수 있다. 게임에 등장하는 대부분의 캐릭터가 유사한 형태를 지니기 때문에 캐릭터 생성조차 더 쉬울 수 있다. 캐릭터를 모듈로 조립한다면 캐릭터도 바꿔 넣을 수 있다. 이런 방법은 더 작은 세부적인 계층으로까지 시행할 수 있다.

모듈에다가 모듈을 더해 제작한 캐릭터

여기서 최종 단계는 모듈을 구분하게 만드는 매개변수를 적용해 고유성을 증가시키는 것이다. 이러한 매개변수는 색상에서부터 모델 모듈 추가나 꼭지점 이동에 이르기까지 어떤 것이든 될 수 있다. 이들 매개변수 도입으로 모델의 구분을 촉진해 게임에서 고유 모델 수를 급격하게 늘릴 수 있다.

같은 모듈을 쓰지만 매개변수가 다른 두 캐릭터

비디오 게임에서 모델을 모듈화하면 게임 플레이 전반에 걸쳐 고유 모델을 만들 수 있는 길이 열린다. 그것을 레벨, 아이템, 캐릭터, 어느 3D 모델 구조에 적용할 수 있다. 그러나 그 힘은 실제로 무한한 가능성을 열기 위해 더 작은 모듈 제작의 새 방법을 찾는 데 있다. 이 방법은 많은 처리 능력이 필요 없고 전통적인 방법에 비해 완전히 확장할 때 좀 더 많은 메모리를 사용할 것이다.

3D 모델에 대한 더 많은 지식을 얻기 위해 그래픽 프로그래밍 분야와 같은 더 깊은 학습 영역을 추구할 수 있다. 그럴려면 3D 공간 수학에 대한 충분한 이해가 필요한데, 여기에는 미적분학, 선형대수, 기하학만 있는 것이 아니다. 전산 과학 공부에는 보통 여러분이 알아야 하는 대부분의 지식이 포함될 수 있다.

▌ 아이템

매개변수를 사용하는 것 외에 모델 생성이 제공하는 또 다른 길은 아이템 생성이다. 캐릭터가 장비 조각으로 만들어져 있고 절차적으로 생성된 무기를 사용한다면, 그런 조각의 각각은 조작돼 모듈화될 수 있는 특성을 가진다. 6장, '모듈식 무기의 생성'에서의 칼과 같이 아이템은 어느 정도의 조각으로 구성될 것이다. 하지만 각 조각이 또 다른 세트의 조각으로 구성될 수 있는지 생각해보자.

아이템 생성을 통한 모델 생성 구성은 진정한 고유 경험을 창조해낼 수 있다. 하지만 그렇게 많은 객체를 생성해야 하는 점은 실행 시간과 메모리 양 때문에 성능에 부담을 줄 것이다. 또한 게임의 모든 단일 객체가 너무 다르게 보인다면 플레이어를 힘들게 할 것이다. 사람들은 패턴을 잘 알아보기 때문이다.

한 가지 방법은 아이템을 생성하고 나서 나중에 사용할 걸 대비해 그 모델에 대한 참조를 저장해두는 것이다. 특정한 것을 재사용해 플레이어에게 유사한 패턴을 주면 된다. 이에 대한 예제로 불 손상을 주는 모든 칼은 붉은 섬광으로 표현하게 만드는 것이다.

우리는 여전히 시스템, 머신, 심지어 플레이어에 과부하가 걸릴 것을 고려해야 한다. 모델 생성할 때는 균형을 유지해야 한다. 무수한 고유 객체를 생성할 수 있는 시스템을 만들 수도 있지만, 적절할 처리 능력과 메모리 관리가 없으면 실질적인 솔루션이 되지 못한다. 플레이어에게 너무 많은 선택권을 주면 어지러울 것이다.

아이템 생성은 모델 생성이나 스프라이트 생성의 또 다른 형태다. 심화 학습을 위해 2D와 3D 수학에 대한 기반 지식이 필요할 것이다. 하지만 아이템은 보통 플레이어가 자신의 환경과 상호작용하는 방법에 영향을 준다. 그래서 프로그래밍과 수학뿐만 아니라 게임 디자인과 사용자 경험을 공부하는 데도 시간을 들이는 게 좋다. 아이템 생성에 적용돼야 하는 균형을 완벽히 개념화하면 여러분은 다재다능한 개발자가 될 것이다.

▌레벨

레벨에서 빈 공간을 채우는 데 사용되는 소품은 패턴 생성과 비슷하다. 소품으로 패턴을 만들어 플레이어를 흥미로운 장소로 이끌 수 있다. 이것의 예로는 그 속에 마주칠 것으로 예상될, 아이템이 있는 빌딩 내부를 만드는 것이다. 이런 의미로 보면 우리는 레벨 디자이너처럼 생각해야 한다.

옛날 선술집 또는 바(bar) 소품 세트

312

문제는 믿을 수 있는 방식으로 소품을 놓는 것이다. 한 가지 방법으로는 탁자나 의자 같이 일반적인 디스크립터descriptor를 소품에 붙인다. 그리고 나서 탁자를 보이게 할 모듈식 방의 한 영역에 테이블 태그를 붙인다. 이제 어떠한 탁자 변종 소품이라도 탁자 영역에만 생성될 것이다.

레벨은 어느 집의 방 하나만큼 작거나 행성만큼 클 수 있기 때문에 PCG의 영역을 더욱 넓힌다. 마음만 먹으면 모듈화를 진행할 수 있다. 모듈을 연결해 환경을 만들거나 그냥 한 공간을 배치해서 모듈을 그 영역에 둘 수 있다.

현재 기술은 어느 한 점에 도달해서 게임 개발자로서 우리에게 선택권을 준다. 일직선 또는 좀 더 사방으로 확장하는 게임 내에 레벨을 채워 넣거나, 절차적으로 생성된 레벨로 가득 찬 세계를 만드는 것이다. 처리 능력과 메모리에서의 요구 사항 차이점을 제외하고 게임 설계에 있어서 고려할 게 하나 있다. 플레이어에게 우리가 원하는 경험을 전달하기 위해 PCG가 필요한 것인지 아니면 개발 시간과 자원을 더 투입할 것인지 확인해야 한다.

모듈식 던전 대 절차적으로 생성된 세계 (왼쪽: 대거폴(Daggerfall), 오른쪽: 노 맨즈 스카이(No Man's Sky))

▌ 텍스처

실제로 레벨이나 캐릭터 디자인을 한데 묶는 것은 텍스처다. 이 점이 사람 손으로 텍스처를 디자인하는 이유다. 보통, 텍스처는 특정 색조를 따른다. 그러나 그럴 듯하게 하려면 많은 텍스처를 자연적으로 발생하게 해야 한다.

이 점은 호랑이의 줄무늬와 비슷하다. 하지만 현실적으로 말해서 호랑이에게서 고정된 패턴은 보지 못할 것이다. 가장 두드러진 줄무늬가 등에 있고 그것들이 복부 쪽으로 감싸지면서 희미해지는 식으로 호랑이를 여러 텍스처 영역으로 나눠야 한다.

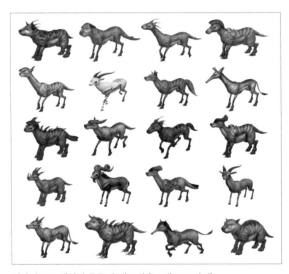

절차적으로 생성된 동물과 텍스처 (노 맨즈 스카이)

이렇게 하는 한 가지 방법은 유사한 형태의 동물을 만들어 텍스처 맵을 그 동물 모델에 비슷하게 적용하는 것이다. 텍스처를 다른 색으로 칠해 동물 형태와 색상이 더 두드러지게 할 수 있다. 또한 텍스처 색상들을 비슷비슷하게 만들면 텍스처 패턴을 혼합해 더 미묘하고 자연스럽게 만든다.

이론적으로 텍스처는 만들기 쉬워야 한다. 프랙탈^{fractals}과 같이 자연 발생적 패턴을 참조해 무작위 유기체로 보이는 텍스처를 만들 수 있다. 하지만 실제로 텍스처 제작에 무작위 패턴을 적용하기에 앞서 고려할 것들이 있다. 먼저 게임 디자인과 사용자 경험에 대한 아이디어를 되돌아봐야 한다.

플레이어는 현실에서 보는 것과 유사한 패턴을 기대할 것이다. 너무 완벽한 무작위 텍스처로 된 게임이 있다면 플레이어는 오히려 괴리감을 느낄 수 있다. 그 대신에 건물에 박힌 돌, 나무의 벗겨진 껍질, 동물의 무늬처럼 친숙한 패턴을 복제할 방법을 찾으려고 노력해야 한다. 이렇게 하면 또 다시 앞서 설명한 것처럼 모듈화 솔루션으로 가게 된다.

▎ 지형

텍스처와 지형은 비슷한 절차적 생성 기원을 가진다. 둘 중 어느 것이든 기본으로 프랙탈이나 노이즈 패턴을 사용할 수 있다. 객체를 감쌀 수 있는 높이 맵도 만들 수 있다. 9장, '3D 행성의 생성'에서 행성에 대한 다른 방법으로 펄린 노이즈 왜곡 높이 맵^{Perlin noise distortion height map}을 사용할 수 있다.

높이 맵은 3D 질감을 가진 텍스처다. 그 다음으로 3D 모델에 높이 맵 텍스처를 적용해 모델에 3D 텍스처를 부여한다. 다음 그림에서 보듯이 이 방법은 지형을 만드는 데쉽다.

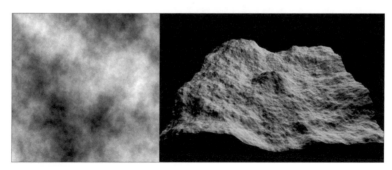

높이 맵을 만드는 데 사용된 노이즈 이미지

땅의 실제 텍스처를 제외하면 수많은 작업이 나무와 잎 생성기를 만드는 데 들어갔다. 지형은 PCG에서 정의된 좋은 구조물 중 하나이다. 그래서 3D PCG 학습을 위한 좋은 출발점이 된다.

▌ 물리학

물리학은 이론으로 잘 정의돼 있어서 프로그래밍 시뮬레이션과 그다음에 나오는 게임에 잘 적용된다. 하지만 물리학은 PCG와 별개의 분야다. 그렇다고 해도 PCG의 실행에 여전히 물리학을 사용할 수 있다.

물리학을 PCG 메커니즘으로 사용한 예로는 인기 있는 모바일 게임인 앵그리 버드 (Angry Birds)가 있다. 앵그리 버드에서는 모듈 구조물을 표현한 후 모듈을 재구성할 때 물리학을 사용한다. 이렇게 물리학 효과로 게임 플레이 방식을 이해하게 만든다.

앵그리 버드의 게임플레이는 물리학이 바탕에 깔려 있다

균형을 잡아야 하는 것은 물리학이 많은 처리 능력을 필요로 한다는 점이다. 현재 기술로는 게임에서 물리 시뮬레이션만을 처리하는 전용 하드웨어가 나올 정도다. 그래서 아주 고유한 게임 플레이를 추가할 수 있다.

물리학은 그 자체가 공부 분야이므로 PCG에 물리학을 적용하기 위한 새 방법을 구상한다면 물리학 공부를 시작하는 게 좋다. 오픈 다이나믹 엔진Open Dynamic Engine과 같이 이용 가능한 물리 엔진이 많이 있으므로 PCG에 물리 시스템 적용법을 연구하는 데 큰 도움이 될 것이다. 게임에 파괴 가능한 구조물을 추가하고 나서 그 구조물이 파괴됐을 때 폐허 그대로 놓아두는 것도 괜찮은 아이디어다.

▌ 애니메이션

애니메이션 제작은 생각하는 것보다 더 일반적이다. NPC가 여러분 방향으로 돌아보는 게임을 플레이해본 적이 있는가? 이것은 절차적으로 생성된 애니메이션이다.

마리오 64에서의 미스터 아이(Mr. I)는 방향을 돌려 마리오 쪽을 바라본다

이러한 종류의 애니메이션은 더 직관력 있게 절차적으로 생성된 것이다. 비슷한 예로는 도망칠 때 여러분 쪽으로 움직이는 NPC가 있다. 그런 NPC는 경로를 절차적으로 생성하고 그 경로를 통해 위치를 움직여야 한다. 하지만 여전히 걷기나 뛰기 애니메이션을 실행해줘야 하기 때문에 그것은 애니메이션의 일부일 뿐이다. 걷기/뛰기 애니메이션은 절차적 생성이 훨씬 더 어려워 보통 여기에는 키 프레임 애니메이션을 사용한다.

애니메이션은 한동안 교육적 영역에서 공부하던 분야다. 물리적인 동작의 애니메이션은 이러한 공부의 큰 부분을 차지하지만 자연적인 움직임도 많이 들어간다. 실제처럼 보이는 애니메이션이 필요하며 그렇지 않으면 몰입이 깨져버리기 때문에 움직임 같은 것에는 키 프레임 애니메이션을 사용한다. 하지만 결국에는 절차적으로 생성된 애니메이션이 선호될 경우가 있을 것이다.

현실적 애니메이션을 절차적으로 생성하는 예로는 절차적으로 생성한 창조물을 얻은 경우에 걷는 동작의 움직임 애니메이션을 만드는 것이다. 발이 교대로 오가는 동작을 넣고 몸을 흔들리게 한다. 심지어 팔도 교대로 오가는 애니메이션을 추가할 수 있다.

애니메이션은 스스로 모두 공부할 수 있는 또 다른 분야다. PCG로 애니메이션 생성 방법을 찾는다면 키 프레임 애니메이션 공부에 시간을 투자할 가치가 있다. 보통, 애니메이션을 제작할 때 어느 정도 물리학도 들어간다. 걷기를 상상해보면 여러분의 몸체가 일정하게 중력의 영향을 받는 것이 바로 물리학이 들어간 동작이 된다.

▮ AI

물리학과 애니메이션처럼 인공지능도 공부해야 할 분야다. PCG를 사용하면 AI의 특정 측면을 향상시킬 수 있다. 7장, '적응형 난이도'에서 PCG를 사용해 AI 부분을 재작성했었다. 하지만 이렇게 하는 것이 가장 현실적인 방법은 아니다.

게임의 AI는 상태 기계state machine나 연결 행위 그래프graph of connected behaviors로 나타낼 수 있다. AI 그래프에서 어떤 행동은 다른 행동으로 이끌거나 어떤 상황은 AI가 특정 행위를 하게 만든다. 다음 다이어그램에는 상태로 표현되는 직사각형과 다른 상태로 전이되는 것을 표현하는 화살표가 나타나 있다. 이러한 상태 네트워크는 원하는 만큼 복잡하거나 단순할 수 있다.

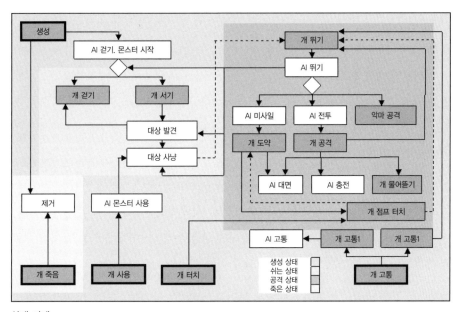

상태 기계

복잡한 AI 상태 기계의 예로는 베세스다^{Bethesda} 사의 Radiant AI가 있다. 이 AI 시스템에서는 NPC가 플레이어의 행동에 반응을 하지만 일과를 생성해내기도 한다. NPC는 일하러 가고 여행할 수 있으며 어떤 NPC는 암살을 시도하기도 한다. 이들 행위는 개별적으로 프로그래밍돼 있지만 일과는 실시간으로 생성된다.

AI 행위를 조작할 수 있는 콘텐트로 생각하면 PCG의 원리를 사용해 게임 내에서 AI를 생성하고 조작할 수 있다. 하지만 상태 기계를 사용하는 것 외에 인공지능을 구현하는 데는 여러 가지 많은 방법이 있다. 이를 염두에 두고 PCG를 AI에 적용할 가장 좋은 방법을 찾기 위해 인공지능을 공부하는 것이 좋은 출발점이 될 것이다.

█ 스토리

플레이어가 게임 스토리의 결과에 영향을 주는 기능을 추가하는 것도 상태 기계와 아주 유사하게 보일 수 있다. 하지만 보통, 이런 상태 기계는 훨씬 덜 복잡하다. 색조와 감정 전달에 관한 내레이터 소리와 같이 아직도 잘 생성될 수 없는 것들도 있다.

플레이어는 일정한 수준의 스토리텔링storytelling1을 기대하게 되므로 무언가가 제작하기 어려우면 다중 스토리텔링과 같은 추가물의 이용 폭이 좁아진다. 절차적 스토리텔링을 최소한으로 둬야 좋은 스토리가 만들어진다. 물리학과 그래픽은 모두 어려운 수학에 바탕을 두지만 스토리는 의견에 바탕을 둔다. 그래서 우리는 플레이어에게 보통 이하의 스토리를 전달하길 원하지 않는다.

이를 염두에 두고 요소들을 하나의 스토리 또는 여러 결합된 스토리에 연결할 수 있다. 그리고 나서 플레이어가 따를 만한 스토리 경로 상태의 배치를 무작위로 선택하거나, 어떤 이벤트에서 플레이어의 행위에 반응하게 만들 수 있다. 이렇게 하는 것이 현재로써 전형적인 방법이지만, 경우에 따라 보통 아주 약간씩 다르다.

플레이어 구동 방식의 스토리가 어떻게 보이고 느껴지는지에 대한 예로써 베세스다 사의 엘더스크롤The Elder Scrolls 시리즈나 바이오웨어BioWare 사의 매스이펙트Mass Effect를 생각해 볼 수 있다. 스토리의 결과는 그렇게 큰 변동이 없다. 보통, 퀘스트와 같이 아주 짧은 스토리 생성 부분에서 더 많은 플레이어 구동 방식의 스토리를 만나게 되는데, 이 퀘스트는 Radiant Quests 시스템의 일부로써 '엘더스크롤 5: 스카이림'에 나온다.

하지만 이론적으로 올바른 공식과 변수가 주어지면 전체 스토리를 생성할 수 있다. 이점은 음악 생성과 아주 흡사하다. 스토리에는 노래의 사운드처럼 교체 가능한 어떤 영역을 가진 구조가 있다. 더 좋은 음악 생성을 위해 음악 이론을 연구하는 것처럼 스토리의 공식과 범위를 완벽히 이해하기 위해 창조적인 스토리텔링을 연구해야 한다.

---

1 상대방에게 알리고자 하는 바를 재미있고 생생한 이야기로 설득력 있게 전달하는 행위. – 옮긴이

▌ 플레이어 샌드박스

플레이어 샌드박스[sandbox2]는 최근에 아주 대중화됐다. 심지어 일직선 진행 스토리를 가진 게임에서도 플레이어가 탐험할 열린 지역을 제공해 자신의 의지로 스토리를 만들어 가게 한다. 플레이어가 자신의 의지로 하게 하는 것은 콘텐트 생성의 한 형태다. 또한 스토리를 절차적으로 생성하는 다른 방법도 있다.

헬로 게임즈[Hello Games] 사의 노 맨즈 스카이는 플레이어가 탐험하는 것으로 돼 있는 거대한 샌드박스다. 그 자체로 어떤 일정한 스토리가 없지만 플레이어는 게임 세계를 탐험하면서 많은 모험을 하게 될 것이다. 이것은 절차적으로 생성한 스토리의 한 해답이 된다.

샌드박스는 몇 가지 도구를 구성해 플레이어가 자신의 세계를 만들게 함으로써 손쉽게 콘텐트를 생성하는 좋은 방식도 된다. 하지만 절차적 생성이 항상 무작위 생성을 의미하진 않는다는 점을 명심해야 한다. 플레이어가 자신의 경험을 만들어 나가는 것은 같지만, 더 몰입을 제공하지 않으면 그저 무작위로 생성한 것이 된다.

---

2 미국 가정집의 뒤뜰에다가 아이가 안전하게 놀 수 있게 큰 통에 모래를 담아 그 안에서 놀게 한 데서 유래한 말이다. 아이는 그 통 안에서 흙장난을 비롯해 자신이 하고 싶은 놀이를 마음대로 할 수 있다. 이런 의미로 게임에서는 이 용어가 플레이어가 무엇이든 마음대로 할 수 있는 시스템이나 방식을 뜻한다. 심시티 게임을 생각해보면 쉽게 이해할 것이다. – 옮긴이

테라리아(Terraria) 게임에서는 플레이어가 원하는 형태와 크기의 구조물을 만들 수 있다

요약

무작위화는 절차를 더 자연 발생적으로 만들지만 PCG에서 얻는 것만이 항상 옳은 길이 아니다. 모듈이나 상태를 구체화해 플레이어에게 최선의 경험을 제공할 수 있도록 더 많은 길을 찾아봐야 한다. 어떤 경우에는 PCG를 몇 가지 매개변수와 꽉 짜인 범위로 제한하게 만들어야 하고, 다른 경우에는 플레이어에게 제어권을 전부 넘겨 스스로의 운명을 선택하게 할 수 있게 만들어야 한다.

이 장에서는 PCG를 적용할 수 있는 많은 길을 논의했다. 하지만 PCG의 논의는 이 책과 유니티의 범위를 넘어섰다. PCG 탐구를 시작하기 위한 다른 영역과 PCG 적용 가능한 여러 분야를 배웠다.

PCG는 훌륭한 아이디어다. 실시간으로 우주 전체를 만들 수 있고, 게임을 아주 거대하게 만들면서도 파일 크기는 아주 작게 만들 수 있다. PCG를 사용하면 창의력이 풍부한 방식으로 아트 모듈을 재사용해 게임의 아트 디자인에 시간을 덜 소비할 수 있다. 게임의 모든 플레이를 고유하게도 만들 수 있다.

PCG는 새로운 개념이 아니지만, 컴퓨터 성능이 더 높아지면 PCG는 정말 그렇게 될 것이다. 게임 개발 PCG의 역할이 크고 이것을 현명하게 사용하면 사람이 할 일은 더욱 적어진다. PCG 앞에는 밝고 아주 무작위한random3 미래가 펼쳐져 있다.

---

3 예측불가의 뜻이지만 이 책의 의도에 맞게 무작위로 표현했다. - 옮긴이

찾아보기

에이콘출판의 기틀을 마련하신 故 정완재 선생님 (1935-2004)

유니티 게임 개발을 위한 절차적 콘텐트 생성

PCG 기술을 사용한 유니티 RPG 게임 개발

발 행 | 2017년 6월 30일

지은이 | 라이언 왓킨스
옮긴이 | 이 승 준

펴낸이 | 권 성 준
편집장 | 황 영 주
편 집 | 나 수 지
디자인 | 박 주 란

에이콘출판주식회사
서울특별시 양천구 국회대로 287 (목동)
전화 02-2653-7600, 팩스 02-2653-0433
www.acornpub.co.kr / editor@acornpub.co.kr

이 도서의 국립중앙도서관 출판시도서목록(CIP)은 서지정보유통지원시스템 홈페이지(http://seoji.nl.go.kr)와
국가자료공동목록시스템(http://www.nl.go.kr/kolisnet)에서 이용하실 수 있습니다.(CIP제어번호: CIP2017014750)

책값은 뒤표지에 있습니다.